CoinWorld

Guide to U.S. Coins, Prices & Value Trends

By William T. Gibbs
and
Coin Values Values Analysts
Steve Roach, Tom Mulvaney,
Tony Cass, Gerald Tebben and Erik Martin

Twenty-fifth Edition
2013

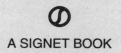

A SIGNET BOOK

SIGNET
Published by New American Library, a division of
Penguin Group (USA) Inc., 375 Hudson Street,
New York, New York 10014, USA
Penguin Group (Canada), 90 Eglinton Avenue East, Suite 700, Toronto,
Ontario M4P 2Y3, Canada (a division of Pearson Penguin Canada Inc.)
Penguin Books Ltd., 80 Strand, London WC2R 0RL, England
Penguin Ireland, 25 St. Stephen's Green, Dublin 2,
Ireland (a division of Penguin Books Ltd.)
Penguin Group (Australia), 250 Camberwell Road, Camberwell, Victoria 3124,
Australia (a division of Pearson Australia Group Pty. Ltd.)
Penguin Books India Pvt. Ltd., 11 Community Centre, Panchsheel Park,
New Delhi - 110 017, India
Penguin Group (NZ), 67 Apollo Drive, Rosedale, Auckland 0632,
New Zealand (a division of Pearson New Zealand Ltd.)
Penguin Books (South Africa) (Pty.) Ltd., 24 Sturdee Avenue,
Rosebank, Johannesburg 2196, South Africa

Penguin Books Ltd., Registered Offices:
80 Strand, London WC2R 0RL, England

Published by Signet, an imprint of New American Library,
a division of Penguin Group (USA) Inc.

First Signet Printing, November 2012
10 9 8 7 6 5 4 3 2 1

 REGISTERED TRADEMARK—MARCA REGISTRADA

Printed in the United States of America

PUBLISHER'S NOTE
While the author has made every effort to provide accurate telephone numbers,
Internet addresses and other contact information at the time of publication, neither
the publisher nor the author assumes any responsibility for errors, or for changes
that occur after publication. Further, publisher does not have any control over and
does not assume any responsibility for author or third-party Web sites or their
content.

ALWAYS LEARNING   PEARSON

Foreword

The information included in the *2013 Coin World Guide to U.S. Coins, Prices & Value Trends* has been compiled and edited by William T. Gibbs, *Coin World* news editor, with proofreading and fact-checking assistance by Fern Loomis, *Coin World* editorial assistant. Price guide values have been researched by *Coin World* Editor Steve Roach and valuing analysts Tom Mulvaney, Tony Cass, Gerald Tebben and Erik Martin. Roach also wrote Chapters 2 and 4, and Martin assisted in gathering mintage information from U.S. Mint sources. Graphic designer Cinda McAlexander designed the cover and Jennifer Lenhart designed the book.

For more than a half century, since 1960, *Coin World* has reported on people, laws, new issues, auctions, pricing trends and other elements that affect the hobby and business of collecting coins and related items.

In the *Coin World Price Guide*, the *Coin World* editors present in an easy-to-use format a wealth of information and insights. The retail value guide in the *Coin World Price Guide* is derived from the Coin Values price guide section in the monthly print *Coin World Special Edition*; the Coin Values guide is also published online where it is updated regularly. The value of the information included in this section has been proven over time.

To contact the editors of *Coin World* or request subscription information, write to *Coin World*, P.O. Box 150, Dept. 02, Sidney, Ohio 45365-0150.

Visit Coin World Online at **www.CoinWorld.com.** Check out the latest coin values at **www.CoinValuesOnline.com.** Download the free *Coin World* iPad app at iTunes.

Contents

Contents

Contents

Contents

Introducing the guide   1

Welcome to the world of coins. *Coin World's 2013 Guide to U.S. Coins, Prices and Value Trends* is designed for the collector, whether neophyte or advanced. However, it should also be useful to the noncollector who has inherited some old coins or who has just become interested in coins, and to the history buff interested in facets of American history virtually ignored in most history textbooks.

This year's feature is titled "Coin Investing 101."

Collecting coins can be a lifetime hobby, but collectors sometimes forget that their collection may also serve as an investment. Deciding which coin to buy for future profit means speculating on what might be more popular with collectors in the future. By making smart decisions when evaluating prospective purchases, collectors can make sure that their coins—tangible reminders of history—also serve as prudent investments over time.

For generations, successful investing in coins has been synonymous with putting together a well-thought-out collection. Many of the greatest collections sold are the result of systematic purchasing over a long period of time, characterized by strong relations with dealers and a willingness to take advantage of buying opportunities when they present themselves.

Also in this edition, our comprehensive analysis of the rare coin market during the period from August 2011 to August 2012, written by *Coin World* Editor Steve Roach, follows the annual feature and circulating commemorative chapters, and then we get right into what many of you buy this book for—the retail price guide of U.S. coins. Within the valuing section, we also present the technical specifications for each series, such as size, weight, composition and specific gravity.

Following the valuing section are chapters devoted to mintages, Proof and Uncirculated Mint sets and commemorative coins. Then you'll find a chapter about the art and science of grading (determining a coin's level of preservation and ultimately its value), a background history of United States coins, and a look at Mint marks and why they are important.

We then discuss the history and latest techniques of coin manufacturing, followed by an illustrated guide to error and die variety coins. You'll also find a glossary of often-encountered terms.

Why do people collect coins?

People collect coins for many different reasons.

You may want to collect coins because of their historical significance. Coins reveal much about a nation. For example, the word LIBERTY, appearing on most United States coins, says volumes about Americans' love of freedom. The motto E PLURIBUS UNUM, Latin for "out of many, one," defines the nation's character, forged from 50 states and the many peoples who make up such a diverse country. The motto IN GOD WE TRUST was introduced during the Civil War and, while at first optional, became mandatory after Theodore Roosevelt, facing strong public criticism, backed down from his insistence the motto *not* be used on new gold coins introduced in 1907 (he thought the motto's use sacrilegious). Even today, the use of the motto—or its disappearance from a coin—elicits strong emotions in some.

You may collect coins for their artistic beauty. The country's greatest sculptor at the beginning of the 20th century, Augustus Saint-Gaudens, sculptured classical designs for gold $10 and $20 coins (a version of one of which was resurrected in 2009). Many other U.S. coins are amazing examples of the coiner's art. Others, sadly, are unattractive at best.

You may, like some people, collect for financial reward. This book is not an investment advisory; *Coin World* has always promoted coin collecting, not coin investing. Many authors are willing to give you their personal recommendations. However, we would be remiss if we did not point out that many individuals have profited from collecting U.S. coins. As is true for any investment, investing in rare coins is a calculated risk. The collector should know exactly what he is buying and understand the risks.

The risks may be great, but so may be the rewards.

You may collect simply for the love of collecting. A true collector can't explain to the uninitiated the inner joy that comes from owning a 160-year-old half cent that costs less than $40, or a unique misstruck coin pulled from circulation at face value, or an 1861 Seated Liberty half dollar that may have been struck by the Confederate States of America after it took control of the three U.S. Mints located south of the Mason-Dixon Line.

Regardless of your vantage point, we hope you will find *2013*

Guide to U.S. Coins, Prices and Value Trends useful, educational and entertaining.

Tips for new collectors

Beginning collectors soon learn that there are no "wrong" ways or "right" ways to collect coins and related items. No one way or method of collecting is objectively better than another. However, there are right and wrong ways to do many things collectors routinely do.

Here are some useful tips any collector, beginning or experienced, can benefit from considering:

➤ Never hold a coin by placing your fingers on the coin's surfaces. Instead, hold the coin by its edge. The human skin contains oil and contaminants that can damage a coin's surfaces.

Wrong way to hold a coin.

➤ Never speak or sneeze while bending over a coin. While this advice may sound silly, it's practical. Saliva and mucus can damage a coin's surfaces if contact is made.

➤ Avoid the impulse to clean your coins. Experienced hobbyists use chemicals to safely remove undesirable toning from a coin, and dirt and other substances can be removed without harming the coin; however, these techniques are best

Right way to hold a coin.

left to the expert. Cleaning coins with abrasive cleaners like scouring powder or pencil erasers will damage them; never use an abrasive cleaning method. As for the impulse to clean naturally toned coins, they usually should be left alone. A patina—the film that builds up on the surfaces of the coin—forms on copper and silver coins as a natural result of the chemical reaction of the coinage metal to the environment. This film may actually help protect the metal from further reactions. In addition, many collectors and dealers find natural toning attractive, and will even pay a premium for pleasingly toned coins.

➤ Store your coins properly. Hobbyists have found that certain types of plastic used in coin holders and flips (plastic holders creased in the middle, with the coin housed on one side) actually damage the coins placed in them. Avoid storage materials made of polyvinyl chloride (PVC); ask your dealer what is safe. In addition, some forms of paper envelopes and albums contain high amounts of sulfur, a substance that will cause copper and silver coins to tone. Do not leave your coins exposed to sunlight, high heat or high humidity for very long; all can damage a coin.

➤ Learn about grading. **Chapter 7** discusses grading in more detail. Even a basic knowledge of what grading represents is important if you begin to buy coins from others. That's because the higher the grade or condition a coin is in, the more it is worth. However, if a collector does not know whether a coin's grade is represented accurately, he might pay more than a coin is worth, if the coin grades lower in the wider marketplace than its seller indicates.

Getting started

Collecting can be fun for the individual and for the entire family. It can be as easy as getting a couple of rolls of coins from a bank and placing the coins into folder-style albums (one of *Coin World's* most popular columns is "Found in Rolls," written by a collector who searches through many rolls every week), or a family trip to a local coin show (coin shows are held every weekend in some part of the United States; there's probably one in your area within the next few months).

Presidential dollars, State quarter dollars and Jefferson 5-cent coins are good places to start since their designs have changed, offering multiple designs. It takes little effort to go to the bank, buy several rolls of the coins and put individual dates and Mint marks into the holes of an inexpensive album or holder. Most coin stores carry some sort of album or holder for the coins. After going through the rolls and saving the coins needed, take the unwanted coins back to the bank and get some more, or just spend them. If you have duplicates of some coins, trade them with other collectors for the dates you need.

Sorting pocket change and searching new rolls from the bank brings enjoyment to many beginners. It's inexpensive and doesn't take a lot of time or effort. You may want to substitute Roosevelt dimes for the quarter dollars or 5-cent coins, or maybe the Lincoln cent, but the goal is still the same—collecting an example of each date and Mint mark for any given series.

Coin collecting opens many doors: economics, history, art and technology, both old and new. Welcome to the world of collecting U.S. coins!

Coin Investing 101

Collecting coins can be a lifetime hobby, but collectors sometimes forget that their collection may also serve as an investment.

Coins traditionally have appreciated in value over time, and as people look for alternative stores of wealth, new buyers are entering the rare coin market. By making smart decisions when evaluating prospective purchases, collectors can make sure that their coins—tangible reminders of history—also serve as prudent investments over time.

The concept of finding value in coin collecting encompasses different elements. It includes making sure that you work with reputable dealers and that you learn how to grade coins so you're able to evaluate quality. It involves an awareness that, like bullion markets, the coin market—and individual segments within the coin market—can move up and down depending on changing demand. Finally it involves looking at your prospective coin purchases with an eye toward lasting value: Will the coins you purchase today be the types of coins that future collectors will want to add to their collections?

Making smart investments

Each year, new collectors with a genuine interest in the hobby acquire a negative impression of numismatics when they jump into buying rare coins without first doing some background work. In 1998, the Federal Trade Commission along with the Better Business Bureau posted a consumer alert on investing in rare coins that provides guidelines—in a framework steeped in the common sense that is often forgotten in the excitement of a deal—on what to look out for when investing in rare coins. Nearly 15 years later, the consumer alert's cautions can still be well-taken by today's coin buyers.

Largely, the alert says what dedicated coin collectors already know: "In the past, most investment gains have gone to collectors, often known as numismatists, who have taken the time to carefully study various aspects of coins, including rarity, grading, market availability, and price trends. Investment success over the years is the result of prudently acquiring coins of selected quality, proven rarity, and established numismatic desirability.

Many careful buyers study coins for some time before buying even a single coin. Success also can be enhanced by researching dealers, as well as coins."

The alert advises those interested in investing in coins to:

➤ Use common sense when evaluating investment claims; anything that sounds too good to be true usually is.

➤ Know your dealer's reputation and reliability before you send money or authorize a credit card transaction. If you cannot confirm the reliability of the dealer, consider buying from another firm whose reliability you can confirm.

➤ Understand the return policies and make sure you stick to their terms, paying attention to how money will be refunded.

➤ Learn about the grading standard used by the seller. If the coin is "slabbed" or encapsulated, learn about the reputation and marketability of the certification firm.

➤ Comparison shop and consult several dealers before buying any coin.

➤ Be cautious when considering appreciation rates for rare coins. For example, an index popularly referenced and compiled by the New York investment bank Salomon Brothers in the 1990s listed the rare coin investment category as having an appreciation rate of 12 to 25 percent a year. However, this index was based on a list of 20 very rare coins and was not representative of the whole coin market.

As a preliminary step, ask your dealer if he or she is a member of the American Numismatic Association—the largest coin collector organization in the United States. Member dealers agree to conduct business in accordance with a code of ethics that provides a layer of consumer protection.

But, perhaps most important, the FTC advises those considering rare coin investments to educate themselves on coin grading: how coins are graded, who grades them and the standards by which they are graded.

Learning how to grade coins

Simply put, grading is the process of evaluating the quality of a coin. But, it is a skill that takes a lifetime to build and refine. The FTC puts the issue of coin grading and its relation to coin investing in plain language, stating, "Because the fine distinctions between grades often mean large differences in the value or price of a coin, the subjectivity in grading means that there is some inherent risk in coin investing."

While the advent of third-party certification in the late 1970s and mid-1980s has alleviated many of the problems that came with shifting and uneven grading standards, a collector still needs to become profi-

A collector, dealer or grader can take years developing and honing grading skills. However, it is important to be able to learn how to grade coins such as this 1796 Draped Bust quarter dollar yourself. (PCGS graded this coin VF-35, but remember, grading is subjective.)

cient in grading to make smart decisions in today's market and maximize opportunities. For collectors wanting to increase their proficiency in grading, the key is to actually look at coins—either in person or through photographs—to understand what coins look like when they are new, and how coins age and acquire wear over time.

A painless way improve your grading skills is to look at various illustrated coin grading books including the third edition of *Coin World's Making the Grade*, which features photos of more than 80 series of U.S. coins in various grades, so you can learn how coins age and wear. Looking at certified coins is also useful, because you can get instant feedback regarding the market grading of a coin. However, nothing takes the place of looking at lots of coins. Even coin professionals who examine thousands of coins a week continue to refine and develop their grading skills as their visual memory bank expands with each coin they examine.

For collectors who want to take their grading skills to the next level, the ANA offers weeklong courses in coin grading each summer in Colorado Springs, Colo., at its Summer Seminar where some of the coin field's best graders teach hands-on courses in beginning, intermediate and advanced grading.

Since grading is subjective, leading third-party certification services such as Professional Coin Grading Service, Numismatic Guaranty Corp. and ANACS may assign the same coin two different grades over time. One high-profile example, the Joseph J. Mickley/Reed Hawn example

Images courtesy of HeritageAuctions.com.

Grading services can assign different grades over time. When this 1804 Draped Bust silver dollar was sold at auction in 1993, it was graded "very nearly" Uncirculated. Later, the coin was conserved by NCS to remove accumulated surface residue and then graded by NGC as Proof 62. Thus, a coin once considered About Uncirculated was later judged to be a Proof strike with no wear.

of the 1804 Draped Bust silver dollar, illustrates the difficulty in grading early U.S. coins and shows that not even determining if a coin has wear is absolute. Historically, the dollar had been considered by numismatists to be in circulated condition, and when offered by Stack's at auction in 1993, it was graded "very nearly" Uncirculated. Later, Numismatic Conservation Services, an affiliate of NGC, removed accumulated surface residue that was the result of long-term improper storage, and the coin was revealed to have mirrored surfaces and a weak strike that was confused with wear. NGC ultimately graded it Proof 62 and the dollar sold for $3,737,500 when offered at a Heritage auction on April 17, 2008. (Some would argue that for great rarities like this, the numerical grade is all but irrelevant.)

Yet, this 1804 dollar is the exception rather than the rule. More commonly, a coin's grade changes as a result of delicate shifts in market standards between grades such as MS-64 and MS-65, where subtle differences in quality can mean substantial jumps in price.

In response to collectors' concerns with defining quality within a grade, Collectors Acceptance Corp., or CAC, began accepting submissions of coins in 2007. Coins submitted to CAC—already graded by PCGS and NGC—are given a sticker if the coin "has been verified as meeting our strict quality standards," according to CAC.

In 2010, both PCGS and NGC announced Plus grading to recognize coins that fall within the high end of a grade.

The presence of a CAC sticker or a plus sign does not automatically indicate that a coin is worth more than one without, as only a small fraction of the coins currently in slabs in the marketplace have been evaluated by CAC or were certified when PCGS or NGC were assigning "+" signs. But, the presence of either of these can provide extra confidence that a coin is solid for the grade, and the advent of CAC verification and the firms' plus designations has been especially welcomed in areas where perceived "gradeflation"—or a general loosening of grading standards—exists, such as with pre-1933 generic U.S. gold.

Collecting with bullion in mind

The current coin market is nearly inseparable from the precious metals market as silver reached nearly $50 an ounce while gold broke $1,900 an ounce in 2011. Many new collectors have been drawn into coin collecting as they look for an alternative way to store wealth through investing in gold and silver.

Images courtesy of HeritageAuctions.com.

Grading has become increasingly refined and two pieces bearing the same technical grade may not be equal for various reasons. Shown are two Saint-Gaudens gold double eagles grading MS-64. One piece, upper left, however, bears both a "Plus" grade from the grading service indicating it is at the upper end of the MS-64 grade and a green sticker from Certified Acceptance Corp., signifying that the assigned grade meets CAC standards.

Images courtesy of HeritageAuctions.com.

Some coins' values are based almost entirely on their metallic content. Gold coins like the illustrated Swiss and French 20-franc coins and British sovereign generally trade for a small premium over their bullion value.

Some coins' value—by definition—is based almost entirely on the metal content. Examples of these are various bullion coins: gold and silver Canadian Maple Leafs, gold and silver American Eagles, and gold South African Krugerrands. They sell for generally small premiums over their bullion value.

Other coins can trade at a modest premium to bullion, but have more of a numismatic component in that they were used in the stream of commerce. Some of the more popular of these types include British gold sovereigns and French and Swiss gold 20-franc coins. Collectors may purchase these handsome and historic coins for modest premiums over their metal content, in mid-2012 at between $20 and $30 over the melt value or the value of the gold by itself.

Even classic pre-1933 U.S. gold in recent years has offered opportunities to buy coins at tiny premiums over the metal content. For example, Coronet and Saint-Gaudens $20 double eagles contain .9675 an ounce of gold and are available in problem-free circulated condition for around $75 over their melt values. Yet, for collectors who are looking for a beautiful representative of these impressive types, the premiums between the lowest quality coins—those unfortunate heavily polished survivors once used in jewelry—and handsome certified Mint State coins that have long been popular with investors, have rarely been tighter than they are in mid-2012.

When this book was being edited, a collector could purchase an MS-63 Coronet double eagle or an MS-64 Saint-Gaudens double eagle for around $200 more than an average Extremely Fine example of the type. For those looking for an investment component, in rising rare coin markets these certified coins in mid-Mint State grades typically appreciate at substantially higher rates than their circulated counterparts.

Other generic classic U.S. gold types are also enjoying extremely low premiums, presenting buying opportunities for those with confidence that today's robust bullion market will continue.

Some other popularly collected gold coins that may trade for little more than their bullion content include the First Spouse gold $10 coins, many modern commemorative gold $5 and $10 coins and American Buffalo gold bullion coins.

The FTC provides sound advice for those investigating enhancing their portfolio with coins with a bullion component: "To make sure you know what you are buying, your best protection is to study the bullion market before you buy, and to choose your dealer carefully." As always, comparison shopping is recommended, especially when paying a premium for high-grade certified examples of otherwise common coins that typically trade at, or slightly above bullion levels.

When discoveries become established

New discoveries of die varieties are made in the hobby each year. Some become well-known and make their way into standard reference books, while others linger on the peripheries of the hobby and become known only to specialists. While with some issues it pays to be an "early-adopter," perhaps most collectors would benefit by taking a "wait and see" approach before buying a hot new variety that may not have staying power.

Some issues become known to collectors almost immediately upon their release, such as the Large Date and Small Date variants of the 1960 and 1960-D Lincoln cents. Their discovery in May 1960 came at an opportune time as *Coin World* made its debut as the first weekly newspaper for coin collectors with its April 21, 1960, issue. The perfect storm of a new weekly coin hobby newspaper and varieties easily discerned visually and produced in sufficient quantities to be found in pocket change got America looking at its coins, and the result was a hot market for these issues that ultimately was unsustainable.

As evidence of this mania, in the July 21, 1961, issue of *Coin World*, Warren Coin Shop in Warren, Ohio, offered $3,750 "In Hard Cold Cash or Certified Check" for a $50 face value bag of the 1960 Small Date cents—or "Your choice of a brand new 1960 Pontiac—4-door, convertible, station wagon, you name it!"

While the 1962 edition of *A Guide Book of United States Coins*—better known as the "Red Book"—lists the issues as speculative, the 1963 edition removed any doubt of the varieties' legitimacy by listing

New die varieties are often discovered, with some generating extreme excitement and initial high prices in the hobby. The Small Date versions of the 1960 and 1960-D Lincoln cents were a hot commodity compared to the more common Large Date versions, when the market for the coins was fresh (a Small Date cent is shown above left, and a Large Date cent below left). Listed in standard price guides, today the Small Date cents are priced at about the same as they were in 1960, indicating a static market.

them individually. Its early pricing also shows the "bubble" nature that can accompany new varieties. In the 1962 edition of the Red Book, a Mint State example of the 1960 Lincoln, Small Date cent was priced at $2.50 while the Proof version was listed at $15. By 1963, these prices increased to $3.50 and $16 respectively and in 1964, they jumped to $4 and $17 each. Also in the 1960s, these issues were popularly traded in roll quantities, another once-hot collecting trend that has since cooled.

Over the next several years demand waned, and time has not proven the Small Date issues to be a sound investment for those who purchased examples in the 1960s. This is one of the rare instances where a buy and hold strategy failed collectors. In 2002, the prices for these two issues were still at their 1963 levels, although today Mint State examples of the 1960 Lincoln, Small Date cent sell for around $7 and Proof examples sell for $22.

A more recent example of a coin that emerged sizzling but quickly cooled was the 1995 Lincoln, Doubled Die Obverse cent. Examples sold for more than $200 when the variety became known in February 1995, but dropped to a low of $35 in April 1995 as it became more plentiful.

Today nice Mint State examples may be found for $45, and although the variety has stood the test of time and is listed in major price guides, it fails to capture the collector excitement that greets the more-dramatic 1955 or 1972 Lincoln, Doubled Die Obverse cents.

An even more recent example of the "mainstreaming" of a variety can be seen with 2004-D Wisconsin quarter dollars with an "extra leaf." Two variants—the "Extra Leaf High" and "Extra Leaf Low"—were first published by *Coin World* in the Jan. 10, 2005, issue. A month after their discovery, retail prices for the Extra Leaf High version exceeded $1,000. Prices have since fallen, so that one can now find Mint State examples of both varieties for less than $200 each, with the Extra Leaf High coin still enjoying a modest premium over the Extra Leaf Low version.

The jury is still out on how the ears of corn sprouted extra "leaves" on these two dies, with some suggesting that they were the result of a bored employee in an idle moment at the Mint. The Mint has said that the leaves are the result of an accidental die gouge, which some coin experts have confirmed. While occasionally die gouges are valued by collectors—such as the case of the 1890-CC Morgan, Tail Bar dollar (the tail bar is a die gouge)—more often than not a die gouge is considered a minor error and coins with a die gouge trade for a very modest premium among error collectors.

Coin World images.

The "extra leaves" on some 2004-D Wisconsin quarter dollars, center and bottom images, generated a lot of interest over the normal coin, top image. The variants have achieved listings in price guides. Prices have fallen since the early peak of the market.

Still, the two variants of the Wisconsin, Extra Leaf quarter dollars had a lot going for them supporting their move into "mainstream" collecting. They attracted major media attention when discovered, and

Images courtesy of HeritageAuctions.com.

A Mint State gold coin like this MS-63 1897 Coronet $20 double eagle can sell for around $200 more than what an Extremely Fine, circulated example might sell for in the marketplace. Deciding which coin to buy for future profit means speculating on what might be more popular with collectors in the future.

their production contained an element of mystery. They were accepted by the grading services as varieties soon after being discovered and soon sold for substantial amounts in secondary markets. The variants are visible to the unaided eye, understandable for noncollectors, and they exist in sufficient quantities for marketers to create a demand for them and to keep the prices relatively affordable.

The variants gained added validity when, just a few weeks after their discovery, Whitman Publishing announced that the two variants would be listed in the Red Book. In the 2006, 2007 and 2008 editions, they were listed as an asterisk to the 2004-D Wisconsin quarter dollar listing noting the two variants' existence and that they may sell for premiums.

It wasn't until the 2009 edition that they were listed as two separate varieties and priced separately.

Changes in tastes

The rare coin market is like most investment markets in that it moves in cycles. A series that is "hot" one moment may cool, only to become hot again the next market cycle. Dealer promotion, the availability of coins at auction and the publishing of a new book on a series can all influence segments of the coin market.

Some examples of U.S. coin market segments that may move independently include classic silver commemorative coins, Morgan and Peace dollars, Winged Liberty Head dimes, Walking Liberty half dollars, classic Proof U.S. gold coins, and Mint State and Proof type coins.

Also, the way collectors—and grading services—evaluate the aesthetics of coins has an element of fluidity.

The "look" of a coin can change over time as it reacts to its environment. Silver may tone a dull gray or may acquire gorgeous jewel-tone colors. Gold may develop copper spots due to irregularities in the composition (since nearly all gold coins made for circulation have copper alloyed with the gold, to strengthen resulting coins against the rigors of circulation).

Toned silver coins fall in and out of favor with collectors. While gorgeous rainbow toning is almost universally appreciated, the taste for more subtle toning comes and goes, as does the market's appetite for thick, rich blankets of toning such as what is sometimes found on silver commemorative coins. While toning that borders on corrosion, heavy copper spots on gold coins or heavy carbon spotting on copper coins is never popular, most other toned coins exist in a gray area where beauty is in the eye of the beholder. As there's no way to predict whether toning will be "in" or "out" when the time arrives to sell your collection, an old collecting adage comes to mind: Buy what you like, since ultimately you will have to live with the coins in your collection.

Toward lasting value

It can be an educated guessing game to determine which coins will have lasting value, and collectors of modern U.S. Mint products are well aware of this. To purchase each coin produced by the U.S. Mint in 2011 would have cost about $23,500. The diversity of products the U.S. Mint produces is staggering, and unless one has vast resources and energy, some selectivity is needed. Some of the modern issues—such as America the Beautiful 5-ounce silver quarter dollars or First Spouse half-ounce gold $10 coins—may go up in price simply because the bullion market goes up.

Tomorrow's collectors could look at today's unpopular First Spouse coins and be enticed by attractive designs and low mintages and consider them a must-have set. For example, the Uncirculated 2009 Julia Tyler First Spouse gold coin has a mintage of less than 3,000 pieces, and mintages for the other four First Spouse issues minted in 2009 range from 3,152 to 3,501. While the Uncirculated Julia Tyler coin trades for a premium over its bullion value—an MS-70 example sold at an Oct. 16, 2011, Heritage auction for $1,725—it may still have room to appreciate. On the other side, many more First Spouse coins will be released in the coming years, and to assume that the Julia Tyler type will be the low mintage in the series also assumes that the series will enjoy sustained demand. If demand drops and collectors stop buying these coins from the U.S. Mint, future issues may have even lower mintages.

Smart collecting involves weighing various factors and making a conscious evaluation of many things that are not always considered when making a buying decision. Is the dealer that you are working with someone who will honor his word and treat you fairly? Is the coin you are purchasing fairly graded according to currently prevailing market standards? Is the coin of lasting quality that future generations will find attractive? If it is a variety, is it a variety that buyers will care about when the time to sell arrives? And for bullion-related coins, how much of a premium is being charged over the metal content? Considering these factors when forming today's coin collection exponentially increases the chances that it will become tomorrow's investment.

Looking at rare coins as an investment class

Over the past decade, there has been an explosion in the prices of top rarities. For example, in the seventh edition of the *Coin World Almanac* published in 2000, the "Rarities" chapter listed the top 25 coins in terms of price for each major denomination and category of U.S. coins. Of the 600 pieces listed, 278, or 46 percent, had sold at the six-figure level. In the revised eighth edition published in 2010, the updated list saw 505 of the 600 pieces listed with six-figure prices, or 84 percent.

Six- and seven-figure coins are still not commonplace, and most collectors who form the backbone of the rare coin market will likely never have one in their collection. Yet, as more and more coins join this lofty category, coins gain prominence as a vehicle for investing and a store of wealth.

Among the coins that have sold for more than $1 million in the past decade are some expected rarities like 1804 Draped Bust silver dollars and 1913 Liberty 5-cent pieces, but also some surprising coins such as an 1874 Bickford gold $10 eagle pattern that realized $1,265,000 at a Jan. 7, 2010, Heritage auction, and the 1792 half disme pattern graded Specimen 67 that found a new home at $1,322,500 at the April 27, 2006, Heritage auction.

In recent years, the market for rare coins around the world has

Current coins offered by the Mint could offer future price appreciation, or not. The Uncirculated 2009 Julia Tyler First Spouse gold $10 coin, shown above, has a low mintage of 2,188 pieces. The series continues, and future mintages remain uncertain, meaning the Julia Tyler coin could be a low-mintage key or simply the lowest mintage issue for 2009, with other pieces bearing even smaller mintages.

exploded, recently evidenced by the April 4, 2011, sale of a rare Islamic gold coin for £3,720,000 ($6,029,400) when offered at a London auction. The price represents the second most expensive coin ever sold at auction. At that same auction another Islamic silver coin that had been estimated for £20,000 to £30,000 sold for an astonishing £1,080,000 or ($1,745,755)—representing a record for an Islamic silver coin.

Top ancient rarities have also ascended in price in recent years and six-figure ancient coins are becoming increasingly common. In 2009, a Roman sestertius of Hadrian, struck circa A.D. 135 in Rome, realized 2.3 million Swiss francs or slightly more than $1.9 million at auction. Also in 2009, a Greek tetradrachm from Naxos, produced circa 460 B.C., sold at auction for 914,500 Swiss francs—or more than $800,000. On Jan. 4, 2012, an ancient Greek gold coin dating from 350 to 300 B.C. from the Black Sea city of Pantikapaion established a new record price for a Greek coin when it realized $3,802,500 at a Jan. 4 auction.

Around the world, buyers are putting their money into top-quality coins, and many Russian and Chinese coins have increased exponentially in value in the past decade as people seek to reclaim and collect their country's heritage.

In 2010, a 1910 Yunnan Spring dollar, graded About Uncirculated 55 by Numismatic Guaranty Corp., realized $1,035,000 in Champion

Hong Kong Auctions, representing the first Chinese coin to sell for more than $1 million. During 2011, three coins topped $1 million in five months as the world coin market soared. A Proof 1991 10-kilogram .999 fine gold 10,000-yuan coin with a reported mintage of 10 pieces was the first of three coins in 2011 to reach the $1 million level. It established a new record price for a modern Chinese coin in an April 30, 2011, Tokyo auction when it brought 127,600,000 yen, or more than $1.567 million.

Tracking rare coin investment performance

Each year *Coin World* provides the *Wall Street Journal* with a "Classic U.S. Rarities Key-Date Investment Index" for use in its annual investment scoreboard.

The scoreboard tracks different investment groups including stocks, bonds, mutual funds, bank instruments such as certificates of deposit, money market funds, precious metals, residential real estate and top investment grade rare coins.

The 2011 scoreboard was published in the Dec. 30 year-end review of markets and finance.

Coin World's rare coin investment index features 82 rare, high-grade coins: 15 copper coins, five copper-nickel pieces, 39 silver coins and 23 gold coins. In 2011 the 82 coins in the basket had a total value of $13,693,625; their value represented a substantial leap over the portfolio's initial 2005 value of $7,722,435.

The index shows what coin collectors over generations have learned: that rare coins in well-preserved condition appreciate in value over time and can serve as a store of wealth. However, the price performance of rare coins, as for all investments, moves in cycles.

In 2011, *Coin World's* rare coin index gained 4.98 percent overall, compared with a 10.3 percent gain in 2010, a 7.9 percent loss in 2009, and gains of 15.8 percent, 31.9 percent and 8.8 percent in 2006, 2007 and 2008, respectively.

In 2008, rare coins were among the few investments that registered a gain on the scoreboard, while in 2009 rare coins as measured by the index were among the scoreboard's worst-performing investments as the housing and investment markets rebounded.

For rare coins in 2011, the copper segment posted a 1.96 percent gain and silver coins showed a .05 percent gain, while rare gold coins increased 8 percent.

Overall, the rare coin portfolio's 4.98 percent gain placed it in the middle of the scoreboard, nearly matching stock performance, outperforming mutual funds, bank instruments, platinum, silver and residential real estate, but outperformed by bonds and gold.

Thoughtful investing

For generations, successful investing in coins has been synonymous with putting together a well-thought-out collection. Many of the greatest collections sold are the result of systematic purchasing over a long period of time, characterized by strong relations with dealers and a willingness to take advantage of buying opportunities when they present themselves.

Take the example of John Jay Pittman Jr. While financially comfortable, he never had substantial wealth. Yet—over the course of decades of careful collecting—he was able to build a collection that was auctioned in 1997 and 1998 for more than $30 million.

David W. Akers, who sold Pittman's collection, said it best, writing: "John was not a wealthy man, except in knowledge." With his budget, Pittman purchased rare coins in the best condition he could afford. He took advantage of buying opportunities when they appeared, like when he traveled in 1954 to Cairo, Egypt, to attend the auctions of the grand coin collection of King Farouk of Egypt.

Pittman's Proof 1833 Capped Head gold $5 half eagle realized $467,500 at the Pittman auction in 1997. Pittman had purchased it from the Farouk auction in 1954 for just $635. In January 2005 the same coin—now certified Proof 67—sold for $977,500. While the acquisition price of $635 was a substantial amount of money in 1954, Pittman's willingness to buy the best he could afford and to "stretch" when acquiring truly rare coins reaped substantial dividends for his heirs.

Circulating commems

3

Have circulating commemorative coins lost their luster? During the State quarter dollars program of 1999 to 2008, as many as 140 million Americans and more people overseas collected the circulating commemorative coins. People who ordinarily would not have paid much attention to the coins in circulation suddenly were examining every quarter dollar they encountered in search of the latest issue. Collectors reported a common refrain from friends and casual acquaintances alike was, "Is the new quarter out yet?" Similar interest was shown in the Westward Journey Nickel series of 2004 and 2005—four circulating commemorative 5-cent coins celebrating the bicentennial of the Louisiana Purchase and the Lewis and Clark Exposition. With these two programs, collecting coins from circulation had become fun again. And Congress kept authorizing new series.

In fairly quick order late in the first decade of the 21st century, Congress enacted new legislation authorizing an annual Presidential dollar series, four 2009 Lincoln cents commemorating the bicentennial of the birth of Abraham Lincoln, five 2009 quarter dollars celebrating the District of Columbia and the four U.S. territories, an annual Native American dollar and, beginning in 2010, the third circulating quarter dollars program—called the America the Beautiful program—celebrating national parks, national forests and other natural and historic sites in each state, the District of Columbia and the territories. With multiple circulating coin programs available, Congress and the Mint anticipated that public excitement with coins would continue—except that it has not, at least not to the levels of the State quarter dollars. Several factors might explain the lessened interest.

One is circulating commemorative coin overload. Even longtime collectors who welcomed the State quarter dollars program began wondering whether a third quarter series was necessary. The addition of circulating commemorative cents and two different programs for circulating dollar coins has led some collectors to say "Enough!"

Another is spotty distribution of the newer coins. The law authorizing the State quarter dollars program required the U.S. Mint and Federal Reserve to make special efforts to ensure the coins would be widely available in circulation; the two entities permitted banks to order the coins by design as they became available. With the exception of the

Presidential dollars through 2011, no such provisions have been made for the other circulating commemoratives issued from 2009 onward.

A third reason the newer coins are harder to find in circulation in some regions has to do with the economy. Mintages for circulating coins are down, with the 2009 figures the lowest since the early 1960s. When the economy is bad and less spending occurs, coinage mintages tend to drop in tandem. The coins already in circulation in some regions of the country are sufficient, so banks need not order large numbers of new coins. Thus the distribution of the new circulating commemorative coins is virtually nonexistent in some areas (for example, the editor of this book, living in west-central Ohio, has found no 2009, 2010, 2011 or 2012 quarter dollars in circulation).

Another problem is unique to the circulating dollar coins: They do not circulate widely, with U.S. residents preferring dollar notes to dollar coins. The demand is so low that the Federal Reserve has ordered no Sacagawea dollars (and none of the Native American dollars) since 2001, the second year of the program. From 2007 to the end of 2011, more than 1.25 billion Presidential dollars piled up in Federal Reserve vaults (the Dallas Fed has had to build an additional storage facility just to hold the dollars), unneeded in circulation. In December 2011, Treasury Secretary Timothy F. Geithner bowed to the inevitable and ordered that no more Presidential dollars be struck for circulation starting in 2012. Yet the Mint is required by law to strike four Presidential dollars every year and a new Sacagawea, Native American dollar every year; production continues, but the coins are struck only for collector sales at premiums above face value.

The future of circulating commemorative coins is a little uncertain. But how did we get the coins in the first place? To understand, we have to look back to the 1970s, when the possibility of circulating commemorative coins was first raised.

A long road to circulating commems

That new circulating commemorative coins would be struck and placed into circulation would have surprised collectors a few decades ago. Since the early 1960s, Mint hostility to coinage redesign had become entrenched. By the end of the 20th century, however, Congress and the Mint both had embraced circulating commemorative coins. As of 2012, just one denomination has not been redesigned as a circulating commemorative coin: the Roosevelt dime. Every other current circulating U.S. coin from the Lincoln cent to the dollar either has circulated with commemorative designs or is currently circulating.

Consider this list, by date:

1975 to 1976: quarter dollar, half dollar and dollar, with designs commemorating the Bicentennial of the Declaration of Independence.

1999 to 2008: quarter dollar, with designs commemorating each of the 50 states.

2004 to 2005: 5-cent coin, with designs commemorating the bicentennials of the Louisiana Purchase and the Lewis and Clark Expedition.

2007 to 2016 (or later): golden dollar, with designs commemorating most or all deceased U.S. presidents, four issues annually.

2009: cent, with designs commemorating the bicentennial of the birth of Abraham Lincoln, with four commemorative reverses.

2009: quarter dollar, six coins commemorating the District of Columbia and five U.S. territories.

2009 to 2016 (or later): dollar, one Sacagawea dollar each year with a commemorative reverse honoring a Native American theme.

2010 to 2019 (and maybe later): quarter dollars commemorating a national park, historic site or memorial in every state, the District of Columbia and the U.S. territories.

Upon reading this list, two things should quickly become apparent: (1) U.S. circulating commemorative coins are a largely 21st century phenomenon; and (2) such programs are set to continue for many years.

Bicentennial coinage

Collectors some 30 years ago would never have imagined the prevalence of circulating commemorative coin programs today. Had Treasury Department officials had their way, the Mint would have issued no Bicentennial coinage for the 1976 celebration.

Treasury's response to collectors lobbying for circulating and noncirculating commemorative coins for the Bicentennial was (1) production of such coins conflicted with the Mint's main purpose, i.e., to provide coinage for commerce; and (2) circulating commemoratives also would encourage hoarding of new designs and trigger coin shortages.

Until the Bicentennial, the Mint never issued a true circulating commemorative coinage. Circulating coins honoring Abraham Lincoln and George Washington were introduced on significant birthdays of the men depicted on the coins (100 years for Lincoln in 1909, 200 years for Washington in 1932), but these coins were intended as permanent replacements for the old designs and are not considered true circulating commemoratives. The coins bear no commemorative inscriptions. When the Washington quarter dollar was authorized, officials noted that the coin was not to be considered a "special coin"—a Mint phrase used to describe commemorative coins—in any way.

Treasury opposition did not keep collectors from lobbying for "special coins," especially as the nation's 200th birthday neared. Collectors began lobbying for a Bicentennial coinage in the mid-1960s. By the early 1970s, collectors' wish lists grew: Bicentennial designs on all circulating coins, plus noncirculating commemoratives, including a gold coin. Treasury officials opposed all such recognition of the Bicentennial. However, by November 1972, as collectors' lobbying efforts intensified, Treasury officials agreed to add the date 1776 to all 1976 coins—a concession that fell well below the collector community's proposals.

Congress, however, listened to the collector electorate and rejected Treasury's do-nothing attitude. Members of Congress in January 1973 began introducing legislation proposing Bicentennial coinage. As the number of Bicentennial coin bills grew, Treasury officials, realizing that Congress was likely to authorize some sort of coinage over their objections, decided to support a modest plan: changing the reverses of the half

Bicentennial coins

dollar and dollar. Collectors, however, complained that the Treasury's do-little proposal fell short of what they believed the nation should do in recognition of the Bicentennial (neither denomination circulated widely). Treasury officials relented a little more in July 1973, agreeing to support legislation that would include the quarter dollar in the redesign effort. Congress acted legislatively in October 1973, approving a modest, three-coin Bicentennial coinage bill.

Production of the three Bicentennial coins began in 1975 with the 1776-1976 date used for both the 1975 and 1976 production.

Despite Mint worries about the hoarding of the new designs, no coinage shortages developed. The Bicentennial quarter dollars can still be found in circulation occasionally, and the two higher denominations can be found in bank rolls at some banks.

After the Bicentennial coin program ended, coinage redesign and circulating commemorative coins again became a nonissue. As far as Treasury officials were concerned, it wasn't going to happen again.

Mint officials in Canada, however, embraced a circulating commemorative coin program to celebrate that nation's 125th anniversary of confederation in 1992. It placed a commemorative design on the circulating dollar coin and issued 12 commemorative 25-cent coins, each bearing a design commemorating a Canadian province or territory.

State quarter dollars

Collectors in the United States awaited each new Canada 125 25-cent coin as eagerly as collectors did in Canada. American collectors also began calling for a similar program in the United States—50 circulating commemorative coins, one for each state. In July 1995, they found a powerful ally in the House of Representatives who could make their dream come true: Rep. Michael Castle, R-Del.

Castle was chairman of the House subcommittee in charge of coinage legislation in the mid-1990s. At the time, many collectors, dealers and hobby leaders were becoming concerned with too many noncirculating commemorative coinage programs, a concern Castle shared. He convened a hearing on the

One of 12 Canada 125 25¢ coins

issue and invited hobby leaders to testify. During the meeting, several of the hobby leaders giving testimony advocated a State quarter dollars program. Castle embraced the idea, and introduced legislation calling for such a program. While it took effort to pass legislation, a State quarter dollars program became law in 1996.

Under the program, five State quarter dollars were issued annually. The program opened in 1999 with the release of the Delaware quarter dollar and closed in 2008 with the issuance of the Hawaii coin.

A change in Mint philosophy

The popularity, and profit, of the State quarter dollars program birthed a changed philosophy at the United States Mint: Coinage redesign is good, especially for the bottom line. As many as 140 million individuals, many of whom had previously shown little interest in collecting coins, collected the new quarter dollars, eagerly awaiting each newest release. Mint officials, who earlier had worried that coin shortages might result from the widespread hoarding or collecting that any new designs might encourage, found that no such shortages arose, despite hundreds of millions of State quarter dollars being pulled from circulation and held in collections. Mint officials also appreciated the profits they derived from the program, and not only from sales of collector versions of the coins.

The Mint derives revenue from sales of circulating coins to the Federal Reserve Bank. In Fiscal Year 1998, the last year for the old-style Washington quarter dollar, the Mint's revenues from sales of quarter dollars to the Federal Reserve totaled $419.3 million. In FY2000, quarter dollar revenues totaled more than $1.5 billion. While revenue has dropped since then, every quarter dollar pulled from circulation represents profit to the Mint.

In less than a decade, the official Mint position of opposing design change was replaced by a position that embraced the expansion of coinage redesign through circulating commemoratives. In April 2002, the Mint director told collectors at a forum in Ohio that the Mint was considering changing the designs of the Jefferson 5-cent coin in 2003 to reflect the bicentennial of the Louisiana Purchase and the Lewis and Clark Expedition. The comments were met with strong collector support, and Mint officials seemed poised to change the designs of the 5-cent coin in 2003. In a reversal of positions as compared to the 1970s and 1990s, opposition arose in Congress in June 2002 from the Virginia delegation when it heard of the Mint's plans. (Jefferson was a native Virginian, and Monticello, depicted on the 5-cent coin, is located within the state.) Virginian legislators introduced legislation in 2002 that would permit the redesign of the 5-cent coin from 2003 through 2005 to commemorate the two bicentennials, but would require that Jefferson and Monticello appear on the coin from 2006 onward. The bill did not become law in that Congress, but a new version did pass in the next Congress. It became law in April 2003.

Because of the lateness in the bill's passage, Mint officials did not have enough time to change the designs of the 5-cent coin in 2003.

In 2004, Mint officials, marketing the series as the Westward Journey Nickel program, introduced two new reverses on the coin: The first celebrates the bicentennial of the Louisiana Purchase with a design based on the Jefferson Indian peace medal Lewis and Clark distributed to native leaders; and the second depicts the larger boat the expedition used along the Missouri River for a portion of the journey. Both coins retain the existing obverse portrait of Jefferson.

The Mint introduced a new Jefferson portrait in 2005 and two more commemorative reverses. The new portrait is an off-center, right-facing portrayal of Jefferson, the portrait abutting the slightly higher rim at the left side of the obverse. The first of the year's special reverses depicts a plains bison, one of the many animal species Lewis and Clark Expedition members saw during their journeys. The second reverse depicts a scene of the Pacific Ocean coastline to represent the end of the westward journey of Lewis and Clark.

All four 2004 and 2005 circulating commemorative Jefferson 5-cent coins proved popular.

In 2006, the Mint introduced another new Jefferson portrait. The new portrait depicts Jefferson facing the viewer. For the reverse, Mint officials considered a number of new renditions of Monticello, but in the end reverted to the original design introduced in 1938. However, a Mint engraver did restore to the design all of the detail that the Mint engraving staff had removed from the coin over the decades, resulting in a sharper, crisper design than had been used in years.

With coinage redesign and circulating commemoratives now embraced by collectors, Treasury and Mint officials, and members of Congress, two other denominations were singled out for change: the cent and the dollar. The same 2005 act approved changes to both coins.

Dollars, cents and quarter dollars

With the State quarter dollars program nearing its December 2008 end, its creator, Rep. Castle, began looking for a similar coin program-

—one that would pump multiple new coin designs into circulation every year, and both promote coin collecting and continue a concept that the State quarter dollars represent: coinage as history lessons. Castle conceived of depicting every U.S. president on a circulating dollar coin, struck on the same manganese-brass clad planchets used for the Sacagawea dollars. He predicted that not only would the program be embraced by collectors, it would encourage wider circulation of a dollar coin (historically, dollar coins have never circulated widely in the United States). Others in Congress, looking to the 200th anniversary of the birth of Abraham Lincoln in 2009, started promoting new designs for a circulating Lincoln cent. Both measures became part of the Presidential $1 Coin Act of 2005.

First Presidential dollar

Beginning with the release of the George Washington Presidential dollar Feb. 19, 2007 (the official federal holiday celebrating Washington's Birthday), four Presidential dollars are being issued every year, through 2016 at least, and possibly beyond. Sitting presidents and living former presidents are ineligible to be depicted. Any former president must be deceased at least two years before becoming eligible for depiction on one of the coins.

By mid-2008, it had become clear that the Presidential dollar program had not resulted in the wide circulation of the coin in commerce, as noted earlier in this chapter. The failure of the coin to circulate had the same affect on mintages as it did for the earlier Anthony and Sacagawea programs: Mintages for the Presidential dollars (like the Anthony and Sacagawea coins) have fallen steadily since the production of the Washington coin, and most of the coins went into Federal Reserve vaults instead of active circulation (more than 1.25 billion of them by December 2011). As noted, the bulging vaults and resultant storage costs led Treasury Secretary Geithner to order an end to production of Presidential dollars for circulation, effective in 2012. Since the Mint is required by law to strike the coins, production continues, with the coins sold to Mint customers at premiums over face value. For collectors who were collecting the coins at face value from their banks, the decision was unpopular; they object to paying a premium for coins that they had been acquiring at face value.

The celebration of the 200th anniversary of the birth of Abraham Lincoln in 2009 included the production of four 2009 Lincoln cents with commemorative reverses, each marking a period in Lincoln's life: his birth and early childhood in Kentucky, his formative years in Indiana, his professional life in Illinois and his presidency in Washington, D.C.

Long before any of the cents had been struck, many in the coin collecting community predicted that they would be a hit with collectors since the Lincoln cent has long been one of the most popular series. No one, however, was prepared for just how popular the coins became.

The first 2009 Lincoln cent was placed into circulation Feb. 12, on the 200th birthday of Abraham Lincoln. A ceremony was held at Larue High School in Hodgenville, Ky., not far from the site of the Lincoln birthplace, concluding with a cent exchange. Individuals were afforded an opportunity to acquire rolls of the cents, and after officials determined they had enough coins on hand to meet the demand of those present, individuals were permitted to acquire $25 boxes of rolled cents at face value. Some persons at the event immediately offered participants sizeable profits for their rolls and boxes of cents.

The pattern was repeated at the release ceremonies for the second, third and fourth 2009 Lincoln cents. Large crowds showed up at most of the venues (driving, horizontal, steady rain spawned by a spin-off storm from Hurricane Ida soaked the Washington, D.C., area the day of the ceremony for the last cent, keeping crowd numbers low) in order to acquire rolls of the cents, with many selling the coins for a profit immediately after. In 2010, a new reverse design depicting a Union shield was introduced, to be used for the foreseeable future.

The other one-year circulating commemorative coin program of 2009 saw the release of the six coins in the Washington, D.C., and

2009 obverse

Childhood

Formative Years

Professional Life

Presidency

U.S. Territories quarter dollars series. The Mint and local officials conducted launch and coin-exchange ceremonies for all six issues honoring the District of Columbia and the territories of Puerto Rico, Guam, American Samoa, U.S. Virgin Islands and Northern Mariana Islands.

One of the America the Beautiful quarters

Also in 2009, the Sacagawea dollar was reimagined as a circulating commemorative coin platform. Under the Native American $1 Coin Act, passed in 2007, the Mint annually will issue a Sacagawea dollar with a new reverse design emblematic of an American Indian or tribal contribution. The traditional Sacagawea reverse has disappeared. As noted earlier, the Federal Reserve has ordered none of the Native American dollars for circulation. The Mint sells rolls of the coins to collectors for numismatic premiums and has made them available in larger quantities at face value in order to encourage their use in circulation. Few of the dollars, however, actually circulate.

Thus in 2009, the Mint produced a record four circulating commemorative programs: Presidential dollars, Native American dollars, Lincoln Bicentennial cents and District of Columbia-Territorial quarters.

In 2010, the America the Beautiful quarter dollars program began, with coins for the states, Washington, D.C., and the territories to be issued in the order the sites shown on the coins were authorized.

The 2012 America the Beautiful quarter dollars, the Presidential dollars and the Sacagawea, Native American dollars will continue an amazing period of regular coinage redesign. The stagnant designs of the Roosevelt dime, which have not been changed since their introduction in 1946, and the Kennedy half dollar, redesigned just once for the Bicentennial more than 30 years ago, have become the oddities rather than the norm. The embracement of circulating commemorative coins and other coin redesign has been an incredible reversal of government policy.

Frequent design change has fulfilled the desire of coin collectors nationwide, though the concept of circulating commemorative coins has, as noted, lost some of its luster. Still, it is clear to many longtime observers that the coinage redesign has helped the hobby of coin collecting to grow by bringing in fresh, new collectors.

Despite some of the concerns about too many new designs in circulation, few among us would likely desire a return to the old days, when Mint officials considered new designs anathema and the coins in circulation looked identical. For the most part, change has been good.

Coin market analysis

From coin shows to auctions, the period between August 2011 and July 2012 was a busy one in the rare coin market.

Rising precious metal prices continued to drive much of the rare coin market during the period, with gold hitting record-high prices several times, breaking the $1,900 an ounce barrier in late August 2011 and staying generally strong for the rest of 2011 into 2012. Just before the period began, silver hit nearly $50 an ounce in April 2011.

Collectors warmed to some Mint offerings—like the five-coin 2011 American Eagle 25th Anniversary Silver Coin sets—while other series like the First Spouse half-ounce gold $10 coins and the America the Beautiful .999 fine 5-ounce silver quarter dollars seemed to be facing declining interest. Much of this can be understood with this statistic: it would cost a collector $23,500 to purchase each coin offered by the U.S. Mint during calendar year 2011.

Here are some of the key events and themes that shaped the rare coin market during the review period.

Industry changes

The coin market continues to grapple with the issue of counterfeit coins and "coin doctoring."

The Feb. 20, 2012, announcement by online Internet auction powerhouse eBay that it was placing restrictions on the sale of replicas will block at least one major avenue for counterfeit coins to enter the United States. Especially when one considers that the sale of low-level forgeries potentially funded more advanced studies for counterfeiters, the new eBay policy should prove beneficial to the market in the long-term.

Legislation for an expanded Hobby Protection Act was introduced in Congress in June 2012, which if passed could put even stronger protections in place. A long-term effect of the sale of these replicas—even those clearly marked with COPY (which can be obscured) in compliance with the existing Hobby Protection Act—is that these "coins" will eventually get passed down to future generations.

Those who will receive them, likely unaware that they are replicas, could sell them as coins, whereby the pieces might again trickle into the collector marketplace, casually included in collections of genuine coins.

The ongoing discussion of "coin doctoring"—or artificially improving a coin with the hope of making it appear to be a higher grade—continues to bring this problem to the attention of the hobby. The multi-year struggles of the Professional Numismatists Guild to adopt a definition shows the problematic nature of the topic. On April 17, 2012, at the Central States Numismatic Society convention, the Professional Numismatists Guild's definition of "coin doctoring" was approved.

Finding a single definition for such a wide range of activities has been problematic because acceptable conservation and unacceptable enhancement is often separated by only a fine line. PNG's final three-point definition is notable for being easy to read and understand from a consumer standpoint, and it enjoyed near universal acceptance from the PNG member-dealers in attendance.

Coin buyers adjusted to an increase in buyer's fees from two major auction houses as Stack's Bowers Galleries increased its buyer's fee from 15 percent to 17.5 percent effective June 25, 2012, and Heritage followed suit. This is likely to have little impact on bidders, who will simply adjust their bids accordingly to take the new fees into account. The buyer's fees at coin auctions still have room to rise if the premiums associated with fine art auctions provide any indication. For example, at Christie's New York, the buyer's fee is 25 percent for the first $50,000 and then drops to 20 percent up to $1 million, after which it is 12 percent.

Another trend was the increase in collectors having confidence in online auction houses like Teletrade and GreatCollections as an avenue for both low-value and increasingly high-value coins. For example, on June 3, 2012, a lone bidder on GreatCollections captured a 1781 Libertas Americana silver medal—perhaps the most popular early American medal—graded About Uncirculated 50 by Professional Coin Grading Service, for a bid of $70,000. Also on GreatCollections, on May 27, 2012, multiple bidders competed for a 1999 American Eagle silver bullion coin graded Mint State 70 by Numismatic Guaranty Corp., raising it from its starting bid of $14,000 to a final price of $22,500.01—or $24,750.01 with buyer's fee.

Modern U.S. Mint products

Some of the U.S. Mint's new bullion product offerings didn't keep the fire that they once had. For example, the America the Beautiful .999

fine 5-ounce silver quarter dollars, which caused such a stir at the start of 2011 when five-coin 2010 sets were selling for as much as $2,700, fell to much more normal prices by late 2011. Each new issue takes longer to sell out and collectors are no doubt concerned with the cost involved in keeping the set, which will eventually grow to 56 coins by 2011.

Even the lone bright spot in the series—the Uncirculated 2010-P Hot Springs issue, which was selling for $400 at the end of 2011—has come down by mid-2012 to the $280 level, comparable in cost to new issues released by the Mint.

The Mint offers two versions of each issue: bullion examples that are available to authorized purchasers at a $9.75-per-coin premium over the price of silver, and Uncirculated collector versions that receive a "vapor blast" finish, have a P Mint mark and are sold individually by the U.S. Mint directly to collectors.

Yet, collectors furiously pursued one Mint offering. On Oct. 27, 2011, collectors and speculators overwhelmed the U.S. Mint website and phone lines to purchase their household allotment of five 2011 American Eagle 25th Anniversary Silver Coin sets at the issue price of $299.95. The five-coin set features two coins unique to the set—an Uncirculated 2011-S coin and a Reverse Proof 2011-P coin, along with Proof and Uncirculated 2011-W coins and an Uncirculated 2011 bullion coin struck without a Mint mark at the San Francisco Mint.

The sets quickly shot to more than $800 on the secondary market once delivery started in November, providing quick profits to the lucky collectors (and speculators) who wanted to sell. By mid-July 2012, the sets were still in high demand and selling at the $750 to $800 level.

In November 2011, the Mint sold out of Proof 2011-W American Eagle silver dollars, which raised the price on the secondary market for all Proof silver American Eagles from $60 to $70 within the week, as shrinking supplies combined with increased holiday demand. The Proof 2012-W issues went on sale in April 2012 and took a lot of the pressure off of the existing supply of 1986 to 2011 Proof issues.

In spring 2012, the Mint announced that it would produce Proof and Reverse Proof 2012-S American Eagle silver dollars to honor the 75th anniversary of the current San Francisco Mint. The coins were offered in a two-coin Proof set, packaged in a custom-designed lacquered hardwood presentation case and priced at $149.95 per set with no household ordering limits.

The Mint tried a new distribution approach with this set, allowing unlimited orders for a one-month window after the coins went on sale

June 7. Sales ended July 5. During the ordering period, the Mint put a sales odometer on its site to track set sales and sales closed at just over 250,000. That number was perhaps lower than expected, and after the deadline closed, sets—which still had not been delivered by the Mint as of mid-2012—sold for a modest premium on eBay.

Mint officials angered some purchasers of this set when in mid-July they announced the availability of another set, this one honoring the 200th anniversary of the founding of the United States Mint and the 150th anniversary of the founding of the Bureau of Engraving and Printing (the Treasury agency that prints all U.S. paper money). The set contains a $5 Federal Reserve note with special serial numbers and a Proof 2012-S American Eagle silver dollar. Some collectors had anticipated that the latter coin would be unique to the San Francisco Mint 75th anniversary set, and were upset to learn that as many as another 50,000 pieces could be sold. Mint officials apologized to customers for miscommunication about the coin's lack of uniqueness. Some customers who had ordered the 75th anniversary set reported they would cancel their orders. However, the number of canceled sets was unknown as this book was being edited, so the effect of the cancellations on the final mintage for the set was uncertain.

Originality, freshness to market matters

Steady price increases have also been seen in the past several years for classic "bread and butter" U.S. Coins like 1909-S Lincoln, V.D.B. cents and 1916-D Winged Liberty Head dimes in collector grades like Very Fine. Also, classic type coins like Extremely Fine Trade dollars, early Draped Bust coinage and problem-free early copper coins continue to show steady increases in value each year.

A development in the past decade that has perhaps contributed to the gradual increase in prices is that collectors are increasingly demanding that their collector-grade key coins and expensive type coins be encapsulated by third-party grading services. Many classic key dates are commonly counterfeited or altered, and early type coins are often repaired, so third-party grading provides buyers with the confidence that their expensive coins are what they appear to be. Further, certification helps remove any surprises when it is time to sell.

As time marches on, fewer old-collections of coins go to market. Stack's Bowers Galleries offered more than 300 coins from the Teich Family Collection in several auction sessions from Nov. 14 to 19, 2011, at the Whitman Coin and Collectibles Expo in Baltimore. The Teich Family put its collections together in the 1950s and 1960s, acquiring coins from various sources including the coin department at Gimbel's and Stack's in New York City.

The opportunities to purchase coins that are fresh to the market are becoming increasingly rare. According to the Teich family, the coins had not been touched for nearly 50 years. Previewing a collection like this is useful as it can train one's eye to understand and recognize what "natural" toning formed over decades looks like, as opposed to artificial toning.

Globalization

The coin market continues to expand globally and rarities from around the world realized strong prices. Heritage's September 2011 Long Beach Coin, Stamp & Collectibles Expo auctions of world and ancient coins realized $20.4 million, showing the increasing globalization of the rare coin market and the ability of U.S.-based coin firms to reach beyond U.S. coins to expand their bidder pool. Equally impressive is that Heritage noted a 97.74 percent sell-through rate by value—meaning that the top lots found buyers.

Among the rarities changing hands in the September auction was a legendary Marcus Junius Brutus Ides of March silver denarius, which sold for $546,250. It is undoubtedly among the most famous ancient coins, with a recognizable design that transcends the rare coin market.

As bidders continue to compete for a finite number of rarities, the most logical way for the coin market to expand and for prices to increase is by enlarging the pool of bidders. The global expansion of the coin market will hopefully bring more deep-pocketed international buyers into the U.S. coin market.

FUN show sets tone for 2012

The auctions associated with the Florida United Numismatists convention, held in Orlando Jan. 5 to 8, 2012, are major market events that help set the tone for the coin market. The 2012 Heritage FUN coin auctions brought nearly $56 million, a very strong number, especially when one considers that the 2011 FUN auctions realized $46 million while the 2010 sales saw $37 million.

The New York International Numismatic Convention was held the same weekend in New York City. The show's chairman, Kevin Foley, was perhaps optimistic when he said prior to the show that there was a realistic chance that the nine auction houses conducting 16 auction sessions at NYINC could realize more than $100 million. In total the various NYINC auctions realized nearly $65 million.

At the FUN auctions, two coins made headlines. On Jan. 4, during the first of two Platinum Night sessions, Heritage Auctions sold a 1793 Flowing Hair, Chain, Periods cent, graded Mint State 65 brown, for $1,380,000. This makes it the most expensive cent sold at auction, breaking the record set in 2009 when the finest known 1795 Liberty Cap, Reeded Edge cent sold for $1,265,000 as part of the Dan Holmes Collection of large cents. The record-setting Chain cent is the second finest known of the variety—the finest being an example graded Specimen 67 brown—and carries a provenance that traces back to W. Elliot Woodward's Fifth Semi-Annual Sale in October 1864. The coin was sold at auction in 1996 by Bowers and Merena as part of the Louis E. Eliasberg Sr. Collection where it realized $132,000, and again in 2004 in an American Numismatic Rarities auction where it brought $391,000—then a record for any cent sold at auction.

On Jan. 5, during the second Platinum Night session, an 1829 Capped Head, Large Date gold $5 half eagle, graded Proof 64, also realized $1,380,000. It was last sold at auction by Superior in 1996 as part of the Michael I. Keaston Collection, where it realized $190,000. The Heritage catalog entry noted that the offered example is the only certified Proof of the entire type, although a one-sided Proof example is included in the Harry Bass Collection.

Examining the FUN auction results also showcases a sobering reality: coins don't always go up in value. While some coins from the Dr. and Mrs. Steven L. Duckor Collection of Saint-Gaudens $20 double eagles set records, others performed at or below expectations. For example, a 1931 example graded Mint State 66 that was formerly in the collection of Louis E. Eliasberg Sr. sold within expectations for $126,500. That price was an improvement on the $17,600 that it realized in 1982 when it was offered as part of the Eliasberg estate, and comparable to three 2007 auction offerings where similarly graded examples realized $126,500 to $143,750.

In contrast, the Duckor Collection's top lot, a 1921 double eagle graded MS-66, realized $747,500—big money, but less than the $1,092,500 that a peer example brought as part of the Philip Morse Collection in 2005. Duckor's coin had last appeared at auction in 1984 where it brought $57,500.

A noteworthy private transaction

The December 2011 announcement that Blanchard and Co. sold the unique 1787 Brasher doubloon with New York metalsmith Ephraim Brasher's EB counterstamp punched on the eagle's breast in a private transaction for $7.395 million brought positive mainstream attention to the coin hobby. The market for aesthetically pleasing, historically significant top rarities is strong across most collectible and fine art fields.

But, at least one article referenced the coin's last public sale—when it realized $2.99 million at a Jan. 12, 2005, Heritage auction—to imply that all coins have soared in value in the past seven years. While many coins have, thanks to rising bullion markets, many have not, and the performance of a single super-rarity is not necessarily indicative of the coin market as a whole.

Marketing the Brasher doubloon as the world's most valuable gold coin succeeded in attracting mainstream media attention to the sale, with more than 1,000 articles showing up on Google promoting the sale and, in turn, Blanchard. Such claims are rather speculative, especially considering that the 1933 Saint-Gaudens $20 double eagle allegedly once owned by Egypt's King Farouk sold at public auction in 2002 for $7,590,020. That coin remains the only example of that issue currently legal to own and the price stands as the highest price of a rare coin at auction. (The record for a private treaty sale is $7.85 million paid for a 1794 Flowing Hair silver dollar in May of 2010.)

Some of the commentary regarding the sale of the Brasher doubloon related its strong price to the formation of several rare coin investment funds, including several that were announced on Oct. 31, 2011. These were being started by Certified Assets Management International LLC, and were expected to acquire up to $250 million in rare coins.

Investors are increasingly turning to alternative asset classes like fine art and rare coins as stores of wealth, although the case for paintings as an investment differs somewhat from coins, in that thousands of art museums around the world acquire and serve as permanent depositori of art, creating an ever-shrinking supply of Old Master through Mo paintings. Rare coins generally enjoy greater liquidity than fine pa and the possible infusion of $250 million in the rare coin mark help the market reach new levels. As some paintings can t to $150 million privately, many have wondered whether of institutional investors is needed for individual rare co $10 million barrier.

Coin ma

Conclusion

August 2011 to July 2012 was a good, relatively stable period for the rare coin market—not stellar—but steady. Much like the previous year, high-quality coins seemed to be in the strong hands of collectors with no compelling need to sell. Also like the prior year, dealers continued to complain about a lack of fresh material for stocking their inventories.

In terms of quantifiable data, each year *Coin World* provides the *Wall Street Journal* with a "Classic U.S. Rarities Key-Date Investment Index." It is one useful way to see how rare coins are performing as an asset class. In 2011, *Coin World's* rare coin index gained 4.98 percent overall, compared with a 10.3 percent gain in 2010, a 7.9 percent loss in 2009, and gains of 15.8 percent, 31.9 percent and 8.8 percent in 2006, 2007 and 2008, respectively.

Perhaps the most noteworthy trend for the period was the rapid expansion of the high-end middle-market. For example, in 2012 at the FUN auctions, at least 85 separate coins crossed the auction block at $100,000 or more; a number far greater than in 2011, and more than double the number in 2010 FUN sales. Possibly more important than the success of the handful of top rarities, the expanding "middle-market" for what are still very expensive coins showed added depth and demand, boding well for the future of the rare coin market.

Values of U.S. coins

$R$are coin prices rise and fall based upon the interests of collectors, investors and dealers, the overall economy, changes in precious metals prices and a host of other factors.

We make no predictions in these pages about what the future may bring for rare coins. We provide the reader with information. The *Coin Values* listings that follow give a guide as to retail value. However, users of this book should note that the price information included here was compiled in the summer of 2012, and while many of the values given will not change substantially, some may. Users seeking the latest pricing information should consult the information published monthly in *Coin World's Coin Values,* available by subscription either in print in the monthly *Coin World Special Edition* or in digital form; in the weekly updates at Coin Values Online (**www.CoinValuesOnline.com**), which is accessible free to subscribers; and via *Coin World's* iPad app, which can be downloaded at iTunes.

We will note that, historically, the rare coin market appears to move in cycles. Q. David Bowers, a longtime and well-respected dealer, was one of the first in the hobby to write about price cycles. The overall market moves in cycles, with peaks and slumps. (See **Chapter 4** for *Coin World* Editor Steve Roach's examination of the market from August 2011 to August 2012.)

Individual series also experience cyclical movements, with gold coins popular in some years, Proof sets and rolls in other years, and high-grade "modern" U.S. coins at yet other times.

How coins become rare

The first factor that makes a coin rare is its mintage. The ter "mintage" is the number of examples struck for any given date at a cific Mint. However, mintage figures are often deceptive. For ex the United States Mint struck 312,500 1933 Indian Head eagles. However, perhaps as few as 30 to 40 pieces exist.

What happened? The coins were struck shortly bef Franklin D. Roosevelt signed an executive order forbid to own certain gold coins. The only gold coins not ba ownership were those with numismatic value held by collectors and dealers. Only a few of the 1933 Indian Head eagles struck were released (acquired over the counter from the government at face value by collectors and others, which was legal); the rest were melted.

Another case of how mintage figures can be misleading is evident in the two 1883 Liberty Head 5-cent coin subtypes. Two distinct subtypes were struck that year. The first bears the denomination on the reverse in the form of the Roman numeral V; the word CENTS does not appear. After larcenous individuals began gold-plating the Liberty Head, Without CENTS 5-cent coin and passing it off as the similarly sized gold $5 half eagle, a new subtype was struck. The second subtype bears the word CENTS in addition to the Roman numeral V.

Approximately three times as many of the second, With CENTS subtype were struck (mintage: 16 million) as the first, Without CENTS version (mintage: 5.5 million). However, prices for the more "common" subtype are much higher than for the lower mintage piece. Why?

The sudden replacement of the 1883 Liberty, No CENTS 5-cent coin led to the quick withdrawal of the coin by the public, certain they had a rarity. The much more common subtype entered circulation and stayed there, with many more pieces eventually consigned to the melting pot as they became too worn and were withdrawn by banks. Thus, since collectors saved many more examples of the first version than of the second, higher mintage, version, the second is the rarer today.

As coins circulate, they become worn, scratched and damaged. Eventually, they are returned to the Mint for melting. Gold and silver coins have been melted in large quantities by the government and by private individuals. When gold surpassed $800 an ounce and silver reached $50 an ounce in January 1980, millions of common-date gold and silver coins were melted for their precious metal content. A worn 1964 quarter dollar, for example, worth a dollar or less to a collector in 1978, had a bullion value of $9.04 when silver hit $50 an ounce! Coins considered common are probably much scarcer than thought because of the widespread melting.

During 2010 and 2011, when the price of gold hit new records, and silver reached a level not seen since 1980, untold thousands more of the precious metal coins were melted, including new 2007 First Spouse d $10 coins, modern commemorative silver coins and more.

Researchers study survival rates by degree of preservation. One or studied nearly 340 auction catalogs from 1921 to 1979 and by grade, date, Mint mark and major die variety, every gold coin offered in those sales. Several grading services publish population reports of the coins they grade, another indicator of the survival rate for a particular coin in a particular condition. These population reports can be misleading, however, in that a single coin may be submitted to a grading service (or services) many times by an owner hoping to get a higher grade for the piece at some point. A coin submitted a half dozen times may be listed in the firm's population report a half dozen times, thus artificially inflating the number of coins that have been graded.

Unexpected supplies of coins turning up on the market can also have an impact on the rare coin market. A 1903-O Morgan silver dollar in Uncirculated condition was listed in a popular price guide published in 1962 as being valued at $1,500, and a 1904-O Morgan dollar, also in Uncirculated condition, was priced at $350. A year later, in the next edition of the same price guide, the 1903-O Morgan dollar was priced at $30 in the same grade, a loss of more than $1,400, and the 1904-O dollar was worth just $3.50, 1 percent of its value a year earlier!

The drastic plunge in values resulted when the Treasury Department emptied some of its vaults as citizens exchanged ever-increasing numbers of silver certificates for silver dollars. Numerous bags of the 1903-O and 1904-O Morgan dollars, in storage for nearly 60 years, were suddenly released at face value. Market prices plummeted.

It is unlikely that such extreme examples will occur again. The Treasury Department sold the last of its silver dollar holdings beginning in 1972 in a series of seven sales, through the General Services Administration. Some private hoards of certain coins may still exist.

Demand and dealer promotion can also affect a coin's price.

Another form of promotion affecting values in recent years is felt most strongly among the "modern" coins—roughly those coins struck since 1934 (or 1965, according to some), including all of the series currently still in production. The interest in ultra high-grade examples of these coins has resulted in some incredible prices being paid for "common" coins in "uncommon" high grades.

Much of this increased interest is being driven by collectors building "registry sets." Professional Coin Grading Service and Numismatic Guaranty Corp., two major grading services, maintain databases at their Web sites where collectors can register the coins in their collections. Points are awarded for every coin, with higher-grade coins awarded more points. The competition to own the highest-graded set of a particular series of coins has helped drive prices for even common coins to incredible levels.

While many collectors are paying high prices for high-grade but otherwise common coins, other, more traditional collectors believe the market for such coins will eventually collapse and the values of these coins will drop. Time will tell who is right about this modern coins market.

About the coin values

The values in this price guide were compiled by Steve Roach, Tony Cass, Tom Mulvaney, Gerald Tebben and Erik Martin for *Coin World.* Many different sources are used in determining the values, including dealer price lists (both buy and sell), prices quoted on several dealer trading networks, Internet transactions, public auction prices, realistic (and confirmed) private transactions and any additional information acquired by the staff.

Values are for properly graded, problem-free, original coins with attractive color. Values given here are generally for sight-seen coins (coins that dealers demand to see before bidding on them), as opposed to sight-unseen coins (which dealers offer to buy without looking at first, although at considerably lower bids than sight-seen coins). A sight-seen coin is generally acknowledged to be of higher value than a sight-unseen coin, even if the two coins bear the same grade.

Coin World neither buys nor sells coins. This valuing section is published as a reader service and may or may not be the same as an individual's or a firm's buy or sell prices.

About grading

Among the most important factors affecting a coin's value is its grade or level of preservation. The concept of grading is discussed in **Chapter 7**. All new collectors are strongly urged to read that chapter before attempting to determine the values of their coins.

In the valuing section that follows, grades are designated by letter-number abbreviations (for example, F-12 or MS-65) in the black bar that stretches across the values columns for each coin series. The grades read from left to right, from the lowest grades to the highest. You will note that generally, for any given coin, values will increase as the grades get higher. For example, a coin grading F-12 (Fine 12, meaning it has considerable circulation wear, but still retains some design details) might be worth 50 cents, while the same coin grading AU-50 (AU means About Uncirculated, which means the coin has only a touch of circulation wear at the highest points of the design) might be $50. Coins with no circulation wear are designated as Uncirculated or Mint State (abbreviated MS, in an 11-point range from MS-60 to MS-70, the latter representing a coin rated by the grader as perfect). The same coin worth 50 cents in the grade of F-12 and $50 in AU-50 might be worth $100 in MS-63, $250 in MS-65 and $1,000 in MS-67.

The price gaps for some coins in Mint State can be staggering. An increase of a single point in grade, say from MS-64 to MS-65, might in some examples translate to a difference in value of thousands of dollars or even tens of thousands of dollars.

Unless otherwise noted, condition (grade) designations given here are for the lowest possible level of each grade range.

Some of the grades used in the values section bear an additional letter representing a further refinement. These are defined at the beginning of each design type (for example, turn to the listing of values for Winged Liberty Head dimes, where the "B" that is found as part of some Mint State grades is defined as "full split bands," a reference to well-struck examples with the bands around the fasces on the reverse being fully formed or "split"). These refinements affect the value of the coins.

Users should also be aware that coins that have been graded by some third-party grading services may not meet market standards for the assigned grades, and thus would bring lower prices than coins graded by another grading service. Coins assigned the "same" grade but by a lower-tier "grading standard" may be worth less money, either because they grade below market standards or because the upper tier services have more name recognition among buyers. A coin graded MS-70 by one firm might sell for $35,000, while one of the same type, date and Mint and graded MS-70 but by another firm might sell for $1,000. The values that follow are for coins accurately graded to market grading standards (although no universally accepted standard is recognized).

Buyers are advised to consult with experienced and knowledgeable collectors and dealers for advice on a coin's grade and whether a particular grading service is judged to meet market standards.

Reading a value's listing

It is not possible to configure each line of values to the market peculiarities of each date and variety of every series of U.S. coin. Therefore, gaps may appear in the listing.

A dash listed among the values usually indicates a coin for which accurate market information is not available due to rarity or lack of activity in the marketplace. An asterisk indicates no coins were issued.

Liberty Cap, Left half cent

Date of authorization:	April 2, 1792
Dates of issue:	1793
Designer/Engraver:	Adam Eckfeldt
Diameter:	23.50 mm/0.93 inch
Weight:	6.74 grams/0.22 ounce
Metallic content/Specific gravity:	100% copper/8.92
Edge:	Lettered (TWO HUNDRED FOR A DOLLAR)
Mint mark:	None

	AG-3	G-4	VG-8	F-12	VF-20	EF-40	AU-50	AU-58	MS-60B
1793	2500.	4500.	7500.	10000.	12500.	22500.	27500.	47500.	60000.

Liberty Cap, Right half cent

Date of authorization: April 2, 1792
Dates of issue: 1794-1797
Designers: (Large Head): Robert Scot
(Small Head): Scot-John Gardner
Engraver: Robert Scot
Diameter: 23.50 mm/0.93 inch
Weight: 1794-1795: 6.74 grams/0.22 ounce
1795-1797: 5.44 grams/0.18 ounce
Metallic content/Specific gravity: 100% copper/8.92
Edge: 1794-1795: Lettered (TWO HUNDRED
FOR A DOLLAR)
1795 (Type of 1796): Plain
1796: Plain
1797: Most Plain, Some
Lettered, Some Gripped
Mint mark: None

	AG-3	G-4	VG-8	F-12	VF-20	EF-40	AU-50	AU-58	MS-60B
1794	400.	600.	1000.	1500.	2600.	5000.	10000.	15000.	20000.
1795 Lettered Edge, Pole	250.	500.	750.	1500.	2500.	5250.	10000.	15000.	17500.
1795 Plain Edge, Pole, Punctuated Date									
	250.	500.	1000.	1500.	2000.	4250.	8000.	15000.	20000.
1795 Plain Edge, No Pole	250.	500.	800.	1500.	2000.	4250.	8500.	15000.	25000.
1795 Lettered Edge, Pole, Punctuated Date									
	300.	550.	750.	2000.	3000.	6000.	125000.	17500.	30000.
1796 With Pole	15000.	20000.	27500.	35000.	55000.	75000.	100000.	185000.	225000.
1796 No Pole	20000.	30000.	45000.	95000.	125000.	—	—	—	—
1797 Plain Edge	300.	500.	750.	1500.	2000.	5000.	10000.	20000.	—
1797 Plain Edge, Low Head									
	400.	600.	1200.	1750.	—	—	—	—	—
1797 Plain Edge,1 above 1	250.	475.	700.	1000.	1750.	4250.	8500.	15000.	17500.
1797 Lettered Edge	1000.	2000.	3250.	7000.	15000.	—	—	—	—
1797 Gripped Edge	35000.	100000.	—	—	—	—	—	—	—

—— = Insufficient pricing data

Draped Bust half cent

Date of authorization: April 2, 1792
Dates of issue: 1800-1808
Designers: Obverse: Gilbert Stuart-Robert Scot
Reverse: Scot-John Gardner
Engraver: Robert Scot
Diameter: 23.50 mm/0.93 inch
Weight: 5.44 grams/0.18 ounce
Metallic content/Specific gravity: 100% copper/8.92
Edge: Plain
Mint mark: None

	G-4	VG-8	F-12	VF-20	EF-40	AU-50	AU-55	MS-60B	MS-63RB
1800	75.	100.	150.	275.	750.	1000.	1750.	2500.	7500.
1802/0 Reverse of 1800									
	25000.	40000.	50000.	65000.	100000.	—	—	—	—
1802/0 Reverse of 1802	1000.	2000.	5500.	10000.	—	—	—	—	—
1803	70.	125.	175.	350.	1000.	1750.	2500.	7500.	17500.
1803 Widely Spaced 3	70.	125.	175.	350.	1000.	1750.	2500.	7500.	17500.
1804 Plain 4, Stemless	65.	85.	125.	200.	375.	600.	700.	1250.	3750.
1804 Plain 4, Stems	75.	125.	300.	375.	1500.	2250.	3500.	—	—
1804 Crosslet 4, Stemless	65.	85.	125.	200.	350.	700.	750.	1250.	3750.
1804 Crosslet 4, Stems	65.	85.	125.	200.	350.	700.	750.	1250.	3750.
1804 Spiked Chin	75.	100.	135.	250.	450.	800.	1000.	1750.	4500.
1805 Medium 5, Stemless	70.	85.	150.	225.	450.	750.	1000.	1500.	10000.
1805 Large 5, Stems	70.	85.	120.	200.	400.	800.	1250.	2000.	7500.
1805 Small 5, Stemless	—	—	—	—	—	—	—	—	—
1805 Small 5, Stems	1000.	2000.	3500.	7500.	30000.	—	—	—	—
1806 Small 6, Stemless	65.	85.	115.	200.	350.	675.	750.	1500.	7500.
1806 Small 6, Stems	250.	475.	850.	1500.	4000.	8500.	12500.	—	—
1806 Large 6, Stems	65.	85.	115.	175.	350.	675.	750.	1250.	7500.
1807	70.	100.	125.	225.	500.	800.	1250.	2000.	10000.
1808	75.	95.	150.	200.	600.	1250.	2000.	2500.	10000.
1808/7	175.	350.	550.	1500.	4000.	12500.	15000.	—	—

—— = Insufficient pricing data

Classic Head half cent

Date of authorization: April 2, 1792
Dates of issue: 1809-1835
Designer/Engraver: John Reich
Diameter: 23.50 mm/0.93 inch
Weight: 5.44 grams/0.18 ounce
Metallic content/Specific gravity: 100% copper/8.92
Edge: Plain
Mint mark: None

Classic Head Half Cent

	G-4	VG-8	F-12	VF-20	EF-40	AU-50	AU-58	MS-60B	MS-63RB
1809	55.	75.	90.	110.	200.	300.	500.	750.	2500.
1809 Circle in 0	70.	85.	125.	500.	875.	1250.	3750.	—	—
1809 9 Over Inverted 9	65.	85.	100.	125.	450.	650.	1000.	1250.	3250.
1810	65.	100.	150.	250.	650.	1000.	2000.	2250.	7500.
1811 Wide Date	550.	1100.	1750.	2600.	6500.	10000.	15000.	—	—
1811 Close Date	500.	1000.	1500.	2500.	6000.	8500.	12500.	—	—
1825	55.	75.	85.	95.	250.	375.	550.	850.	2500.
1826	55.	75.	85.	100.	150.	350.	400.	750.	1750.
1828 13 Stars	55.	75.	85.	95.	125.	175.	275.	300.	1000.
1828 12 Stars	55.	75.	100.	150.	500.	650.	1000.	1500.	2750.
1829	55.	75.	85.	95.	150.	225.	400.	450.	1500.
1831 Original	—	—	—	—	—	—	—	75000.	—
1831 Restrike, Reverse of 1836	—	—	—	—	—	—	—	—	—
1831 Restrike, Reverse of 1840	—	—	—	—	—	—	—	—	—
1832	55.	75.	85.	95.	125.	225.	300.	400.	1000.
1833	55.	75.	85.	95.	125.	225.	300.	400.	700.
1834	55.	75.	85.	95.	125.	225.	300.	400.	800.
1835	55.	75.	85.	95.	125.	225.	300.	400.	850.

—— = Insufficient pricing data   * = None issued

Coronet half cent

Date of authorization: April 2, 1792
Dates of issue: 1849-1857
Designers: Obverse: Robert Scot-Christian Gobrecht
Reverse: John Reich-Gobrecht
Engraver: Christian Gobrecht
Diameter: 23.50 mm/0.93 inch
Weight: 5.44 grams/0.18 ounce
Metallic content/Specific gravity: 100% copper/8.92
Edge: Plain
Mint mark: None

Note: For copper-alloy coins, the letter B following a numerical grade (as in MS-63B) is shorthand for brown, RB represents red and brown, and R stands for red. It is common practice for grading services to qualify copper coins. In addition to a Mint State grade, a copper coin is assigned as brown, red and brown, or red. Generally, full red coins are valued higher than red and brown coins, which in turn are valued higher than brown coins, all else being equal.

	AG-3	G-4	VG-8	F-12	VF-20	EF-40	AU-50	MS-60B	MS-63RB
1849 Large Date	—	55.	75.	85.	100.	250.	350.	750.	2000.
1850	—	55.	75.	85.	95.	150.	250.	500.	1500.
1851	—	55.	75.	80.	85.	100.	175.	275.	850.
1852 Original	—	—	—	—	—	—	—	—	*
1852 Restrike	—	—	—	—	—	—	—	—	*
1853	—	55.	75.	80.	85.	100.	160.	225.	550.
1854	—	55.	75.	80.	85.	100.	165.	225.	550.
1855	—	55.	75.	80.	85.	95.	150.	225.	550.
1856	—	55.	75.	85.	90.	125.	150.	325.	550.
1857	—	60.	80.	105.	125.	175.	250.	350.	750.

—— = Insufficient pricing data   * = None issued

Flowing Hair, Chain cent

Date of authorization: April 2, 1792
Dates of issue: 1793
Designer/Engraver: Henry Voigt
Diameter: 28.50 mm/1.13 inches
Weight: 13.48 grams/0.43 ounce
Metallic content/Specific gravity: 100% copper/8.92
Edge: Vine and bars, or lettered
(ONE HUNDRED FOR A DOLLAR)
Mint mark: None

	AG-3	G-4	VG-8	F-12	VF-20	EF-40	AU-50	MS-60B
1793 AMERI.	7000.	12500.	17500.	25000.	40000.	75000.	175000.	300000.
1793 AMERICA, No Periods	5000.	7500.	12500.	17500.	35000.	65000.	100000.	225000.
1793 AMERICA, Periods	5000.	7500.	15000.	20000.	35000.	65000.	100000.	225000.

—— = Insufficient pricing data

Flowing Hair, Wreath cent

Date of authorization: April 2, 1792
Dates of issue: 1793
Designers: Obverse: Henry Voigt-Adam Eckfeldt
Reverse: Eckfeldt
Engraver: Adam Eckfeldt
Diameter: 28.50 mm/1.13 inches
Weight: 13.48 grams/0.43 ounce
Metallic content/Specific gravity: 100% copper/8.92
Edge: Vine and bars, lettered
(ONE HUNDRED FOR A DOLLAR)
Mint mark: None

	AG-3	G-4	VG-8	F-12	VF-20	EF-40	AU-50	MS-60B
1793 Vine and Bars Edge	2000.	3000.	4500.	6000.	10000.	20000.	35000.	55000.
1793 Lettered Edge	2500.	3500.	5000.	6500.	12500.	22500.	37500.	—
1793 Strawberry Leaf	350000.	500000.	750000.	950000.	—	—	—	—

Liberty Cap cent

Date of authorization: April 2, 1792
Dates of issue: 1793-1796
Designers: (1793-1794): Joseph Wright
(1794-1796): Wright-John Gardner
Engravers: (1793-1794): Joseph Wright
(1794-1796): Robert Scot
Diameter: 28.50 mm/1.13 inches
Weight: 1793-1795: 13.48 grams/0.43 ounce
1795-1796: 10.89 grams/0.35 ounce
Metallic content/Specific gravity: 100% copper/8.92
Edge: Plain, or lettered
(ONE HUNDRED FOR A DOLLAR)
Mint mark: None

	AG-3	G-4	VG-8	F-12	VF-20	EF-40	AU-50	MS-60B
1793	7500.	15000.	20000.	30000.	50000.	100000.	300000.	—
1794 Head of 1793	1000.	2500.	3000.	6000.	12500.	25000.	40000.	100000.
1794 Head of 1794	350.	500.	750.	1000.	2000.	5000.	7000.	15000.
1794 Exact Head of 1795	375.	600.	800.	1100.	2500.	5500.	8500.	30000.
1794 Starred Reverse	12500.	17500.	25000.	40000.	70000.	125000.	725000.	—
1794 No Fraction Bar	375.	700.	850.	1250.	2750.	6500.	12500.	—
1795 Plain Edge	300.	500.	750.	1000.	1500.	4000.	5500.	12500.
1795 Lettered Edge	300.	500.	750.	1250.	3000.	5000.	8500.	15000.
1795 Jefferson Head, Plain Edge								
	8500.	17500.	25000.	50000.	100000.	—	—	—
1796	300.	750.	1000.	2000.	3000.	6500.	12500.	35000.

—— = Insufficient pricing data

Draped Bust cent

Date of authorization: April 2, 1792
Dates of issue: 1796-1807
Designers: Obverse: Gilbert Stuart-Robert Scot
Reverse: Joseph Wright-Scot
Engraver: Robert Scot
Diameter: 28.50 mm/1.13 inches
Weight: 10.89 grams/0.35 ounce
Metallic content/Specific gravity: 100% copper/8.92
Edge: Plain, lettered
(ONE HUNDRED FOR A DOLLAR), gripped
Mint mark: None

	AG-3	G-4	VG-8	F-12	VF-20	EF-40	AU-50	MS-60B
1796 Reverse of 1794	200.	400.	900.	1500.	2500.	7000.	12500.	
1796 Reverse of 1796	125.	300.	900.	1250.	3000.	8000.	12000.	35000.
1796 Reverse of 1797	125.	250.	900.	1250.	2000.	4000.	6500.	10000.
1796 LIHERTY	250.	1000.	2000.	3000.	5000.	15000.	25000.	100000.
1797 Reverse of 1795, Gripped Edge								
	250.	650.	750.	1100.	1500.	5000.	16000.	
1797 Reverse of 1795, Plain Edge	125.	175.	350.	750.	3250.	5000.	12500.	27500.
1797 Reverse of 1797, Stems	175.	300.	400.	750.	1250.	2500.	5000.	8500.
1797 Reverse of 1797, Stemless	175.	350.	450.	750.	1750.	4000.	25000.	—
1798 Reverse of 1795	150.	250.	500.	750.	1000.	3500.	8500.	—
1798/7 1st Hair Style	125.	200.	400.	800.	2250.	5000.	15000.	—
1798 1st Hair Style	75.	125.	150.	350.	750.	3000.	5500.	10000.
1798 2nd Hair Style	75.	125.	150.	350.	700.	2250.	3250.	8500.
1799	3500.	4500.	8000.	15000.	25000.	100000.	—	—
1799/8	3750.	5000.	10000.	30000.	35000.	—	—	—
1800 Normal Date	70.	125.	225.	400.	800.	2500.	4500.	17500.
1800/1798 1st Hair Style	75.	175.	300.	750.	1500.	4000.	8000.	—
1800/79 2nd Hair Style	75.	125.	250.	500.	1500.	3000.	4000.	20000.
1801	50.	75.	125.	500.	750.	2000.	4000.	8500.
1801 3 Errors Reverse	125.	275.	700.	1500.	2500.	7500.	15000.	—
1801 1/000	65.	150.	300.	600.	1500.	2500.	4500.	—
1801 100/000	150.	250.	500.	1000.	1250.	4500.	—	—

—— = Insufficient pricing data

DRAPED BUST CENT (CONTINUED)

	AG-3	G-4	VG-8	F-12	VF-20	EF-40	AU-50	MS-60B
1802	35.	65.	100.	350.	500.	1250.	2000.	5000.
1802 Stemless	35.	65.	100.	200.	500.	1750.	2500.	—
1802 1/000	40.	75.	125.	350.	600.	1850.	3000.	—
1803 Small Date, Small Fraction	35.	65.	125.	275.	500.	1250.	2000.	—
1803 Small Date, Large Fraction	35.	65.	125.	275.	500.	1250.	2000.	—
1803 Large Date, Small Fraction	5000.	10000.	20000.	30000.	45000.	—	—	—
1803 Large Date, Large Fraction	65.	100.	200.	500.	1500.	3500.	5000.	—
1803 Stemless	55.	100.	175.	400.	500.	2000.	3000.	7500.
1803 100/000	55.	100.	175.	400.	750.	2250.	4500.	—
1804	1500.	2500.	3500.	4500.	9000.	20000.	—	—
1804 Restrike, struck circa 1860	—	—	—	—	—	—	—	1250.
1805 Pointed 1	35.	65.	125.	300.	500.	1500.	3000.	7500.
1805 Blunt 1	35.	65.	125.	300.	500.	1500.	3000.	7500.
1806	40.	70.	150.	325.	600.	2000.	3500.	8500.
1807 Large Fraction	50.	75.	150.	350.	600.	1250.	3000.	8500.
1807 Small Fraction	50.	100.	200.	400.	650.	2500.	—	—
1807 Small Fraction, Comet	60.	125.	250.	400.	1250.	3000.	6500.	17500.
1807/6 Large 7	75.	150.	300.	450.	650.	1500.	2500.	—
1807/6 Small 7	1250.	3000.	5000.	10000.	20000.	50000.	150000.	—

—— = Insufficient pricing data

Classic Head cent

Date of authorization: April 2, 1792
Dates of issue: 1808-1814
Designer/Engraver: John Reich
Diameter: 28.50 mm/1.13 inches
Weight: 10.89 grams/0.36 ounce
Metallic content/Specific gravity: 100% copper/8.92
Edge: Plain
Mint mark: None

Note: For copper-alloy coins, the letter B following a numerical grade (as in MS-63B) is shorthand for brown, RB represents red and brown, and R stands for red. It is common practice for grading services to qualify copper coins. In addition to a Mint State grade, a copper coin is assigned as brown, red and brown, or red. Generally, full red coins are valued higher than red and brown coins, which in turn are valued higher than brown coins, all else being equal.

	AG-3	G-4	VG-8	F-12	VF-20	EF-40	AU-50	MS-60B	MS-63RB
1808	50.	75.	200.	450.	750.	2000.	4000.	10000.	—
1809	150.	250.	500.	650.	1500.	4000.	6000.	12500.	—
1810	45.	75.	175.	300.	600.	1500.	4750.	10000.	—
1810 10/09	50.	100.	200.	425.	750.	2250.	4750.	11000.	—
1811	100.	150.	325.	600.	1250.	3000.	5500.	10000.	—
1811/0	125.	250.	450.	750.	1750.	5000.	12500.	50000.	—
1812 Small Date	55.	90.	175.	350.	650.	1500.	2500.	8500.	17500.
1812 Large Date	55.	90.	175.	350.	650.	1500.	2500.	8500.	17500.
1813	55.	100.	175.	400.	700.	1750.	3000.	7500.	15000.
1814 Plain 4	45.	100.	150.	250.	700.	1750.	3250.	7500.	15000.
1814 Crosslet 4	45.	100.	150.	250.	700.	1750.	3250.	7500.	15000.

—— = Insufficient pricing data

Coronet cent

Date of authorization: April 2, 1792
Dates of issue: 1816-1857
Designers: (1816-1835)
Obverse: Robert Scot
Reverse: John Reich
(1835-1839)
Obverse: Scot-Christian Gobrecht
Reverse: Reich
(1839-1857)
Obverse: Scot-Gobrecht
Reverse: Reich-Gobrecht
Engravers: (1816-1835) Obverse: Scot
Reverse: Reich
(1835-1839) Obverse: Gobrecht
Reverse: Reich
(1839-1857) Obverse: Gobrecht
Reverse: Gobrecht
Diameter: 28.50 mm/1.13 inches
Weight: 10.89 grams/0.35 ounce
Metallic content/Specific gravity: 100% copper/8.92
Edge: Plain
Mint mark: None

	G-4	VG-8	F-12	VF-20	EF-40	AU-50	AU-55	MS-60B	MS-63RB
1816	32.	50.	75.	150.	275.	500.	750.	1500.	2000.
1817 13 Stars	25.	35.	45.	100.	200.	500.	650.	750.	150.
1817 15 Stars	45.	60.	100.	250.	750.	1500.	2000.	2500.	—
1818	25.	35.	45.	75.	150.	350.	400.	450.	1000.
1819/8	30.	45.	60.	125.	350.	600.	700.	850.	3000.
1819 Large Date	25.	35.	45.	100.	200.	400.	550.	650.	1500.
1819 Small Date	25.	35.	45.	100.	200.	350.	450.	600.	1500.
1820	—	—	—	—	—	—	—	—	—
1820/19	35.	40.	50.	125.	350.	550.	850.	1500.	—
1820 Large Date, Curl Top 2	—	—	—	—	—	—	—	—	—
1820 Large Date, Plain Top 2									
	30.	35.	50.	100.	200.	300.	350.	500.	850.

——— = Insufficient pricing data

	G-4	VG-8	F-12	VF-20	EF-40	AU-50	AU-55	MS-60B	MS-63RB
1820 Small Date, Curl Top 2	30.	35.	50.	100.	250.	500.	750.	1000.	3500.
1821	50.	125.	250.	550.	1500.	3000.	4500.	7500.	35000.
1822	35.	50.	75.	150.	450.	700.	750.	1250.	22500.
1823	200.	300.	600.	2000.	5000.	7500.	12500.	40000.	—
1823/2	100.	300.	600.	1000.	3500.	7500.	10000.	—	—
1823 Restrike	—	—	—	500.	750.	1000.	1100.	1250.	1750.
1824	25.	30.	50.	175.	500.	1000.	1500.	2000.	5000.
1824/2	35.	60.	125.	500.	1250.	2500.	5000.	7500.	—
1825	30.	35.	45.	150.	500.	1000.	1750.	2000.	5000.
1826	30.	45.	60.	125.	350.	550.	750.	1000.	2500.
1826/5	35.	75.	125.	300.	1250.	1500.	3500.	4000.	7500.
1827	30.	35.	45.	100.	300.	500.	650.	750.	2000.
1828 Large Narrow Date	25.	35.	45.	100.	250.	400.	600.	1000.	3500.
1828 Small Wide Date	30.	35.	45.	125.	275.	750.	1250.	1750.	4000.
1829 Large Letters	25.	35.	45.	100.	350.	500.	750.	1000.	3000.
1829 Medium Letters	40.	75.	125.	400.	750.	2500.	3500.	6000.	—
1830 Large Letters	25.	30.	40.	85.	225.	325.	400.	600.	2000.
1830 Medium Letters	75.	100.	300.	750.	2000.	3500.	4250.	10000.	—
1831 Large Letters	25.	30.	40.	75.	225.	275.	400.	500.	2500.
1831 Medium Letters	25.	30.	50.	100.	250.	400.	500.	750.	3000.
1832 Large Letters	25.	30.	40.	75.	175.	350.	450.	750.	1500.
1832 Medium Letters	25.	30.	45.	85.	200.	500.	600.	900.	3000.
1833	25.	30.	40.	75.	225.	275.	350.	400.	1500.
1834 Small 8, Large Stars, Medium Letters									
	25.	30.	40.	75.	200.	300.	375.	450.	1500.
1834 Large 8, Small Stars, Medium Letters									
	25.	30.	40.	75.	200.	300.	375.	450.	1500.
1834 Large 8, Large Stars, Medium Letters									
	200.	400.	650.	1000.	3000.	4000.	6000.	7500.	—
1834 Large 8, Large Stars, Large Letters									
	25.	30.	40.	200.	650.	1000.	2000.	2250.	5000.
1835	—	—	—	—	—	—	—	—	—
1835 Small 8, Small Stars	25.	30.	35.	65.	225.	350.	500.	1000.	3000.
1835 Large 8, Large Stars	25.	30.	35.	65.	300.	450.	700.	1000.	4000.
1835 Head of 1836	25.	30.	35.	65.	200.	250.	300.	750.	2000.
1836	25.	30.	35.	65.	150.	250.	350.	500.	1500.
1837 Plain Cord, Medium Letters									
	25.	30.	35.	65.	150.	250.	300.	500.	1000.
1837 Plain Cord, Small Letters									
	25.	39.	35.	65.	150.	250.	300.	550.	1000.
1837 Head of 1838	25.	30.	35.	65.	125.	200.	250.	325.	750.
1838	25.	30.	35.	65.	110.	225.	300.	350.	1000.
1839 Head of 1838	25.	35.	45.	80.	125.	225.	350.	450.	850.
1839/6	300.	750.	1500.	2750.	7500.	17500.	22500.	—	—
1839 Silly Head	25.	35.	45.	100.	200.	400.	600.	1000.	2500.
1839 Booby Head	25.	35.	45.	85.	150.	325.	550.	1000.	2500.

—— = Insufficient pricing data

Head of 1840

Head of 1844

CORONET CENT (CONTINUED)

	G-4	VG-8	F-12	VF-20	EF-40	AU-50	AU-55	MS-60B	MS-63RB
MODIFIED PORTRAIT									
1839 Petite Head, Type of 1840									
	25.	30.	40.	75.	150.	350.	650.	850.	2500.
1840 Large Date	25.	28.	32.	50.	125.	200.	350.	650.	2500.
1840 Small Date	25.	28.	32.	50.	125.	250.	350.	650.	2500.
1840 Small Date, Large 18	30.	49.	75.	125.	300.	1250.	1500.	1750.	5000.
1841	24.	27.	35.	50.	125.	250.	400.	550.	1250.
1842 Large Date	24.	27.	35.	50.	125.	200.	250.	300.	950.
1842 Small Date	24.	27.	35.	50.	125.	225.	350.	450.	1500.
1843 Petite Head, Small Letters									
	24.	27.	35.	50.	100.	225.	275.	450.	1000.
1843 Petite Head, Large Letters									
	25.	30.	45.	75.	200.	350.	550.	850.	2000.
1843 Mature Head, Large Letters									
	25.	30.	50.	150.	300.	400.	450.	550.	1400.
1844	24.	27.	35.	60.	150.	225.	350.	500.	1500.
1844/81	60.	80.	90.	175.	450.	850.	1500.	2000.	7500.
1845	22.	25.	30.	50.	75.	150.	225.	250.	1750.
1846 Small Date	22.	25.	30.	45.	75.	175.	200.	300.	1250.
1846 Medium Date	22.	25.	30.	45.	75.	150.	250.	350.	2000.
1846 Tall Date	25.	30.	40.	50.	250.	500.	900.	1500.	2500.
1847	23.	30.	32.	45.	50.	125.	175.	300.	1250.
1847 7/Small 7	35.	50.	100.	150.	200.	500.	1250.	1500.	5000.
1848	23.	27.	32.	45.	75.	125.	150.	250.	1250.
1849	23.	27.	32.	50.	100.	150.	250.	300.	1200.
1850	23.	27.	32.	35.	60.	125.	160.	200.	500.
1851	23.	27.	32.	35.	60.	125.	150.	200.	500.
1851/81	35.	45.	55.	75.	175.	250.	350.	500.	1250.
1852	23.	27.	32.	35.	60.	125.	150.	200.	350.
1853	23.	27.	32.	35.	60.	125.	150.	200.	350.
1854	23.	27.	32.	35.	60.	125.	150.	200.	350.
1855 Upright 5s	23.	27.	32.	35.	60.	125.	150.	200.	350.
1855 Slanted 5s	23.	27.	32.	35.	65.	125.	165.	200.	450.
1855 Slanted 5s, Knob on Ear									
	25.	35.	50.	75.	150.	250.	400.	450.	2500.
1856 Upright 5	23.	27.	32.	40.	50.	100.	175.	200.	450.
1856 Slanted 5	23.	27.	32.	40.	50.	100.	175.	200.	500.
1857 Large Date	75.	100.	150.	200.	300.	350.	400.	450.	1250.
1857 Small Date	75.	100.	150.	200.	300.	350.	450.	550.	1500.

—— = Insufficient pricing data

Flying Eagle cent

Date of authorization: Feb. 21, 1857
Dates of issue: 1856-1858
Designers: Obverse: Christian Gobrecht-
James B. Longacre
Reverse: Longacre
Engraver: James B. Longacre
Diameter: 19.30 mm/0.76 inches
Weight: 4.67 grams/0.15 ounce
Metallic content/Specific gravity: 88% copper, 12% nickel/8.92
Edge: Plain
Mint mark: None

Note: Mint State 65 and Proof 65 copper values are for coins with full red original color; lower Mint State and Proof grades reflect examples that are red and brown.

	G-4	VG-8	F-12	VF-20	EF-40	AU-50	MS-60	MS-65	PF-63
1856	7000.	8000.	10000.	12000.	14000.	16000.	20000.	75000.	20000.
1857	30.	40.	50.	70.	150.	200.	360.	4000.	10000.
1858 Large Letters, AM joined									
	30.	40.	50.	70.	145.	250.	385.	4500.	10000.
1858/7 Large Letters, early die state									
	75.	100.	200.	400.	800.	1500.	3500.	50000.	*
1858 Small Letters, AM separated									
	30.	40.	50.	70.	150.	250.	400.	5500.	10000.

Indian Head cent

Oak Wreath, Shield

Date of authorization: Feb. 21, 1857
Dates of issue: 1859-1909
Designer/Engraver: James B. Longacre
Diameter: 1859-1864: 19.30 mm/0.76 inch
1864-1909: 19.05 mm/0.75 inch
Weight: 1859-1864: 4.67 grams/0.15 ounce
1864-1909: 3.11 grams/0.10 ounce
Metallic content: 1859-1864: 88% copper, 12% nickel
1864-1909: 95% copper, 5% tin and zinc
Specific gravity: 1859-1864, 8.92; 1864-1909, 8.84
Edge: Plain
Mint mark: 1908-1909, reverse under wreath

Note: For copper-alloy coins, the letter B following a numerical grade (as in MS-63B) is shorthand for brown, RB represents red and brown, and R stands for red. It is common practice for grading services to qualify copper coins. In addition to a Mint State grade, a copper coin is assigned as brown, red and brown, or red. Generally, full red coins are valued higher than red and brown coins, which in turn are valued higher than brown coins, all else being equal.

INDIAN HEAD CENT (CONTINUED)

COPPER-NICKEL

	G-4	VG-8	F-12	VF-20	EF-40	AU-50	AU-58	MS-60	MS-62	MS-63	MS-64	MS-65	MS-66	PF-63	PF-64	PF-65	PF-66
1859	14.	18.	25.	50.	125.	175.	250.	265.	500.	700.	1500.	4500.	6000.	1600.	2750.	5000.	8000.

SHIELD ADDED

	G-4	VG-8	F-12	VF-20	EF-40	AU-50	AU-58	MS-60	MS-62	MS-63	MS-64	MS-65	MS-66	PF-63	PF-64	PF-65	PF-66
1860 Pointed Bust	17.	25.	35.	65.	125.	150.	225.	275.	400.	550.	1700.	8000.	—	*	*	*	*
1860 Broad Bust	12.	15.	15.	40.	75.	110.	150.	175.	250.	350.	600.	1400.	5000.	1000.	2500.	4000.	8500.
1861	20.	32.	50.	75.	100.	150.	190.	200.	270.	350.	700.	1300.	4500.	2000.	3000.	8000.	32200.
1862	11.	12.	15.	20.	35.	65.	100.	105.	150.	225.	500.	1100.	2780.	900.	1500.	2500.	5000.
1863	10.	12.	14.	18.	30.	60.	75.	95.	150.	150.	500.	1100.	3000.	900.	1500.	3500.	8500.
1864	20.	35.	40.	75.	130.	160.	200.	225.	250.	450.	600.	2000.	8000.	1000.	1400.	3000.	7000.

BRONZE

	G-4	VG-8	F-12	VF-20	EF-40	AU-50	MS-60B	MS-63RB	MS-64RB	MS-64R	MS-65RB	MS-65R	MS-66R	PF-63RB	PF-64RB	PF-65R	PF-66R
1864 L on Ribbon	50.	75.	200.	275.	325.	500.	750.	3000.	1600.	3000.	6325.	—	30000.	25000.	65000.	200000.	—
1864	15.	25.	40.	60.	125.	150.	200.	500.	600.	500.	1500.	1500.	3000.	1600.	2000.	12000.	—
1865 Plain 5	9.00	14.	22.	45.	66.	125.	175.	660.	900.	660.	4025.	2000.	15000.	550.	1200.	6000.	—
1865 Fancy 5	10.	15.	22.	40.	60.	110.	200.	600.	800.	600.	2000.	2000.	15000.	*	*	*	*
1866	70.	100.	110.	125.	250.	325.	450.	2500.	1600.	2000.	5000.	6000.	12500.	500.	800.	7000.	8000.
1867	75.	110.	135.	135.	250.	325.	500.	2000.	1400.	2000.	6000.	6000.	—	500.	900.	6000.	9000.
1867/7	150.	200.	200.	300.	700.	900.	1500.	2000.	—	2000.	6000.	—	—	*	*	*	*
1868	50.	90.	135.	135.	275.	350.	450.	2000.	1000.	2000.	6000.	25000.	—	500.	900.	6000.	—
1869	125.	250.	250.	350.	600.	700.	900.	1500.	2000.	2500.	5000.	20000.	—	500.	900.	3200.	—
1869/9	250.	475.	475.	600.	900.	1100.	1500.	1700.	2000.	2500.	4000.	—	—	*	*	*	*
1870	125.	275.	275.	400.	525.	600.	700.	1400.	2300.	1500.	18500.	3000.	18500.	500.	850.	3000.	8000.
1871	150.	300.	350.	450.	550.	650.	1000.	1500.	3500.	3250.	4000.	7000.	40000.	400.	850.	3000.	9000.
1872	200.	400.	500.	625.	750.	800.	1300.	1600.	4500.	9000.	2000.	50000.	50000.	550.	1000.	4800.	9000.
1873 Closed 3	40.	100.	150.	225.	275.	400.	750.	2200.	3000.	2200.	10000.	15000.	15000.	300.	500.	3000.	—
1873 Doubled LIBERTY Die 1 bold	300.	750.	1200.	2000.	3500.	7000.	10000.	12000.	18000.	35000.	55000.	—	—	—	—	—	—

—— = Insufficient pricing data   * = None issued

INDIAN HEAD CENT (CONTINUED)

	G-4	VG-8	F-12	VF-20	EF-40	AU-50	MS-60B	MS-62RB	MS-63RB	MS-64RB	MS-64R	MS-65RB	MS-65R	MS-66R	PF-63RB	PF-64RB	PF-65R	PF-66R
1873 Open 3	25.	35.	70.	100.	175.	225.	300.	350.	400.	550.	2000.	1200.	8000.	—	—	—	—	—
1874	15.	25.	50.	70.	110.	165.	250.	275.	350.	450.	1000.	800.	3000.	5000.	300.	500.	3000.	—
1875	18.	35.	60.	75.	125.	175.	250.	300.	350.	550.	1725.	900.	3000.	5000.	350.	700.	7500.	—
1876	30.	45.	80.	150.	250.	300.	375.	400.	500.	800.	1200.	1100.	3250.	7500.	300.	500.	2500.	—
1877	700.	1000.	1500.	2000.	2500.	3000.	3960.	4500.	5000.	8000.	12000.	15000.	30000.	70000.	4000.	5000.	14000.	20000.
1878	28.	40.	75.	150.	250.	300.	450.	500.	550.	800.	1000.	1100.	3750.	7500.	275.	500.	1500.	8000.
1879	7.00	12.	16.	35.	75.	80.	125.	150.	200.	300.	500.	500.	2000.	10000.	250.	300.	1500.	2500.
1880	3.00	5.00	7.00	12.	30.	50.	75.	85.	125.	225.	525.	400.	1500.	4000.	200.	300.	1500.	—
1881	3.00	5.00	7.00	10.	22.	35.	60.	75.	125.	200.	400.	500.	1500.	3500.	200.	300.	1500.	3200.
1882	3.00	5.00	7.00	12.	22.	35.	60.	75.	125.	200.	400.	450.	1500.	3500.	200.	300.	1500.	2500.
1883	3.00	5.00	7.00	10.	20.	35.	60.	75.	125.	200.	400.	450.	1500.	3500.	200.	300.	1900.	—
1884	5.00	6.00	9.00	14.	35.	50.	75.	85.	150.	300.	500.	500.	2000.	4025.	200.	300.	1400.	2000.
1885	7.00	9.00	14.	35.	75.	90.	125.	150.	200.	400.	700.	1000.	2500.	5000.	200.	350.	1700.	—
1886 Feather between I and C																		
	5.00	8.00	22.	70.	150.	200.	250.	275.	300.	450.	1500.	1500.	4000.	10000.	265.	350.	2800.	4000.
1886 Feather between C and A																		
	10.	20.	45.	85.	175.	200.	300.	400.	550.	1000.	3000.	2500.	15000.	50000.	400.	700.	10000.	32000.
1887	2.75	4.00	6.00	8.00	35.	40.	65.	75.	200.	325.	450.	400.	2000.	12000.	200.	400.	5000.	—
1888/7	2000.	3000.	5000.	9000.	12000.	20000.	40000.	50000.	75000.	100000.	—	—	—	—	*	*	*	*
1888	3.00	4.00	7.00	10.	35.	40.	65.	75.	200.	400.	800.	1250.	2500.	8500.	225.	350.	4000.	12000.
1889	2.00	3.00	6.00	10.	25.	35.	60.	75.	125.	300.	750.	500.	3000.	10000.	200.	350.	2200.	3500.
1890	1.75	2.50	4.00	5.00	12.	25.	35.	45.	100.	300.	600.	500.	2000.	5500.	200.	300.	2000.	—
1891	1.75	2.50	4.00	5.00	12.	25.	35.	45.	100.	300.	500.	400.	1750.	—	200.	400.	2000.	—
1892	1.75	2.50	4.00	5.00	15.	25.	35.	45.	100.	300.	500.	375.	1450.	3000.	200.	300.	1300.	3500.
1893	1.75	2.50	4.00	5.00	12.	25.	35.	45.	100.	300.	400.	450.	1000.	2000.	200.	300.	1300.	4325.
1894	5.00	7.00	14.	22.	55.	75.	100.	125.	175.	300.	500.	850.	1265.	4000.	200.	300.	1500.	—
1894/1894	35.	50.	100.	250.	350.	450.	750.	1500.	1700.	3000.	6500.	7500.	10000.	—	*	*	*	*
1895	1.75	2.50	4.00	5.00	13.	25.	35.	40.	65.	175.	550.	400.	1000.	4000.	200.	300.	1300.	3000.
1896	1.75	2.50	4.00	5.00	12.	27.	40.	45.	60.	175.	500.	250.	1000.	2500.	220.	400.	2000.	—

—— = Insufficient pricing data * = None issued

INDIAN HEAD CENT (CONTINUED)

	G-4	VG-8	F-12	VF-20	EF-40	AU-50	MS-60B	MS-62RB	MS-63RB	MS-64RB	MS-64R	MS-65RB	MS-65R	MS-66R	PF-63RB	PF-64RB	PF-65R	PF-66R
1897	1.75	2.50	4.00	5.00	12	25	35	40	60	150	350	250.	900.	3000.	200.	300.	1200.	3000.
1898	1.75	2.50	4.00	5.00	12	25	35	40	60	150	275	250.	700.	3000.	200.	300.	1100.	—
1899	1.75	2.50	4.00	5.00	12	25	35	40	60	125	250	250.	600.	2500.	200.	300.	1100.	2000.
1900	1.75	2.50	4.00	5.00	14	20	30	40	50	125	250	300.	700.	2500.	200.	300.	1100.	2000.
1901	1.50	2.50	4.00	5.00	8.00	20	30	35	50	125	250	300.	600.	1500.	200.	300.	1100.	2500.
1902	1.50	2.50	4.00	5.00	8.00	20	30	35	50	125	250	275.	690.	1500.	200.	300.	1200.	2500.
1903	1.50	2.50	4.00	5.00	8.00	20	30	35	50	125	250	250.	750.	1500.	200.	400.	1200.	2500.
1904	1.50	2.50	4.00	5.00	8.00	20	30	35	50	125	250	250.	640.	1700.	200.	300.	1200.	2500.
1905	1.50	2.50	4.00	5.00	8.00	20	30	35	50	125	250	250.	700.	1500.	200.	300.	1100.	2500.
1906	1.50	2.50	4.00	5.00	8.00	20	30	35	50	125	250	250.	750.	1500.	200.	300.	1100.	2500.
1907	1.50	2.50	4.00	5.00	8.00	20	30	35	50	125	250	250.	600.	1500.	200.	300.	1300.	2500.
1908	1.50	2.50	4.00	5.00	8.00	20	30	35	50	125	250	250.	700.	1750.	200.	300.	1300.	3000.
1908-S	80	90	110	125	175	225	300	350	450	700	1400	1380.	3000.	6000.	*	*	*	*
1909	10.	15.	17.	20.	25.	35	40	50	75.	125.	250	275.	720.	1500.	200.	300.	1400.	2000.
1909-S	550.	575.	625.	700.	825.	875.	1100.	1200.	1400.	2000.	3000.	3738.	6000.	8500.	*	*	*	*

—— = Insufficient pricing data   * = None issued

Lincoln, Wheat cent

Date of authorization: Feb. 21, 1857 April 22, 1864; Dec. 18, 1942
Dates of issue: 1909-1958
Designer: Victor D. Brenner
Engraver: Charles Barber
Diameter: 19.05 mm/0.75 inch
Weight: 1909-1942, 1944-1958:
        3.11 grams/0.10 ounce
        1943: 2.69 grams/0.09 ounce;
        or 2.75 grams/0.09 ounce
Metallic content: 1909-1942: 95% copper, 5% zinc and tin
        1942: 95% copper, 5% zinc
        1943: zinc-coated steel
        1944-1946: 95% copper, 5% zinc
        1947-1958: 95% copper, 5% zinc and tin
Specific gravity: 1909-1942, 8.84; 1943, 7.8; 1944-1946, 8.83;
        1947-1958, 8.84
Edge: Plain
Mint mark: Obverse under date

Note: For copper-alloy coins, the letter B following a numerical grade (as in MS-63B) is shorthand for brown, RB represents red and brown, and R stands for red. It is common practice for grading services to qualify copper coins. In addition to a Mint State grade, a copper coin is assigned as brown, red and brown, or red. Generally, full red coins are valued higher than red and brown coins, which in turn are valued higher than brown coins, all else being equal.

Also, the letter C following a numerical grade for a Proof coin stands for "cameo," while the letters DC stand for "deep cameo." Cameo coins have contrasting surface finishes: mirror fields and frosted devices (raised areas). Deep cameo coins are the ultimate level of cameo, with deeply frosted devices. Cameo and deep cameo coins bring premiums.

LINCOLN, WHEAT CENT (CONTINUED)

BRONZE ALLOY

	AG-3	G-4	VG-8	F-12	VF-20	EF-40	AU-50	AU-58	MS-60B	MS-60RB	MS-64B	MS-64RB	MS-65B	MS-65RB	MS-66R	MS-67R	PF-63RB	PF-64RB	PF-65RB	PF-66R
1909 VDB	7.00	10.	12.	15.	17.	18.	20.	24.	25.	35.	75.	100.	125.	175.	750.	2000.	5000.	25000.	50000.	—
1909-S VDB	660.	750.	850.	1000.	1200.	1400.	1500.	1700.	1800.	2100.	2750.	4000.	4500.	6500.	20000.	100000.	*	*	*	*
1909	2.00	4.00	4.50	5.00	6.00	7.00	14.	18.	20.	30.	50.	150.	100.	250.	600.	4000.	600.	1000.	3500.	5000.
1909-S	60.	100.	125.	140.	175.	225.	250.	300.	325.	400.	550.	750.	900.	1400.	3700.	70000.	*	*	*	*
1909-S/Horizontal S	75.	135.	150.	175.	250.	300.	350.	400.	450.	500.	650.	900.	850.	2000.	3000.	14000.	*	*	*	*
1910	0.15	0.25	0.50	0.75	1.00	5.00	10.	15.	18.	50.	70.	80.	150.	250.	1000.	10000.	500.	2000.	3000.	6000.
1910-S	8.00	16.	20.	25.	30.	50.	75.	90.	95.	150.	250.	400.	700.	800.	3000.	50000.	*	*	*	*
1911	0.20	0.35	0.50	1.50	2.50	7.50	12.	17.	22.	50.	125.	225.	225.	600.	2500.	20000.	600.	3500.	3500.	10000.
1911-D	3.00	5.00	6.00	9.00	20.	50.	75.	95.	100.	175.	500.	660.	900.	1800.	9000.	45000.	*	*	*	*
1911-S	25.	40.	50.	55.	60.	75.	125.	150.	160.	350.	660.	1000.	1250.	4500.	15000.	—	*	*	*	*
1912	0.50	1.50	1.75	2.00	5.50	12.	25.	30.	35.	80.	125.	225.	250.	500.	2000.	25000.	700.	1000.	7500.	*
1912-D	4.00	6.00	10.	12.	27.	70.	110.	150.	175.	300.	500.	750.	1500.	2000.	15000.	15000.	*	*	*	*
1912-S	15.	20.	25.	30.	42.	80.	110.	175.	185.	325.	750.	1000.	600.	4500.	34500.	—	*	*	*	*
1913	0.25	0.75	1.00	1.50	3.00	18.	25.	35.	40.	85.	150.	250.	275.	600.	7500.	—	550.	1000.	2000.	5000.
1913-D	2.00	3.00	4.00	5.00	12.	55.	75.	85.	100.	250.	400.	800.	1000.	2000.	45000.	34500.	*	*	*	*
1913-S	7.00	14.	20.	25.	30.	60.	100.	150.	150.	400.	700.	1500.	2000.	6000.	6000.	—	*	*	*	*
1914	0.25	0.50	1.00	2.00	6.00	21.	37.	45.	50.	75.	175.	500.	250.	1000.	4000.	75000.	600.	1000.	2500.	5500.
1914-D	125.	200.	250.	300.	450.	1000.	1500.	1900.	2000.	4000.	7000.	10000.	10000.	20000.	100000.	—	*	*	*	*
1914-S	15.	25.	30.	35.	45.	90.	175.	275.	300.	800.	1200.	1900.	3000.	9000.	25000.	25000.	*	*	*	*
1915	0.75	1.50	3.00	4.00	18.	65.	75.	85.	95.	125.	250.	350.	750.	3250.	2000.	—	750.	1000.	3500.	—
1915-D	1.00	1.50	2.50	3.50	8.00	25.	45.	75.	80.	150.	300.	450.	800.	2000.	7500.	3500.	*	*	*	*
1915-S	10.	20.	25.	30.	35.	75.	100.	190.	200.	500.	2550.	3000.	3000.	7000.	3000.	—	*	*	*	*
1916	0.10	0.40	0.50	0.75	2.50	8.00	13.	15.	20.	50.	80.	150.	125.	475.	1000.	—	600.	1000.	13000.	20000.
1916-D	0.50	1.00	2.00	3.00	7.00	18.	30.	50.	75.	150.	275.	2000.	750.	3250.	30000.	12250.	*	*	*	*
1916-S	1.00	1.50	3.00	4.00	8.00	30.	45.	75.	90.	225.	750.	3000.	2000.	10000.	35000.	—	*	*	*	*
1917	0.15	0.25	0.50	1.00	2.00	5.00	15.	20.	20.	30.	75.	250.	175.	550.	2000.	—	*	*	*	*
1917 Doubled Die Obverse	150.	200.	250.	300.	500.	1500.	2000.	2500.	3000.	6000.	9000.	25000.	15000.	40000.	50000.	—	*	*	*	*
1917-D	0.50	1.00	1.50	2.00	3.00	35.	45.	60.	65.	150.	400.	1000.	1000.	3200.	17000.	—	*	*	*	*
1917-S	0.30	0.50	1.00	1.50	2.50	12.	25.	65.	70.	300.	600.	2000.	2000.	15000.	65000.	—	*	*	*	*

—— = Insufficient pricing data   * = None issued

	AG-3	G-4	VG-8	F-12	VF-20	EF-40	AU-50	AU-58	MS-60B	MS-63RB	MS-64RB	MS-64R	MS-65RB	MS-65R	MS-66R	MS-67R	PF-63RB	PF-64RB	PF-65R	PF-66R
1918	0.15	0.25	0.50	0.50	1.00	4.00	10.	12.	15.	45.	75.	150.	225.	550.	3000.	15000.	*	*	*	*
1918-D	0.50	1.00	1.50	2.00	5.00	15.	35.	65.	75.	200.	350.	1200.	1500.	3500.	40000.	—	*	*	*	*
1918-S	0.15	0.50	1.00	1.00	4.00	12.	35.	50.	75.	300.	700.	2800.	3500.	12000.	65000.	—	*	*	*	*
1919	0.25	0.75	1.00	1.00	1.50	2.00	6.00	7.00	9.00	25.	50.	60.	100.	300.	700.	3000.	*	*	*	*
1919-D	0.15	0.50	1.00	1.50	2.50	12.	35.	55.	60.	150.	300.	700.	1250.	3000.	12000.	—	*	*	*	*
1919-S	0.10	0.50	0.75	1.00	1.50	6.00	20.	40.	50.	150.	500.	1750.	1250.	15000.	50000.	20000.	*	*	*	*
1920	0.15	0.25	0.50	1.00	1.50	2.50	7.00	11.	15.	30.	50.	100.	125.	300.	1000.	—	*	*	*	*
1920-D	0.25	0.50	1.50	3.00	5.50	17.	35.	50.	75.	125.	350.	600.	1250.	2500.	30000.	—	*	*	*	*
1920-S	0.30	0.50	1.50	3.00	3.00	15.	35.	75.	100.	250.	600.	1500.	2300.	40000.	1600.	20000.	*	*	*	*
1921	0.30	1.00	1.00	1.50	3.00	11.	22.	40.	45.	85.	125.	400.	200.	500.	1600.	—	*	*	*	*
1921-S	0.75	1.50	2.50	3.50	6.00	35.	75.	85.	110.	450.	700.	2000.	1200.	2000.	20000.	20000.	*	*	*	*
1922 Missing D, Strong Reverse, Die Pair 2	500.	750.	900.	1250.	1500.	3000.	6000.	9000.	11000.	35000.	40000.	60000.	100000.	175000.			*	*	*	*
1922 Missing D, Weak Reverse, Dies Pairs 1, 3 & 4																	*	*	*	*
1922 Weak D	15.	25.	30.	40.	50.	75.	100.	250.	1000.	2500.	—	—	—	—	—	—	*	*	*	*
1922-D	12.	18.	22.	25.	30.	40.	75.	125.	150.	250.	400.	900.	750.	2000.	—	—	*	*	*	*
1923	0.10	0.25	1.00	1.50	2.00	6.00	12.	12.	15.	50.	85.	150.	400.	750.	—	—	*	*	*	*
1923-S	0.25	3.50	5.00	7.00	10.	45.	85.	185.	200.	700.	1750.	4000.	3000.	5750.	15000.	—	*	*	*	*
1924	0.10	0.25	0.50	1.00	2.00	6.00	12.	15.	20.	55.	85.	150.	125.	400.	—	—	*	*	*	*
1924-D	20.	40.	50.	60.	70.	120.	150.	245.	250.	600.	900.	2500.	1750.	12500.	25000.	—	*	*	*	*
1924-S	0.50	1.25	1.50	2.50	5.25	45.	90.	90.	110.	600.	900.	1750.	2500.	50000.	35000.	—	*	*	*	*
1925	0.10	0.25	0.50	1.00	1.50	3.50	6.00	8.00	10.	25.	50.	75.	165.	500.	—	2500.	*	*	*	*
1925-D	0.50	1.00	1.50	3.00	5.50	15.	28.	50.	55.	150.	475.	625.	700.	5000.	500.	—	*	*	*	*
1925-S	0.10	0.75	1.25	2.00	3.00	12.	30.	65.	100.	350.	1000.	5000.	4000.	20000.	20000.	1500.	*	*	*	*
1926	0.10	0.25	0.50	0.75	1.00	2.50	5.00	7.00	9.00	18.	35.	75.	60.	150.	425.	—	*	*	*	*
1926-D	0.50	0.75	1.25	2.50	5.00	15.	35.	65.	75.	250.	450.	800.	900.	5000.	—	—	*	*	*	*
1926-S	2.00	5.00	7.00	10.	15.	30.	75.	125.	150.	1000.	3000.	15000.	7000.	150000.	—	—	*	*	*	*
1927	0.10	0.25	0.50	1.00	1.50	2.00	5.00	7.00	9.00	18.	35.	75.	60.	150.	—	1750.	*	*	*	*
1927-D	0.50	1.00	1.50	2.00	3.00	7.00	25.	55.	65.	125.	200.	600.	500.	1750.	2500.	—	*	*	*	*

—— = Insufficient pricing data   * = None issued

LINCOLN, WHEAT CENT (CONTINUED)

	AG-3	G-4	VG-8	F-12	VF-20	EF-40	AU-50	AU-58	MS-60B	MS-63RB	MS-64RB	MS-64R	MS-65RB	MS-65R	MS-66R	MS-67R	PF-63RB	PF-64RB	PF-65RB	PF-66R
1927-S	0.50	1.00	1.50	2.50	4.00	12.	30.	60.	70.	275.	600.	1500.	2530.	12500.	—	—	*	*	*	*
1928	0.10	0.25	0.50	1.00	1.50	2.00	4.00	5.00	8.00	18.	30.	75.	60.	150.	500.	1750.	*	*	*	*
1928-D	0.25	0.50	1.00	2.00	3.00	6.00	17.	22.	35.	90.	125.	400.	350.	2000.	10000.	—	*	*	*	*
1928-S	0.25	0.75	1.50	2.50	3.50	9.00	30.	65.	75.	150.	300.	750.	750.	4250.	40000.	—	*	*	*	*
1929	0.10	0.25	0.50	1.00	1.50	2.50	5.00	7.00	9.00	14.	35.	50.	50.	125.	500.	2000.	*	*	*	*
1929-D	0.25	0.50	1.00	1.50	2.50	6.00	14.	22.	25.	40.	75.	200.	175.	850.	5000.	—	*	*	*	*
1929-S	0.25	0.50	1.00	2.00	3.00	7.00	15.	22.	25.	45.	75.	125.	125.	700.	4500.	—	*	*	*	*
1930	0.10	0.25	0.35	0.50	0.75	1.00	3.00	4.00	5.00	8.00	18.	50.	75.	75.	125.	750.	*	*	*	*
1930-D	0.15	0.25	0.50	0.75	1.00	2.00	6.00	9.00	14.	28.	45.	60.		160.	1100.	5000.	*	*	*	*
1930-S	0.15	0.25	0.50	0.75	1.00	2.00	7.00	8.50	12.	15.	25.	69.		125.	575.	25000.	*	*	*	*
1931	0.25	0.50	1.00	2.00	2.50	5.00	10.	12.	22.	35.	60.	75.		150.	500.	8000.	*	*	*	*
1931-D	3.00	5.00	7.00	8.00	9.00	14.	35.	45.	60.	90.	125.	400.		1200.	5000.	—	*	*	*	*
1931-S	80.	100.	110.	120.	130.	140.	150.	175.	180.	225.	275.	425.		700.	2000.	—	*	*	*	*
1932	0.50	1.50	2.00	3.00	4.00	6.00	12.	15.	20.	30.	50.	65.		125.	425.	5000.	*	*	*	*
1932-D	0.50	1.50	1.50	2.00	3.00	4.00	10.	15.	20.	35.	45.	75.		225.	600.	1000.	*	*	*	*
1933	0.50	1.50	2.00	2.50	3.00	7.00	12.	14.	20.	30.	45.	75.		127.	450.	3000.	*	*	*	*
1933-D	1.00	3.50	4.00	5.00	7.00	12.	18.	20.	25.	35.	50.	75.		200.	750.	5000.	*	*	*	*

—— = Insufficient pricing data   * = None issued

LINCOLN, WHEAT CENT (CONTINUED)

	EF-40	AU-50	AU-58	MS-60B	MS-63RB	MS-65R	MS-67R	PF-63RB	PF-65R	PF-67R
1934	1.25	4.00	7.00	10.	12.	35.	300.	*	*	*
1934-D	4.00	9.00	18.	30.	35.	60.	500.	*	*	*
1935	0.75	1.00	10.	15.	20.	50.	150.	*	*	*
1935-D	0.85	2.00	5.00	10.	12.	30.	217.	*	*	*
1935-S	2.50	5.00	20.	30.	35.	125.	6000.	*	*	*
1936	0.70	1.00	2.00	3.50	5.00	20.	100.	—	—	—
1936 Doubled Die Obverse	175.	—	—	—	2000.	5000.	—	*	*	*
1936 Satin Finish	*	*	*	*	*	*	*	350.	2000.	6000.
1936 Brilliant Finish	*	*	*	*	*	*	*	450.	2500.	10000.
1936-D	0.85	1.00	3.00	5.50	7.00	20.	150.	*	*	*
1936-S	1.50	2.00	4.00	8.50	11.	30.	2000.	*	*	*
1937	0.50	0.75	2.00	3.50	5.00	20.	105.	75.	300.	5000.
1937-D	0.65	1.00	2.00	4.00	6.00	21.	151.	*	*	*
1937-S	0.65	1.00	1.50	3.00	5.00	33.	522.	*	*	*
1938	0.50	1.00	4.00	8.00	11.	25.	276.	50.	250.	2500.
1938-D	0.85	1.00	4.00	8.00	11.	27.	161.	*	*	*
1938-S	0.80	1.00	3.00	6.00	8.00	23.	200.	*	*	*
1939	0.35	0.50	1.00	2.50	3.50	15.	100.	50.	250.	4000.
1939-D	1.00	1.50	3.00	5.50	8.00	22.	184.	*	*	*
1939-S	0.75	1.00	2.00	3.00	4.00	18.	253.	*	*	*
1940	0.40	0.50	1.50	3.00	4.00	18.	150.	40.	250.	7000.
1940-D	0.60	0.70	2.00	3.50	5.00	16.	108.	*	*	*
1940-S	0.60	0.90	3.00	5.50	8.00	21.	299.	*	*	*
1941	0.50	0.55	1.50	2.50	3.50	20.	125.	40.	250.	2000.
1941-D	1.00	1.50	2.50	4.00	5.50	18.	150.	*	*	*
1941-S	0.80	1.00	3.00	5.50	7.50	28.	185.	*	*	*
1942	0.40	0.50	1.00	1.50	2.50	20.	150.	40.	250.	—
1942-D	0.40	0.50	1.00	1.50	2.00	20.	305.	*	*	*
1942-S	1.00	1.50	5.00	12.	15.	35.	140.	*	*	*

ZINC-COATED STEEL

	EF-40	AU-50	AU-58	MS-60B	MS-63RB	MS-65R	MS-67R	PF-63RB	PF-65R	PF-67R
1943	0.40	0.65	1.00	2.00	3.00	22.	80.	*	*	*
1943-D	0.60	0.75	1.50	3.00	4.00	29.	120.	*	*	*
1943-D/D	—	—	—	—	466.	1250.	10000.	*	*	*
1943-S	0.75	1.00	4.00	8.50	12.	25.	120.	*	*	*

SHELL-CASE BRASS

	EF-40	AU-50	AU-58	MS-60B	MS-63RB	MS-65R	MS-67R	PF-63RB	PF-65R	PF-67R
1944	0.20	0.35	0.50	0.75	1.50	14.	125.	*	*	*
1944-D	0.30	0.35	0.50	0.75	1.50	20.	128.	*	*	*
1944-D/S	250.	300.	350.	400.	500.	4000.	—	*	*	*
1944-S	0.25	0.35	0.50	0.75	1.50	11.	116.	*	*	*
1945	0.25	0.40	0.50	0.75	1.00	10.	105.	*	*	*
1945-D	0.25	0.40	0.50	0.75	1.00	10.	128.	*	*	*
1945-S	0.25	0.30	0.50	1.00	1.50	10.	105.	*	*	*
1946	0.20	0.25	0.35	0.50	1.00	11.	90.	*	*	*
1946-D	0.20	0.25	0.50	0.75	1.00	10.	100.	*	*	*
1946-S	0.30	0.35	0.50	0.75	1.50	15.	150.	*	*	*
1946-S/D	—	100.	125.	175.	300.	600.	—	*	*	*

BRONZE ALLOY

	EF-40	AU-50	AU-58	MS-60B	MS-63RB	MS-65R	MS-67R	PF-63RB	PF-65R	PF-67R
1947	0.05	0.10	1.00	3.00	4.00	10.	135.	*	*	*
1947-D	0.05	0.10	0.25	0.50	1.00	9.00	140.	*	*	*
1947-S	0.05	0.10	0.50	1.00	1.50	17.	200.	*	*	*
1948	0.05	0.10	0.50	1.00	1.50	10.	2300.	*	*	*
1948-D	0.05	0.10	0.50	1.00	1.50	11.	400.	*	*	*
1948-S	0.05	0.10	1.00	2.25	3.00	9.00	163.	*	*	*

—— = Insufficient pricing data   * = None issued

LINCOLN, WHEAT CENT (CONTINUED)

	EF-40	AU-50	AU-58	MS-60B	MS-63RB	MS-65R	MS-67R	PF-63RB	PF-65R	PF-67R
1949	0.05	0.10	1.00	2.25	3.00	15.	2200.	*	*	*
1949-D	0.05	0.10	1.00	1.50	2.00	25.	250.	*	*	*
1949-S	0.05	0.10	1.50	3.00	4.00	18.	245.	*	*	*
1950	0.05	0.10	0.50	1.00	1.50	15.	1500.	35.	100.	720.
1950-D	0.05	0.10	0.50	1.00	1.50	8.00	250.	*	*	*
1950-S	0.05	0.10	0.75	1.25	1.75	10.	825.	*	*	*
1951	0.05	0.10	1.00	1.50	2.00	15.	95.	25.	60.	270.
1951-D	0.05	0.10	0.35	0.50	1.00	10.	719.	*	*	*
1951-S	0.05	0.10	0.50	1.25	2.00	12.	75.	*	*	*
1952	0.05	0.10	1.00	2.25	3.50	18.	75.	13.	50.	210.
1952-D	0.05	0.10	0.25	0.35	0.75	11.	625.	*	*	*
1952-S	0.05	0.10	1.00	3.00	4.00	14.	225.	*	*	*
1953	0.05	0.10	0.25	0.50	1.00	21.	250.	10.	35.	155.
1953-D	0.05	0.10	0.25	0.50	1.00	11.	135.	*	*	*
1953-S	0.05	0.10	0.50	1.00	1.50	12.	175.	*	*	*
1954	0.05	0.10	0.25	0.35	0.75	15.	175.	5.00	22.	90.
1954-D	0.05	0.10	0.25	0.35	0.75	12.	1000.	*	*	*
1954-S	0.05	0.10	0.25	0.35	0.75	14.	190.	*	*	*
1955	0.05	0.10	0.25	0.35	0.75	18.	4900.	5.00	18.	55.
1955 Doubled Die Obverse										
	2200.	2300.	2500.	2700.	4000.	40000.	—	*	*	*
1955-D	0.05	0.10	0.25	0.35	0.75	15.	4800.	*	*	*
1955-S	0.05	0.10	0.50	0.75	1.25	15.	175.	*	*	*
1956	0.05	0.10	0.25	0.35	0.75	11.	175.	2.00	15.	60.
1956-D	0.05	0.10	0.25	0.35	0.75	10.	55.	*	*	*
1956-D/D	—	—	—	—	—	100.	—	*	*	*
1957	0.05	0.10	0.25	0.35	0.75	11.	125.	2.00	15.	30.
1957-D	0.05	0.10	0.25	0.35	0.75	10.	75.	*	*	*
1958	0.05	0.10	0.25	0.35	0.75	12.	50.	2.50	12.	30.
1958 Doubled Die Obverse										
	—	—	—	—	—	—	—	*	*	*
1958-D	0.05	0.10	0.15	0.35	0.90	11.	100.	*	*	*

——— = Insufficient pricing data   * = None issued

Lincoln, Memorial and later cents

Date of authorization:	Feb. 21, 1857; April 22, 1864; Sept. 5, 1962; Dec. 22, 2005
Dates of issue:	1959-2008
Designers:	Obverse: Victor D. Brenner
	Reverse: Frank Gasparro
Engravers:	Obverse: Charles Barber
	Reverse: Gilroy Roberts
Diameter:	19.05 mm/0.75 inch
Weight:	1959-1982: 3.11 grams/0.10 ounce
	1982-present: 2.50 grams/0.08 ounce
Metallic content:	1959-1962: 95% copper, 5% zinc and tin
	1962-1982: 95% copper, 5% zinc
	1982-present: 97.5% zinc, 2.5% copper (99.2% zinc, 0.8% copper planchet plated with pure copper)
	2009 collector coins: 95% copper, 3% zinc and 2% tin
Specific gravity:	1959-1962, 8.84; 1962-1982, 8.83; 1982-date, 7.17; 2009 collectors, 8.84
Edge:	Plain
Mint mark:	Obverse under date

Note: For copper-alloy coins, the letter B following a numerical grade (as in MS-63B) is shorthand for brown, RB represents red and brown, and R stands for red. It is common practice for grading services to qualify copper coins. In addition to a Mint State grade, a copper coin is assigned as brown, red and brown, or red. Generally, full red coins are valued higher than red and brown coins, which in turn are valued higher than brown coins, all else being equal.

Also, the letter C following a numerical grade for a Proof coin stands for "cameo," while the letters DC stand for "deep cameo." Cameo coins have contrasting surface finishes: mirror fields and frosted devices (raised areas). Deep cameo coins are the ultimate level of cameo, with deeply frosted devices. Cameo and deep cameo coins bring premiums.

2009 Lincoln, Bicentennial cents

2009 obverse

Childhood

Formative Years

Professional Life

Presidency

Designers: Obverse: Victor D. Brenner
Reverse:
    Childhood, Richard Masters
    Formative Years, Charles L. Vickers
    Professional Life, Joel Iskowitz
    Presidency, Susan Gamble
Engravers:
Reverse:
    Childhood, Jim Licaretz
    Formative Years, Charles L. Vickers
    Professional Life, Donald Everhart II
    Presidency, Joseph F. Menna

Note: Because of space limitations in the values section, the Childhood cent is coded as KY for Kentucky, home of Lincoln's childhood; the Formative Years cent is coded as IN, for Indiana, where Lincoln spent time as an older child and young man; the Professional Life cent is coded as IL, for Illinois, where Lincoln became a lawyer, practiced law and first entered politics; and the Presidency cent is coded DC, for the District of Columbia, where Lincoln served as president.

2010 Lincoln, Union Shield cent

Designers: Obverse: Victor D. Brenner
              Reverse: Lyndall Bass
Engravers: Obverse: Original 1909 model
                digitally scanned
              Reverse: Joseph F. Menna

	AU-50	AU-58	MS-60B	MS-63RB	MS-65R	MS-67R	PF-63RB	PF-65R	PF-67R	PF-69DC
MEMORIAL REVERSE										
1959	0.10	0.15	0.20	0.30	5.00	1200.	—	12.	40.	.
1959-D	0.10	0.15	0.20	0.30	7.00	700.	*	*	*	*
1960 Large Date	0.10	0.15	0.20	0.30	10.	175.	—	12.	19.	—
1960 Small Date	2.00	2.50	4.50	6.50	20.	285.	12.	20.	70.	—
1960-D Large Date	0.10	0.15	0.20	0.30	8.00	50.	*	*	*	*
1960-D Small Date	0.10	0.15	0.20	0.30	9.00	75.	*	*	*	*
1961	0.10	0.15	0.20	0.30	10.	125.	0.60	10.	40.	.
1961-D	0.10	0.15	0.20	0.30	20.	203.	*	*	*	*
BRASS ALLOY										
1962	0.10	0.15	0.20	0.30	15.	250.	0.50	10.	40.	90.
1962-D	0.10	0.15	0.20	0.30	20.	350.	*	*	*	*
1963	0.10	0.15	0.20	0.30	16.	225.	0.50	10.	60.	—
1963-D	0.10	0.15	0.20	0.30	22.	225.	*	*	*	*
1964	0.10	0.15	0.20	0.30	10.	90.	1.00	10.	40.	.
1964-D	0.10	0.15	0.20	0.30	12.	125.	*	*	*	*
1965	0.10	0.15	0.20	0.30	20.	150.	*	*	*	*
1966	0.10	0.10	0.15	0.25	22.	75.	*	*	*	*
1967	0.10	0.10	0.15	0.25	25.	40.	*	*	*	*
1968	0.10	0.10	0.10	0.15	12.	175.	*	*	*	*
1968-D	0.10	0.10	0.10	0.15	14.	50.	*	*	*	*
1968-S	0.10	0.10	0.10	0.15	14.	335.	1.00	6.00	12.	.
1969	0.10	0.10	0.15	0.25	15.	3500.	*	*	*	*
1969-D	0.10	0.10	0.10	0.15	14.	5000.	*	*	*	*
1969-S	0.10	0.10	0.10	0.15	30.	3000.	1.00	6.00	12.	—
1969-S Doubled Die Obverse										
	15000.	22600.	40000.	50000.	85000.	—	*	*	*	*
1970	0.10	0.10	0.10	0.15	13.	350.	*	*	*	*
1970-D	0.10	0.10	0.10	0.15	10.	500.	*	*	*	*
1970-S Low 7	0.10	0.10	0.10	0.15	19.	—	0.75	6.00	10.	—
1970-S Level 7	—	—	—	25.	100.	—	50.	55.	100.	—
1970-S Doubled Die Obverse										
	—	—	—	5000.	20000.	—	*	*	*	*
1971	0.10	0.10	0.15	0.25	5.00	350.	*	*	*	*
1971-D	0.10	0.10	0.15	0.25	8.00	200.	*	*	*	*
1971-S	0.10	0.10	0.10	0.15	9.00	500.	1.50	6.00	15.	—
1972	0.10	0.10	0.10	0.15	7.00	400.	*	*	*	*
1972-D	0.10	0.10	0.10	0.15	20.	700.	*	*	*	*
1972-S	0.10	0.10	0.15	0.25	30.	500.	1.50	6.00	8.00	—
1972 Doubled Die Obverse										
	275.	300.	310.	350.	650.	—	*	*	*	*
1973	0.10	0.15	0.20	0.30	13.	300.	*	*	*	*
1973-D	0.10	0.15	0.20	0.30	15.	900.	*	*	*	*
1973-S	0.10	0.15	0.20	0.35	13.	—	1.00	6.00	10.	75.
1974	0.10	0.15	0.20	0.30	12.	100.	*	*	*	*
1974-D	0.10	0.15	0.20	0.30	10.	75.	*	*	*	*
1974-S	0.10	0.15	0.20	0.35	15.	400.	1.00	6.00	10.	60.
1975	0.10	0.15	0.20	0.30	9.00	125.	*	*	*	*
1975-D	0.10	0.15	0.20	0.30	15.	100.	*	*	*	*
1975-S	*	*	*	*	*	*	4.00	6.00	8.00	25.
1976	0.10	0.15	0.20	0.30	15.	75.	*	*	*	*
1976-D	0.10	0.15	0.20	0.30	18.	150.	*	*	*	*
1976-S	*	*	*	*	*	*	3.00	12.	20.	—
1977	0.10	0.15	0.20	0.30	20.	250.	*	*	*	*
1977-D	0.10	0.15	0.20	0.30	22.	425.	*	*	*	*
1977-S	*	*	*	*	*	*	2.00	6.00	8.00	25.

—— = Insufficient pricing data   * = None issued

LINCOLN, MEMORIAL CENT (CONTINUED)

	AU-50	AU-58	MS-60B	MS-63RB	MS-65R	MS-67R	PF-63RB	PF-65R	PF-67R	PF-69DC
1978	0.10	0.15	0.20	0.30	22.	350.	*	*	*	*
1978-D	0.10	0.15	0.20	0.30	19.	250.	*	*	*	*
1978-S	*	*	*	*	*	*	2.50	6.00	8.00	25.
1979	0.10	0.15	0.20	0.30	15.	75.	*	*	*	*
1979-D	0.10	0.15	0.20	0.30	10.	450.	*	*	*	*
1979-S Filled S	*	*	*	*	*	*	3.00	7.00	30.	—
1979-S Clear S	*	*	*	*	*	*	3.00	10.	—	—
1980	0.10	0.15	0.20	0.30	10.	200.	*	*	*	*
1980-D	0.10	0.15	0.20	0.30	12.	300.	*	*	*	*
1980-S	*	*	*	*	*	*	1.50	6.00	8.00	25.
1981	0.10	0.15	0.20	0.30	10.	110.	*	*	*	*
1981-D	0.10	0.15	0.20	0.30	12.	238.	*	*	*	*
1981-S	*	*	*	*	*	*	2.50	7.00	10.	—
1982 Large Date	0.10	0.15	0.20	0.30	8.00	400.	*	*	*	*
1982 Small Date	0.10	0.15	0.20	0.40	10.	1500.	*	*	*	*
1982-D Large Date	0.10	0.15	0.20	0.30	8.00	200.	*	*	*	*
1982-S	*	*	*	*	*	*	2.50	—	—	20.

COPPER-PLATED ZINC

	AU-50	AU-58	MS-60B	MS-63RB	MS-65R	MS-67R	PF-63RB	PF-65R	PF-67R	PF-69DC
1982 Large Date	0.05	0.15	0.20	0.35	8.00	55.	*	*	*	*
1982 Small Date	0.05	0.15	0.20	0.85	10.	70.	*	*	*	*
1982-D Large Date	0.05	0.15	0.20	0.40	9.00	50.	*	*	*	*
1982-D Small Date	0.05	0.15	0.20	0.35	7.00	30.	*	*	*	*
1983	0.10	0.15	0.15	0.25	8.00	36.	*	*	*	*
1983-D	0.10	0.15	0.15	0.25	7.00	32.	*	*	*	*
1983-S	*	*	*	*	*	*	—	5.00	—	20.
1983 Doubled Die Reverse	—	200.	—	250.	500.	1000.	*	*	*	*
1984	0.10	0.15	0.15	0.25	7.00	40.	*	*	*	*
1984-D	0.10	0.15	0.15	0.25	7.00	45.	*	*	*	*
1984-S	*	*	*	*	*	*	—	5.00	—	20.
1984 Doubled Die Obverse	—	—	—	150.	300.	550.	*	*	*	*
1985	0.05	0.15	0.15	0.25	6.00	43.	*	*	*	*
1985-D	0.05	0.15	0.15	0.25	6.00	20.	*	*	*	*
1985-S	*	*	*	*	*	*	—	6.00	—	20.
1986	0.10	0.15	0.15	0.80	6.00	40.	*	*	*	*
1986-D	0.10	0.15	0.15	0.30	9.00	50.	*	*	*	*
1986-S	*	*	*	*	*	*	—	7.00	—	20.
1987	0.10	0.15	0.15	0.60	6.00	50.	*	*	*	*
1987-D	0.10	0.15	0.15	0.25	6.00	50.	*	*	*	*
1987-S	*	*	*	*	*	*	—	5.00	—	20.
1988	0.10	0.15	0.15	0.25	6.00	50.	*	*	*	*
1988-D	0.10	0.15	0.15	0.25	6.00	35.	*	*	*	*
1988-S	*	*	*	*	*	*	—	5.00	—	20.
1989	0.10	0.15	0.15	0.25	6.00	50.	*	*	*	*
1989-D	0.10	0.15	0.15	0.25	6.00	35.	*	*	*	*
1989-S	*	*	*	*	*	*	—	6.00	—	20.
1990	0.10	0.15	0.15	0.25	6.00	40.	*	*	*	*
1990-D	0.10	0.15	0.15	0.25	6.00	40.	*	*	*	*
1990-S	*	*	*	*	*	*	—	6.00	—	20.
1990-S No S	*	*	*	*	*	*	3400.	4000.	—	—
1991	0.10	0.15	0.15	0.25	7.00	50.	*	*	*	*
1991-D	0.10	0.15	0.15	0.25	6.00	45.	*	*	*	*
1991-S	*	*	*	*	*	*	—	5.00	—	20.
1992	0.10	0.15	0.15	0.25	6.00	28.	*	*	*	*

—— = Insufficient pricing data   * = None issued

LINCOLN, MEMORIAL CENT (CONTINUED)

	AU-50	AU-58	MS-60B	MS-63RB	MS-65R	MS-67R	PF-63RB	PF-65R	PF-67R	PF-69DC
1992 Close AM in AMERICA										
	—	—	—	—	—	—	*	*	*	*
1992-D	0.10	0.15	0.15	0.25	6.00	15.	*	*	*	*
1992-D Close AM in AMERICA										
	—	—	—	—	—	—	*	*	*	*
1992-S	*	*	*	*	*	*	—	5.00	—	20.
1993	0.10	0.15	0.15	0.25	6.00	40.	*	*	*	*
1993-D	0.10	0.15	0.15	0.25	6.00	35.	*	*	*	*
1993-S	*	*	*	*	*	*	—	5.00	—	20.
1994	0.10	0.15	0.15	0.25	9.00	20.	*	*	*	*
1994-D	0.10	0.15	0.15	0.25	6.00	50.	*	*	*	*
1994-S	*	*	*	*	*	*	—	5.00	—	20.
1995	0.10	0.15	0.15	0.25	6.00	50.	*	*	*	*
1995 Doubled Die Obverse										
	—	—	—	14.	55.	100.	*	*	*	*
1995-D	0.10	0.15	0.15	0.25	6.00	55.	*	*	*	*
1995-S	*	*	*	*	*	*	—	6.00	—	25.
1996	0.10	0.15	0.15	0.25	6.00	45.	*	*	*	*
1996-D	0.10	0.15	0.15	0.25	6.00	35.	*	*	*	*
1996-S	*	*	*	*	*	*	—	6.00	—	40.
1997	0.10	0.15	0.15	0.25	3.50	55.	*	*	*	*
1997-D	0.10	0.15	0.15	0.25	3.50	60.	*	*	*	*
1997-S	*	*	*	*	*	*	—	5.00	—	20.
1998	0.10	0.15	0.15	0.25	3.00	30.	*	*	*	*
1998 Wide AM in AMERICA										
	—	—	7.50	13.	100.	425.	*	*	*	*
1998-D	0.10	0.15	0.15	0.25	3.50	25.	*	*	*	*
1998-S	*	*	*	*	*	*	—	5.00	—	20.
1998-S Close AM in AMERICA										
	—	—	—	—	—	—	*	*	*	*
1999	0.10	0.15	0.15	0.25	3.50	25.	*	*	*	*
1999 Wide AM in AMERICA										
	—	—	—	175.	500.	1400.	*	*	*	*
1999-D	0.10	0.15	0.15	0.25	3.50	15.	*	*	*	*
1999-S	*	*	*	*	*	*	—	5.00	—	25.
1999-S Close AM in AMERICA										
	*	*	*	*	*	*	—	—	—	—
2000	0.10	0.15	0.15	0.25	3.50	15.	*	*	*	*
2000 Wide AM in AMERICA										
	—	—	—	7.00	40.	140.	*	*	*	*
2000-D	0.10	0.15	0.15	0.25	3.50	15.	*	*	*	*
2000-S	*	*	*	*	*	*	—	5.00	—	25.
2001	0.10	0.15	0.15	0.25	3.50	15.	*	*	*	*
2001-D	0.10	0.15	0.15	0.25	3.50	12.	*	*	*	*
2001-S	*	*	*	*	*	*	—	5.00	—	50.
2002	0.10	0.15	0.15	0.25	3.50	15.	*	*	*	*
2002-D	0.10	0.15	0.15	0.25	3.50	12.	*	*	*	*
2002-S	*	*	*	*	*	*	—	5.00	—	45.
2003	0.10	0.15	0.15	0.25	3.50	28.	*	*	*	*
2003-D	0.10	0.15	0.15	0.25	3.50	15.	*	*	*	*
2003-S	*	*	*	*	*	*	—	5.00	—	42.
2004	0.10	0.15	0.15	0.25	3.50	20.	*	*	*	*
2004-D	0.10	0.15	0.15	0.25	3.50	15.	*	*	*	*
2004-S	*	*	*	*	*	*	—	5.00	—	42.
2005	0.10	0.15	0.15	0.25	2.50	15.	*	*	*	*
2005 Satin Finish	—	—	—	1.00	4.00	13.	*	*	*	*

——— = Insufficient pricing data   * = None issued

LINCOLN, MEMORIAL AND LATER CENT (CONTINUED)

	AU-50	AU-58	MS-60B	MS-63RB	MS-65RB	MS-67R	PF-63RB	PF-65R	PF-67R	PF-69DC
2005-D	0.10	0.15	0.15	0.25	2.50	15.	*	*	*	*
2005-D Satin Finish	—	—	—	1.00	5.00	18.	*	*	*	*
2005-S	*	*	*	*	*	*	—	5.00	—	40.
2006	0.10	0.15	0.15	0.25	2.50	15.	*	*	*	*
2006 Satin Finish	—	—	—	3.00	6.00	12.	*	*	*	*
2006-D	0.10	0.15	0.15	0.25	2.50	15.	*	*	*	*
2006-D Satin Finish	—	—	—	2.00	5.00	11.	*	*	*	*
2006-S	*	*	*	*	*	*	—	5.00	—	42.
2007	0.10	0.15	0.15	0.25	3.50	15.	*	*	*	*
2007 Satin Finish	—	—	—	2.00	5.00	10.	*	*	*	*
2007-D	0.10	0.15	0.15	0.25	3.50	15.	*	*	*	*
2007-D Satin Finish	—	—	—	2.00	5.00	10.	*	*	*	*
2007-S	*	*	*	*	*	*	—	5.00	—	35.
2008	0.15	0.20	—	0.35	6.00	15.	*	*	*	*
2008 Satin Finish	—	—	—	3.00	6.00	15.	*	*	*	*
2008-D	0.15	0.20	—	0.35	6.00	15.	*	*	*	*
2008-D Satin Finish	—	—	—	3.00	6.00	15.	*	*	*	*
2008-S	*	*	*	*	*	*	—	4.00	6.00	22.

BICENTENNIAL REVERSES

	AU-50	AU-58	MS-60B	MS-63RB	MS-65RB	MS-67R	PF-63RB	PF-65R	PF-67R	PF-69DC
2009 KY	—	—	—	1.00	1.50	15.	*	*	*	*
2009 KY Satin Finish	—	—	—	2.00	5.00	11.	*	*	*	*
2009-D KY	—	—	—	1.00	1.50	15.	*	*	*	*
2009-D KY Satin Finish	—	—	—	2.00	5.00	11.	*	*	*	*
2009-S KY	*	*	*	*	*	*	—	5.00	—	36.
2009 IN	—	—	—	1.00	1.50	15.	*	*	*	*
2009 IN Satin Finish	—	—	—	2.00	5.00	11.	*	*	*	*
2009-D IN	—	—	—	1.00	1.50	15.	*	*	*	*
2009-D IN Satin Finish	—	—	—	2.00	5.00	11.	*	*	*	*
2009-S IN	*	*	*	*	*	*	—	5.00	—	30.
2009 IL	—	—	—	1.00	1.50	15.	*	*	*	*
2009 IL Satin Finish	—	—	—	—	—	—	*	*	*	*
2009-D IL	—	—	—	1.00	1.50	15.	*	*	*	*
2009-D IL Satin Finish	—	—	—	—	—	—	*	*	*	*
2009-S IL	*	*	*	*	*	*	—	5.00	—	32.
2009 DC	—	—	—	1.00	1.50	15.	*	*	*	*
2009 DC Satin Finish	—	—	—	—	—	—	*	*	*	*
2009-D DC	—	—	—	1.00	1.50	15.	*	*	*	*
2009-D DC Satin Finish	—	—	—	—	—	—	*	*	*	*
2009-S DC	*	*	*	*	*	*	—	5.00	—	35.

UNION SHIELD REVERSE

	AU-50	AU-58	MS-60B	MS-63RB	MS-65RB	MS-67R	PF-63RB	PF-65R	PF-67R	PF-69DC
2010	—	—	—	1.00	1.50	5.00	*	*	*	*
2010 Satin Finish	—	—	—	2.50	6.00	9.00	*	*	*	*
2010-D	—	—	—	1.00	1.50	5.00	*	*	*	*
2010-D Satin Finish	—	—	—	2.50	6.00	9.00	*	*	*	*
2010-S	*	*	*	*	*	*	—	5.00	—	15.
2011	—	—	—	1.00	1.50	5.00	*	*	*	*
2011-D	—	—	—	1.00	1.50	5.00	*	*	*	*
2011-S	*	*	*	*	*	*	—	5.00	—	15.
2012	—	—	—	—	—	—	*	*	*	*
2012-D	—	—	—	—	—	—	—	—	—	—
2012-S	*	*	*	*	*	*	—	—	—	—

—— = Insufficient pricing data   * = None issued

2 cents

Date of authorization: April 22, 1864
Dates of issue: 1864-1872
Designer/Engraver: James B. Longacre
Diameter: 23.00 mm/0.91 inch
Weight: 6.22 grams/0.20 ounce
Metallic content: 95% copper, 5% zinc and tin
Specific gravity: 8.84
Edge: Plain
Mint mark: None

Note: For copper-alloy coins, the letter B following a numerical grade (as in MS-63B) is shorthand for brown, RB represents red and brown, and R stands for red. It is common practice for grading services to qualify copper coins. In addition to a Mint State grade, a copper coin is assigned as brown, red and brown, or red. Generally, full red coins are valued higher than red and brown coins, which in turn are valued higher than brown coins, all else being equal.

	F-12	VF-20	EF-40	AU-50	AU-58	MS-60B	MS-63RB	MS-65R	PF-63RB	PF-65R
1864 Small Motto	400.	550.	750.	900.	1250.	1400.	1600.	6000.	20000.	85000.
1864 Large Motto	30.	35.	50.	80.	100.	110.	165.	2000.	650.	4500.
1865	30.	35.	50.	80.	100.	110.	165.	2000.	500.	3500.
1866	30.	35.	50.	80.	100.	110.	165.	2750.	500.	3500.
1867	40.	50.	65.	100.	135.	150.	200.	4000.	550.	3500.
1867 Doubled Die Obverse										
	300.	500.	700.	1000.	1400.	2000.	3500.	—	*	*
1868	50.	60.	80.	130.	145.	160.	250.	4000.	500.	3500.
1869	55.	65.	90.	150.	175.	200.	250.	3500.	500.	3500.
1870	60.	85.	150.	200.	250.	300.	400.	4500.	500.	3500.
1871	70.	125.	175.	225.	275.	300.	425.	5000.	500.	3500.
1872	700.	900.	1200.	1500.	2700.	3000.	4000.	25000.	700.	3500.
1873 Closed 3, Proof Only										
	1700.	1800.	2000.	2300.	2500.	*	*	*	3500.	5000.
1873 Open 3, Restrike, Proof Only										
	1800.	2000.	2300.	2600.	2800.	*	*	*	4000.	6000.

—— = Insufficient pricing data   * = None issued

Copper-nickel 3 cents

Date of authorization: April 22, 1864
Dates of issue: 1865-1889
Designer/Engraver: James B. Longacre
Diameter: 17.90 mm/0.71 inch
Weight: 1.94 grams/0.06 ounce
Metallic content: 75% copper, 25% nickel
Specific gravity: 8.92
Edge: Plain
Mint mark: None

	VG-8	F-12	VF-20	EF-40	AU-50	MS-60	MS-63	MS-65	PF-63	PF-65
1865	20.	25.	30.	40.	70.	110.	175.	650.	1600.	7500.
1866	20.	25.	30.	40.	70.	110.	175.	650.	500.	2200.
1867	20.	25.	30.	40.	70.	110.	175.	850.	500.	2200.
1868	20.	25.	30.	40.	70.	110.	175.	700.	500.	2000.
1869	20.	25.	30.	40.	70.	125.	175.	800.	500.	2000.
1870	22.	30.	35.	40.	70.	125.	200.	800.	500.	2500.
1871	25.	30.	35.	45.	75.	135.	200.	800.	500.	2200.
1872	28.	35.	40.	50.	80.	160.	250.	1200.	500.	1700.
1873 Closed 3	25.	30.	35.	50.	80.	150.	225.	1400.	500.	1700.
1873 Open 3	25.	30.	35.	50.	80.	175.	300.	4500.	*	*
1874	25.	30.	35.	45.	100.	150.	210.	1400.	500.	1700.
1875	25.	35.	40.	60.	110.	200.	225.	900.	500.	1700.
1876	30.	35.	50.	70.	125.	210.	300.	2000.	500.	2200.
1877 Proof Only	1150.	1200.	1250.	1300.	1350.	*	*	*	2300.	4750.
1878 Proof Only	650.	700.	750.	775.	800.	*	*	*	1000.	1200.
1879	90.	110.	125.	135.	200.	325.	400.	900.	500.	1100.
1880	135.	150.	175.	210.	275.	375.	425.	850.	500.	1100.
1881	25.	30.	35.	50.	80.	100.	175.	700.	450.	1100.
1882	200.	225.	250.	300.	350.	400.	450.	1200.	600.	1100.
1883	275.	325.	360.	425.	500.	650.	1500.	6500.	600.	1100.
1884	550.	700.	750.	800.	900.	1100.	2500.	10000.	650.	1100.
1885	600.	750.	850.	900.	1000.	1200.	1500.	15000.	650.	1100.
1886 Proof Only	315.	325.	350.	375.	400.	*	*	*	550.	750.
1887/6 Proof Only	375.	400.	425.	450.	500.	*	*	*	650.	1000.
1887	400.	450.	500.	550.	650.	750.	900.	1750.	650.	1000.
1888	75.	85.	100.	125.	200.	300.	400.	850.	450.	1100.
1889	125.	175.	225.	250.	300.	350.	450.	850.	450.	1100.

—— = Insufficient pricing data   * = None issued

Silver 3 cents

Date of authorization: March 3, 1851
Dates of issue: 1851-1873
Designer/Engraver: James B. Longacre
Diameter: 14.00 mm/0.55 inch
Weight: (1851-1853): 0.80 grams/0.03 ounce
(1854-1873): 0.75 grams/0.02 ounce
Metallic content: (1851-1853): 75% silver, 25% copper
(1854-1873): 90% silver, 10% copper
Weight of pure silver: (1851-1853): 0.60 grams/0.02 ounce
(1854-1873): 0.67 grams/0.02 ounce
Specific gravity: 1851-1853, 10.11; 1854-1873, 10.34
Edge: Plain
Mint mark: 1851-O only, reverse right field

	VG-8	F-12	VF-20	EF-40	AU-50	MS-60	MS-63	MS-65	PF-63	PF-65
1 OUTLINE OF STAR										
1851	50.	60.	70.	80.	175.	200.	280.	950.	—	—
1851-O	55.	70.	125.	200.	300.	500.	900.	3250.	*	*
1852	50.	60.	70.	80.	175.	200.	280.	950.	*	*
1853	50.	60.	70.	80.	175.	250.	350.	950.	*	*
3 OUTLINES OF STAR										
1854	50.	60.	70.	135.	250.	400.	800.	3500.	15000.	40000.
1855	75.	90.	150.	225.	350.	750.	1500.	10000.	6000.	18000.
1856	55.	65.	85.	150.	225.	350.	800.	3700.	5000.	20000.
1857	50.	65.	75.	150.	250.	375.	800.	3500.	4000.	15000.
1858	50.	60.	70.	135.	225.	350.	800.	3500.	3000.	9000.
2 OUTLINES OF STAR										
1859	55.	60.	100.	125.	175.	200.	425.	1600.	700.	2500.
1860	55.	60.	85.	100.	175.	200.	400.	1200.	700.	5000.
1861	55.	60.	85.	100.	175.	200.	300.	1000.	700.	2500.
1862	55.	70.	85.	125.	195.	225.	300.	1000.	700.	2000.
1862/1	55.	65.	80.	110.	175.	250.	400.	1000.	—	—
1863	400.	450.	500.	550.	650.	800.	1500.	2500.	500.	1500.
1863/2 Proof Only	500.	600.	700.	900.	1000.	*	*	*	2500.	6000.
1864	400.	425.	450.	550.	700.	800.	1500.	2000.	600.	1500.
1865	450.	550.	600.	650.	700.	800.	1500.	2000.	600.	1500.
1866	400.	450.	500.	550.	650.	800.	1500.	2200.	600.	1500.
1867	450.	500.	550.	600.	700.	800.	1750.	3000.	600.	1500.
1868	450.	500.	600.	650.	700.	800.	1500.	6000.	600.	1500.
1869	450.	500.	600.	650.	700.	800.	1500.	4000.	600.	1500.
1869/8 Proof Only	—	—	—	—	—	*	*	*	2000.	6000.

—— = Insufficient pricing data   * = None issued

SILVER 3 CENTS (CONTINUED)

	VG-8	F-12	VF-20	EF-40	AU-50	MS-60	MS-63	MS-65	PF-63	PF-65
1870	450.	500.	600.	650.	700.	900.	1500.	5000.	600.	1500.
1871	450.	500.	600.	650.	700.	800.	1500.	2000.	750.	1500.
1872	450.	500.	600.	650.	750.	1000.	2000.	6000.	800.	1800.
1873 Closed 3, Proof Only										
	750.	800.	850.	950.	1100.	*	*	*	2000.	3000.

Enlarged to show detail

One outline of star

Three outlines

Two outlines

—— = Insufficient pricing data   * = None issued

Shield 5 cents

Rays removed

Date of authorization: May 16, 1866
Dates of issue: 1866-1883
Designer/Engraver: James B. Longacre
Diameter: 20.50 mm/0.81 inch
Weight: 5.00 grams/0.16 ounce
Metallic content: 75% copper, 25% nickel
Specific gravity: 8.92
Edge: Plain
Mint mark: None

	VG-8	F-12	VF-20	EF-40	AU-50	AU-58	MS-60	MS-63	MS-65	MS-66	PF-63	PF-65	PF-66
WITH RAYS ON REVERSE													
1866	55.	75.	100.	200.	275.	300.	350.	600.	2250.	5000.	2500.	5000.	6000.
1866/1866 Repunched Date													
	300.	400.	700.	1000.	1500.	2000.	2500.	4500.	—	—	*	*	*
1867	60.	85.	125.	250.	350.	400.	450.	600.	4000.	8000.	40000.	100000.	*
RAYS REMOVED FROM REVERSE													
1867	30.	35.	50.	85.	125.	150.	160.	275.	850.	2500.	600.	2600.	4500.
1868	30.	35.	50.	85.	125.	150.	160.	275.	800.	2000.	350.	1700.	3000.
1869	30.	35.	50.	85.	125.	150.	160.	275.	800.	4000.	500.	1000.	2500.
1870	40.	70.	85.	125.	175.	200.	250.	500.	2500.	6000.	400.	1100.	2500.
1871	110.	150.	225.	325.	400.	450.	460.	850.	3000.	5000.	400.	1100.	1750.
1872	60.	85.	100.	135.	185.	210.	240.	325.	1750.	4250.	350.	800.	1800.
1873 Closed 3													
	60.	80.	100.	135.	200.	250.	300.	800.	2500.	4500.	350.	900.	1800.
1873 Open 3													
	50.	65.	80.	100.	150.	175.	250.	400.	2000.	8000.	*	*	1800.
1874	50.	80.	100.	125.	175.	225.	275.	400.	1600.	4000.	350.	1300.	1800.
1875	65.	100.	135.	175.	235.	300.	350.	500.	1700.	5000.	400.	1800.	2500.
1876	60.	90.	125.	175.	235.	275.	310.	400.	1500.	4000.	450.	1100.	1800.
1877 Proof Only													
	2000.	2200.	2500.	2600.	2700.	2900.	*	*	*	*	3500.	5000.	6500.
1878 Proof Only													
	1000.	1100.	1200.	1400.	1500.	1800.	*	*	*	*	2500.	3000.	3500.
1879	550.	650.	750.	850.	1000.	1500.	1700.	2000.	2500.	5000.	500.	1000.	1500.
1879/8 Proof Only													
	—	—	—	—	*	*	*	*	*	*	450.	1000.	1500.
1880	700.	1000.	2000.	3500.	4000.	5500.	6000.	10000.	60000.	—	450.	800.	1500.
1881	400.	500.	600.	700.	800.	905.	1000.	1300.	2500.	3500.	450.	1800.	1000.
1882	28.	35.	50.	75.	125.	160.	175.	250.	800.	1500.	375.	700.	1000.
1883	28.	35.	50.	80.	125.	150.	175.	250.	700.	1500.	375.	800.	1000.
1883/2	300.	575.	900.	1300.	1800.	2000.	2200.	2750.	15000.	25000.	*	*	*

—— = Insufficient pricing data   * = None issued

Liberty Head 5 cents

No CENTS   With CENTS

Date of authorization: May 16, 1866
Dates of issue: 1883-1912
Designer/Engraver: Charles Barber
Diameter: 21.21 mm/0.84 inch
Weight: 5.00 grams/0.16 ounce
Metallic content: 75% copper, 25% nickel
Specific gravity: 8.92
Edge: Plain
Mint mark: 1912 only, reverse left of CENTS

	VG-8	F-12	VF-20	EF-40	AU-50	MS-60	MS-63	MS-65	MS-66	PF-63	PF-64	PF-65	PF-66
NO CENTS													
1883	9.00	10.	11.	13.	15.	30.	50.	225.	650.	350.	450.	900.	1500.
CENTS ADDED BELOW WREATH ON REVERSE													
1883	30.	40.	55.	85.	125.	175.	225.	700.	1250.	300.	425.	800.	1250.
1884	35.	40.	60.	90.	130.	200.	300.	1800.	3700.	275.	450.	800.	1500.
1885	700.	850.	1100.	1350.	1750.	2550.	3750.	9500.	17500.	1300.	1500.	1700.	3000.
1886	325.	425.	550.	750.	850.	1300.	2500.	7750.	30000.	750.	850.	1000.	1800.
1887	25.	35.	45.	80.	110.	150.	225.	1100.	2750.	275.	450.	800.	1500.
1888	45.	65.	125.	200.	250.	325.	400.	1500.	7500.	275.	425.	800.	1500.
1889	20.	35.	55.	80.	120.	175.	225.	875.	3500.	275.	425.	800.	1500.
1890	25.	30.	50.	75.	125.	175.	250.	1200.	3200.	275.	425.	800.	1500.
1891	11.	25.	38.	65.	120.	165.	225.	1100.	2300.	275.	425.	900.	1500.
1892	11.	25.	40.	75.	120.	175.	250.	1500.	3500.	275.	425.	900.	1500.
1893	11.	25.	40.	70.	120.	165.	250.	1100.	3750.	275.	425.	900.	1500.
1894	30.	100.	175.	250.	300.	375.	500.	1500.	2500.	275.	425.	900.	1500.
1895	8.00	25.	50.	75.	125.	150.	275.	2250.	5000.	275.	425.	800.	1400.
1896	21.	40.	65.	100.	150.	200.	300.	2000.	8000.	275.	425.	800.	1400.
1897	7.00	14.	27.	50.	75.	100.	175.	1000.	3500.	275.	425.	800.	1400.
1898	7.00	12.	25.	40.	75.	140.	200.	1100.	2250.	275.	425.	800.	1400.
1899	3.00	8.50	20.	35.	65.	100.	150.	575.	2500.	275.	425.	800.	1400.
1900	3.00	9.00	20.	35.	75.	100.	150.	600.	1250.	275.	425.	800.	1400.
1901	3.00	7.00	15.	35.	70.	95.	150.	600.	1400.	275.	425.	800.	1400.
1902	2.50	4.00	15.	32.	70.	110.	150.	550.	1200.	275.	425.	800.	1400.
1903	2.50	5.00	15.	32.	60.	80.	150.	550.	1200.	275.	425.	800.	1400.
1904	2.50	5.00	11.	32.	70.	100.	150.	550.	1100.	275.	425.	800.	1400.
1905	2.50	4.00	12.	32.	70.	95.	150.	600.	1200.	275.	425.	800.	1400.

—— = Insufficient pricing data   * = None issued

LIBERTY HEAD 5 CENTS (CONTINUED)

	VG-8	F-12	VF-20	EF-40	AU-50	MS-60	MS-63	MS-65	MS-66	PF-63	PF-64	PF-65	PF-66
1906	2.50	4.00	11.	32.	70.	100.	150.	700.	2500.	275.	425.	800.	1400.
1907	2.25	4.00	12.	32.	70.	100.	150.	1000.	1500.	275.	425.	800.	1400.
1908	2.25	4.00	12.	32.	75.	105.	150.	1200.	4000.	275.	400.	800.	1400.
1909	3.00	4.00	13.	32.	85.	115.	150.	1100.	2250.	275.	400.	800.	1400.
1910	2.00	4.00	12.	32.	55.	80.	150.	600.	2000.	275.	400.	800.	1400.
1911	2.00	4.00	12.	32.	55.	80.	150.	600.	1200.	275.	400.	800.	1400.
1912	2.00	4.00	12.	32.	55.	80.	150.	600.	1750.	275.	400.	800.	1400.
1912-D	4.00	15.	40.	75.	175.	275.	400.	2250.	5000.	*	*	*	*
1912-S	250.	300.	500.	950.	1300.	1700.	2300.	6000.	17000.	*	*	*	*
1913	*	*	*	*	*	*	*	*	*	—	—	—	5000000.

——— = Insufficient pricing data   * = None issued

Indian Head 5 cents

Bison on Mound   Bison on Plain

"Buffalo nickel"

Date of authorization:	May 16, 1866
Dates of issue:	1913-1938
Designer:	James Earle Fraser
Engraver:	Charles Barber
Diameter:	21.21 mm/0.84 inch
Weight:	5.00 grams/0.16 ounce
Metallic content:	75% copper, 25% nickel
Specific gravity:	8.92
Edge:	Plain
Mint mark:	Reverse below FIVE CENTS

	VG-8	F-12	VF-20	EF-40	AU-50	MS-60	MS-63	MS-65	PF-63	PF-65
BISON STANDING ON MOUND										
1913	15.	16.	18.	20.	25.	35.	50.	175.	1200.	4000.
1913-D	22.	25.	30.	35.	60.	75.	100.	400.	*	*
1913-S	50.	60.	70.	80.	90.	130.	225.	725.	*	*
BISON STANDING ON PLAIN										
1913	13.	14.	15.	20.	25.	38.	75.	375.	1200.	3000.
1913-D	150.	175.	200.	225.	250.	325.	450.	1200.	*	*
1913-S	400.	450.	500.	600.	700.	850.	1200.	5000.	*	*
1914	20.	25.	30.	35.	40.	60.	100.	500.	1200.	3000.
1914/3	400.	600.	1000.	1200.	1500.	3500.	6000.	25000.	*	*
1914-D	150.	175.	200.	300.	350.	410.	650.	1500.	*	*
1914-S	40.	50.	60.	100.	140.	200.	450.	2250.	*	*
1915	9.00	10.	12.	20.	35.	50.	100.	375.	1000.	2500.
1915-D	30.	50.	75.	125.	150.	225.	350.	2000.	*	*
1915-S	75.	125.	175.	325.	500.	700.	1000.	3000.	*	*
1916	8.00	9.00	10.	14.	20.	50.	80.	350.	1500.	4000.
1916 Doubled Die Obverse	5000.	8000.	12000.	18000.	32000.	90000.	175000.	400000.	*	*
1916-D	28.	30.	40.	80.	110.	150.	325.	2000.	*	*
1916-S	14.	20.	30.	75.	120.	175.	350.	2000.	*	*
1917	8.00	9.00	10.	16.	40.	60.	150.	600.	*	*
1917-D	30.	60.	80.	175.	275.	375.	900.	2500.	*	*
1917-S	40.	80.	125.	200.	300.	450.	1350.	4500.	*	*
1918	7.00	9.00	16.	32.	55.	125.	400.	1200.	*	*
1918/7-D	2000.	3000.	6000.	10000.	13000.	30000.	60000.	250000.	*	*
1918-D	40.	75.	125.	225.	325.	600.	1006.	3500.	*	*
1918-S	30.	50.	100.	175.	300.	700.	3000.	25000.	*	*

—— = Insufficient pricing data   * = None issued

INDIAN HEAD 5 CENTS (CONTINUED)

	VG-8	F-12	VF-20	EF-40	AU-50	MS-60	MS-63	MS-65	PF-63	PF-65
1919	4.00	5.00	8.00	15.	25.	60.	150.	600.	*	*
1919-D	30.	70.	125.	250.	350.	700.	1700.	7000.	*	*
1919-S	20.	55.	100.	240.	375.	600.	2000.	14000.	*	*
1920	2.50	3.00	8.00	15.	30.	60.	200.	775.	*	*
1920-D	20.	35.	140.	275.	325.	575.	1840.	6000.	*	*
1920-S	12.	30.	100.	200.	300.	525.	2500.	25000.	*	*
1921	7.00	9.00	25.	55.	75.	125.	350.	800.	*	*
1921-S	125.	200.	500.	1000.	1200.	1500.	2000.	8500.	*	*
1923	3.00	4.00	7.00	14.	40.	75.	175.	700.	*	*
1923-S	10.	25.	125.	275.	325.	600.	1000.	10000.	*	*
1924	2.00	4.00	10.	20.	45.	85.	200.	800.	*	*
1924-D	12.	30.	85.	225.	300.	400.	400.	4500.	*	*
1924-S	35.	100.	400.	1200.	1800.	2800.	4000.	12000.	*	*
1925	3.00	4.00	8.00	18.	30.	50.	125.	300.	*	*
1925-D	20.	35.	75.	170.	250.	475.	1000.	5000.	*	*
1925-S	9.00	18.	75.	180.	275.	510.	2500.	32000.	*	*
1926	2.00	3.00	6.00	10.	20.	35.	75.	250.	*	*
1926-D	16.	30.	100.	175.	275.	375.	600.	4500.	*	*
1926-S	40.	125.	450.	950.	3000.	5000.	11000.	100000.	*	*
1927	2.00	3.00	5.00	12.	20.	35.	100.	275.	*	*
1927-D	6.00	8.00	30.	80.	125.	200.	500.	7000.	*	*
1927-S	3.00	5.00	35.	85.	175.	600.	2200.	17000.	*	*
1928	2.00	4.00	6.00	15.	25.	40.	75.	300.	*	*
1928-D	3.00	5.00	15.	40.	50.	75.	125.	700.	*	*
1928-S	3.00	5.00	12.	30.	100.	210.	600.	3800.	*	*
1929	2.00	4.00	6.00	15.	25.	35.	75.	350.	*	*
1929-D	3.00	4.00	9.00	40.	50.	60.	200.	1250.	*	*
1929-S	3.00	4.00	5.00	25.	30.	50.	125.	500.	*	*
1930	1.50	2.50	4.00	12.	20.	35.	80.	275.	*	*
1930-S	1.50	3.00	4.00	15.	35.	80.	125.	450.	*	*
1931-S	18.	20.	25.	30.	45.	65.	100.	350.	*	*
1934	1.50	3.00	5.00	12.	20.	50.	75.	350.	*	*
1934-D	3.00	5.00	12.	25.	50.	80.	175.	600.	*	*
1935	1.50	2.00	3.00	4.00	10.	25.	45.	125.	*	*
1935 Doubled Die Reverse										
	200.	250.	500.	1000.	2000.	6000.	15000.	100000.	*	*
1935-D	2.50	4.00	10.	25.	50.	70.	125.	450.	*	*
1935-S	2.00	3.00	4.00	5.00	18.	50.	80.	225.	*	*
1936	1.50	2.00	3.00	4.00	9.00	20.	50.	90.	*	*
1936 Satin Proof	*	*	*	*	*	*	*	*	1500.	2500.
1936 Brilliant Proof	*	*	*	*	*	*	*	*	1800.	3000.
1936-D	1.50	2.00	3.00	5.00	15.	40.	50.	125.	*	*
1936-D 3 and One Half Legs										
	1500.	2000.	3000.	6000.	10000.	20000.	—	—	*	*
1936-S	1.50	2.50	3.00	5.00	12.	40.	50.	150.	*	*
1937	1.50	2.00	3.00	5.00	9.00	20.	40.	75.	1500.	2500.
1937-D	1.50	2.00	3.00	5.00	10.	35.	50.	100.	*	*
1937-D 3 Legs	700.	800.	900.	1000.	1200.	2200.	6000.	40000.	*	*
1937-S	1.50	2.00	3.00	5.00	10.	25.	35.	100.	*	*
1938-D	5.00	6.00	7.00	8.00	10.	22.	30.	75.	*	*
1938-D/D	9.00	14.	15.	17.	18.	30.	50.	125.	*	*
1938-D/S	8.00	12.	15.	20.	35.	50.	80.	175.	*	*

—— = Insufficient pricing data   * = None issued

Jefferson 5 cents

Date of authorization:	May 16, 1866; March 27, 1942; April 23, 2003
Dates of issue:	1938-present
Designer:	Felix Schlag
Engraver:	John R. Sinnock (original 1938 designs)
Diameter:	21.21 mm/0.84 inch
Weight:	5.00 grams/0.16 ounce
Metallic content:	(1938-1942): 75% copper, 25% nickel
	(1942-1945): 56% copper, 35% silver, 9% manganese
	(1946-present): 75% copper, 25% nickel
Specific gravity:	8.92 (standard), 9.25 (wartime alloy)
Weight of pure silver:	(1942-1945): 1.75 grams/0.06 ounce
Edge:	Plain
Mint mark:	(1938-1942, 1946-1964): Reverse right of building
	(1942-1945, silver): Reverse above dome
	(1968-2004): Obverse below Jefferson's ponytail

The letters FS following a numerical grade stand for Full Steps. They refer to fully formed, undamaged steps on Monticello on the reverse of 1938 to 2003 Jefferson 5-cent coins.

Also, the letter C following a numerical grade for a Proof coin stands for "cameo," while the letters DC stand for "deep cameo." Cameo coins have contrasting surface finishes: mirror fields and frosted devices (raised areas). Deep cameo coins are the ultimate level of cameo, with deeply frosted devices. Cameo and deep cameo coins bring premiums.

	EF-40	AU-50	AU-58	MS-60	MS-63	MS-65	MS-65FS	MS-66	MS-66FS	MS-67	PF-63	PF-65	PF-67DC
COPPER-NICKEL													
1938	1.50	2.00	3.00	7.00	10.	30.	125.	50.	225.	130.	75.	125.	—
1938-D	2.00	3.00	4.00	7.50	9.00	20.	125.	40.	200.	150.	*	*	*
1938-S	4.00	5.00	7.00	9.00	10.	20.	300.	50.	1000.	750.	*	*	*
1939 Reverse of 1938													
	1.00	1.50	1.75	5.00	10.	30.	55.	60.	450.	200.	50.	115.	—
1939 Reverse of 1940													
	1.00	1.50	3.50	5.00	10.	50.	75.	70.	160.	400.	—	—	—
1939 Doubled MONTICELLO													
	175.	225.	275.	325.	500.	1200.	2500.	2500.	6500.	5000.	*	*	*
1939-D Reverse of 1938													
	15.	25.	35.	75.	85.	135.	500.	200.	1600.	300.	*	*	*
1939-D Reverse of 1940													
	15.	20.	25.	30.	35.	70.	500.	150.	1200.	500.	*	*	*
1939-S Reverse of 1938													
	5.00	12.	15.	20.	25.	50.	400.	150.	3000.	500.	*	*	*
1939-S Reverse of 1940													
	5.00	10.	12.	15.	20.	200.	500.	400.	3000.	—	*	*	*
1940	1.00	1.50	2.00	4.00	5.00	15.	50.	35.	100.	250.	45.	115.	—
1940-D	1.00	1.50	2.00	3.00	4.00	30.	50.	50.	75.	150.	*	*	*
1940-S	1.50	2.00	2.50	5.00	6.00	25.	60.	40.	275.	500.	*	*	*
1941	1.00	1.50	2.00	3.50	5.00	25.	60.	35.	175.	250.	40.	110.	—
1941-D	1.50	2.00	2.75	5.00	6.00	15.	40.	30.	75.	75.	*	*	*
1941-S	1.50	2.00	3.50	5.00	6.00	20.	100.	45.	1000.	600.	*	*	*
1942	2.00	2.50	3.50	6.00	8.00	30.	100.	55.	1000.	250.	45.	115.	—
1942-D	5.00	10.	21.	50.	60.	75.	100.	100.	200.	300.	*	*	*
1942-D/Horizontal D													
	250.	750.	1000.	2000.	4000.	12000.	50000.	—	—	—	*	*	*
COPPER-SILVER-MANGANESE (WARTIME ALLOY)													
1942-P	3.00	5.00	7.00	12.	14.	20.	100.	25.	150.	40.	125.	225.	—
1942-S	4.00	6.00	7.50	13.	15.	35.	200.	50.	325.	65.	*	*	*
1943/2-P	90.	175.	200.	275.	350.	800.	1200.	1400.	3000.	2500.	*	*	*
1943-P	3.00	3.00	4.00	7.00	9.00	20.	40.	30.	69.	50.	*	*	*
1943-P Doubled Eye													
	50.	100.	110.	125.	150.	650.	1000.	1000.	2000.	2000.	*	*	*
1943-D	3.00	3.00	5.00	7.00	9.00	20.	60.	30.	85.	50.	*	*	*
1943-S	3.00	3.50	5.00	9.00	12.	20.	50.	30.	125.	55.	*	*	*
1944-P	3.00	4.00	7.00	15.	20.	35.	100.	60.	276.	75.	*	*	*
1944-D	3.00	4.00	6.00	12.	15.	25.	40.	35.	60.	60.	*	*	*
1944-S	3.00	3.50	5.50	10.	12.	20.	150.	40.	375.	60.	*	*	*
1945-P	3.00	3.00	4.50	8.00	10.	20.	100.	35.	432.	500.	*	*	*
1945-P Doubled Die Reverse													
	30.	50.	60.	75.	120.	800.	7000.	4000.	—	—	*	*	*
1945-D	3.00	3.00	5.00	7.00	9.00	20.	40.	30.	85.	125.	*	*	*
1945-S	3.00	3.00	5.00	7.00	9.00	20.	200.	30.	1000.	500.	*	*	*
COPPER-NICKEL													
1946	1.00	2.00	2.25	3.00	5.00	25.	250.	100.	1500.	—	*	*	*
1946-D	1.00	1.50	1.85	2.50	3.50	20.	45.	35.	85.	400.	*	*	*
1946-D/Horizontal D													
	140.	225.	245.	300.	450.	1750.	3500.	3500.	6000.	—	*	*	*
1946-S	0.75	1.00	1.15	1.50	3.00	20.	150.	30.	500.	110.	*	*	*
1947	0.75	1.00	1.15	1.50	3.00	25.	60.	55.	275.	150.	*	*	*
1947-D	1.00	1.50	1.65	2.00	4.00	18.	30.	30.	207.	200.	*	*	*
1947-S	1.00	1.50	1.65	2.00	4.00	20.	80.	35.	500.	—	*	*	*
1948	1.00	1.50	1.65	2.00	3.00	20.	150.	80.	2000.	—	*	*	*
1948-D	1.00	2.00	2.25	3.00	5.00	15.	30.	50.	90.	—	*	*	*
1948-S	1.00	1.50	1.75	2.50	4.00	15.	40.	30.	175.	75.	*	*	*

JEFFERSON 5 CENTS (CONTINUED)

	EF-40	AU-50	AU-58	MS-60	MS-63	MS-65	MS-65FS	MS-66	MS-66FS	MS-67	PF-63	PF-65	PF-67DC
1949	1.00	1.50	2.50	5.00	6.00	15.	2500.	25.	—	—	*	*	*
1949-D	1.00	1.50	2.50	4.00	6.00	11.	40.	25.	175.	225.	*	*	*
1949-D/S	100.	175.	195.	225.	275.	600.	1500.	1250.	—	—	*	*	*
1949-S	1.00	2.00	2.25	3.00	4.00	8.00	250.	45.	1400.	—	*	*	*
1950	1.00	2.00	2.40	3.50	5.00	12.	150.	55.	500.	—	35.	70.	*
1950-D	12.	14.	15.	16.	18.	25.	55.	75.	150.	300.	*	*	*
1951	1.50	3.00	3.50	5.00	6.00	20.	500.	40.	3500.	100.	25.	60.	—
1951-D	2.00	4.00	5.50	8.50	10.	15.	80.	28.	250.	—	*	*	*
1951-S	1.50	3.00	3.50	5.00	6.00	20.	150.	50.	2000.	300.	*	*	*
1952	1.00	2.00	2.50	4.00	5.00	25.	1000.	225.	—	400.	15.	50.	—
1952-D	1.50	3.00	3.75	6.00	7.00	25.	200.	30.	600.	—	*	*	*
1952-S	0.75	1.00	1.15	1.50	3.00	25.	500.	35.	5000.	—	*	*	*
1953	0.75	1.00	1.15	1.50	2.00	10.	6000.	50.	7500.	—	7.00	40.	—
1953-D	0.75	1.00	1.15	1.50	2.00	20.	300.	40.	1500.	—	*	*	*
1953-S	0.75	1.00	1.15	1.50	3.00	25.	—	125.	—	—	*	*	*
1954	0.75	1.00	1.15	1.50	3.00	10.	350.	15.	—	—	4.00	25.	—
1954-D	0.75	1.00	1.15	1.50	2.00	12.	1000.	40.	—	—	*	*	*
1954-S	0.75	1.00	1.50	2.50	4.00	20.	5000.	135.	—	—	*	*	*
1954 S/D	20.	30.	36.	50.	75.	350.	—	1000.	—	—	*	*	*
1955	1.00	1.50	1.65	2.00	3.00	8.00	1000.	35.	—	—	3.00	15.	800.
1955-S	0.75	1.00	1.25	2.00	3.00	20.	4000.	135.	—	—	*	*	*
1955 D/S	20.	35.	40.	50.	75.	375.	—	950.	—	—	*	*	*
1956	0.50	0.75	0.85	1.00	1.50	20.	75.	40.	489.	—	1.00	4.00	1000.
1956-D	0.50	0.75	0.85	1.00	1.50	20.	900.	50.	3500.	—	*	*	*
1957	0.75	1.00	1.15	1.50	2.00	15.	120.	40.	3000.	—	1.00	2.50	—
1957-D	0.50	0.75	0.85	1.00	1.50	14.	150.	25.	2500.	—	*	*	*
1958	0.50	0.75	0.85	1.00	1.50	35.	1500.	80.	—	—	1.00	6.00	—
1958-D	0.50	0.75	0.85	1.00	1.50	15.	50.	45.	75.	—	*	*	*
1959	0.50	0.75	0.85	1.00	1.50	10.	75.	40.	1500.	—	1.00	2.50	1300.
1959-D	0.50	0.75	0.85	1.00	1.50	8.00	300.	100.	2500.	—	*	*	*
1960	0.50	0.75	0.85	1.00	1.50	7.00	2500.	50.	—	—	1.00	2.50	—
1960-D	0.50	0.75	0.85	1.00	1.50	25.	—	50.	—	—	*	*	*
1961	0.50	0.75	0.85	1.00	1.50	8.00	—	40.	—	—	1.00	2.50	—
1961-D	0.50	0.75	0.85	1.00	1.50	25.	4000.	60.	—	—	*	*	*
1962	0.50	0.75	0.85	1.00	1.50	7.00	60.	30.	525.	—	1.00	2.50	—
1962-D	0.50	0.75	0.85	1.00	1.50	40.	—	140.	—	—	*	*	*
1963	0.50	0.75	0.85	1.00	1.50	20.	200.	35.	1000.	—	1.00	2.50	—
1963-D	0.50	0.75	0.85	1.00	1.50	30.	—	50.	—	—	*	*	*
1964	0.50	0.75	0.85	1.00	1.50	25.	350.	50.	—	—	1.00	2.50	—
1964-D	0.50	0.75	0.85	1.00	1.50	20.	750.	30.	—	—	*	*	*
1965	0.15	0.20	0.25	0.35	0.50	10.	5000.	150.	—	—	*	*	*
1965 Special Mint Set	—	—	—	0.35	1.50	15.	30.	25.	50.	50.	*	*	*
1966	0.15	0.20	0.25	0.35	0.50	12.	3500.	125.	—	—	*	*	*
1966 Special Mint Set	—	—	—	0.35	1.50	18.	30.	25.	50.	50.	*	*	*
1967	0.15	0.20	0.25	0.35	0.50	12.	—	200.	—	—	*	*	*
1967 Special Mint Set	—	—	—	0.35	1.50	15.	30.	30.	50.	50.	*	*	*

	AU-50	AU-58	MS-60	MS-63	MS-64	MS-65	MS-65FS	MS-66	MS-66FS	PF-63	PF-65	PF-67	PF-69DC
1968-D	0.20	0.25	0.35	0.50	3.00	5.00	—	38.	—	*	*	*	*
1968-S	0.20	0.25	0.35	0.50	8.00	10.	1500.	28.	4000.	1.00	4.00	9.00	*
1969-D	0.20	0.25	0.35	0.50	3.00	6.00	—	100.	—	*	*	*	*
1969-S	0.20	0.25	0.50	1.00	8.00	15.	—	350.	—	1.00	3.00	8.00	—
1970-D	0.20	0.25	0.40	0.65	4.00	35.	—	150.	—	*	*	*	*

—— = Insufficient pricing data   * = None issued

	AU-50	AU-58	MS-60	MS-63	MS-64	MS-65	MS-65FS	MS-66	MS-66FS	PF-63	PF-65	PF-67	PF-69DC
1970-S	0.20	0.25	0.40	1.00	7.50	10.	750.	35.	—	1.00	3.00	8.00	—
1971	0.20	0.25	0.35	1.00	3.00	12.	25.	28.	50.	*	*	*	*
1971-D	0.20	0.25	0.35	0.50	3.00	7.50	24.	27.	50.	*	*	*	*
1971-S	*	*	*	*	*	*	*	*	*	2.00	5.00	12.	500.
1971-S No S	*	*	*	*	*	*	*	*	*	1300.	1500.	—	8500.
1972	0.20	0.25	0.35	0.50	3.00	8.00	40.	26.	175.	*	*	*	*
1972-D	0.20	0.25	0.35	0.50	3.00	12.	45.	37.	250.	*	*	*	*
1972-S	*	*	*	*	*	*	*	*	*	2.00	4.00	8.00	—
1973	0.20	0.25	0.35	0.50	3.00	5.00	22.	15.	75.	*	*	*	*
1973-D	0.20	0.25	0.35	0.50	3.00	10.	30.	35.	50.	*	*	*	*
1973-S	*	*	*	*	*	*	*	*	*	1.50	4.00	10.	100.
1974	0.20	0.25	0.35	0.50	3.00	5.00	50.	15.	350.	*	*	*	*
1974-D	0.20	0.25	0.35	0.55	3.00	10.	30.	25.	84.	*	*	*	*
1974-S	*	*	*	*	*	*	*	*	*	1.50	4.00	11.	30.
1975	0.20	0.25	0.35	0.55	3.00	5.00	42.	25.	200.	*	*	*	*
1975-D	0.20	0.25	0.35	0.50	3.00	5.00	45.	30.	200.	*	*	*	*
1975-S	*	*	*	*	*	*	*	*	*	2.00	4.00	11.	25.
1976	0.20	0.25	0.35	0.55	3.00	10.	150.	25.	450.	*	*	*	*
1976-D	0.20	0.25	0.35	0.55	3.00	5.00	40.	30.	120.	*	*	*	*
1976-S	*	*	*	*	*	*	*	*	*	1.50	4.00	11.	20.
1977	0.20	0.25	0.35	0.50	3.00	9.50	200.	25.	—	*	*	*	*
1977-D	0.20	0.25	0.35	0.55	3.00	12.	50.	30.	200.	*	*	*	*
1977-S	*	*	*	*	*	*	*	*	*	1.50	4.00	10.	20.
1978	0.20	0.25	0.35	0.50	3.00	10.	100.	25.	150.	*	*	*	*
1978-D	0.20	0.25	0.35	0.50	3.00	10.	45.	27.	100.	*	*	*	*
1978-S	*	*	*	*	*	*	*	*	*	1.50	4.00	10.	20.
1979	0.20	0.25	0.35	0.50	3.00	5.00	100.	30.	150.	*	*	*	*
1979-D	0.20	0.25	0.35	0.50	3.00	10.	45.	25.	100.	*	*	*	*
1979-S Filled S	*	*	*	*	*	*	*	*	*	1.00	3.00	9.00	20.
1979-S Clear S	*	*	*	*	*	*	*	*	*	2.00	4.00	10.	—
1980-P	0.20	0.25	0.35	0.50	3.00	10.	25.	15.	50.	*	*	*	*
1980-D	0.20	0.25	0.35	0.50	3.00	5.00	25.	25.	50.	*	*	*	*
1980-S	*	*	*	*	*	*	*	*	*	1.00	2.00	9.00	20.
1981-P	0.20	0.25	0.35	0.50	3.00	5.00	350.	20.	—	*	*	*	*
1981-D	0.20	0.25	0.35	0.50	3.00	10.	40.	19.	161.	*	*	*	*
1981-S Filled S	*	*	*	*	*	*	*	*	*	1.50	2.50	9.00	20.
1981-S Clear S	*	*	*	*	*	*	*	*	*	2.00	3.00	9.00	—
1982-P	0.20	0.25	0.35	7.50	10.	15.	45.	30.	80.	*	*	*	*
1982-D	0.20	0.25	0.35	1.50	4.00	15.	100.	25.	250.	*	*	*	*
1982-S	*	*	*	*	*	*	*	*	*	1.00	2.00	8.00	20.
1983-P	0.20	0.25	0.35	2.50	5.00	10.	350.	30.	—	*	*	*	*
1983-D	0.20	0.25	0.35	2.00	4.00	5.00	50.	25.	250.	*	*	*	*
1983-S	*	*	*	*	*	*	*	*	*	1.00	2.00	9.00	20.
1984-P	0.20	0.25	0.35	0.60	3.00	5.00	25.	18.	50.	*	*	*	*
1984-D	0.20	0.25	0.35	0.60	3.00	5.00	—	15.	—	*	*	*	*
1984-S	*	*	*	*	*	*	*	*	*	3.00	7.00	9.00	20.
1985-P	0.20	0.25	0.35	0.60	3.00	5.00	35.	15.	—	*	*	*	*
1985-D	0.20	0.25	0.35	0.60	3.00	5.00	35.	15.	125.	*	*	*	*
1985-S	*	*	*	*	*	*	*	*	*	2.00	4.00	9.00	20.
1986-P	0.20	0.25	0.35	0.60	3.00	5.00	30.	15.	100.	*	*	*	*
1986-D	0.20	0.25	0.35	1.00	3.00	5.00	30.	15.	125.	*	*	*	*
1986-S	*	*	*	*	*	*	*	*	*	4.00	8.00	9.00	20.
1987-P	0.20	0.25	0.35	0.50	3.00	5.00	20.	12.	30.	*	*	*	*
1987-D	0.20	0.25	0.35	0.50	3.00	5.00	20.	12.	30.	*	*	*	*

—— = Insufficient pricing data   * = None issued

JEFFERSON 5 CENTS (CONTINUED)

	AU-50	AU-58	MS-60	MS-63	MS-64	MS-65	MS-65FS	MS-66	MS-66FS	PF-63	PF-65	PF-67	PF-69DC
1987-S	*	*	*	*	*	*	*	*	*	2.00	4.00	6.00	20.
1988-P	0.20	0.25	0.35	0.50	3.00	5.00	15.	12.	50.	*	*	*	*
1988-D	0.20	0.25	0.35	0.50	3.00	5.00	20.	12.	80.	*	*	*	*
1988-S	*	*	*	*	*	*	*	*	*	3.00	7.00	9.00	20.
1989-P	0.20	0.25	0.35	0.50	3.00	5.00	20.	12.	50.	*	*	*	*
1989-D	0.20	0.25	0.35	0.50	3.00	5.00	50.	12.	184.	*	*	*	*
1989-S	*	*	*	*	*	*	*	*	*	2.00	6.00	8.00	20.
1990-P	0.20	0.25	0.35	0.50	3.00	5.00	15.	11.	38.	*	*	*	*
1990-D	0.20	0.25	0.35	0.50	3.00	5.00	35.	11.	150.	*	*	*	*
1990-S	*	*	*	*	*	*	*	*	*	2.00	6.00	8.00	20.
1991-P	0.20	0.25	0.35	0.50	3.00	5.00	30.	11.	69.	*	*	*	*
1991-D	0.20	0.25	0.35	0.50	3.00	5.00	35.	12.	47.	*	*	*	*
1991-S	*	*	*	*	*	*	*	*	*	3.00	5.00	8.00	20.
1992-P	0.20	0.25	0.35	0.60	3.00	5.00	15.	15.	20.	*	*	*	*
1992-D	0.20	0.25	0.35	0.50	3.00	5.00	15.	11.	20.	*	*	*	*
1992-S	*	*	*	*	*	*	*	*	*	2.00	4.00	6.00	20.
1993-P	0.20	0.25	0.35	0.50	3.00	5.00	15.	11.	20.	*	*	*	*
1993-D	0.20	0.25	0.35	0.50	3.00	5.00	15.	12.	20.	*	*	*	*
1993-S	*	*	*	*	*	*	*	*	*	2.50	5.00	7.00	20.
1994-P	0.20	0.25	0.35	0.50	3.00	5.00	—	12.	—	*	*	*	*
1994-P Matte Finish													
	—	—	—	20.	25.	35.	75.	40.	100.	*	*	*	*
1994-D	0.20	0.25	0.35	0.50	3.00	5.00	15.	12.	75.	*	*	*	*
1994-S	*	*	*	*	*	*	*	*	*	2.50	5.00	7.00	20.
1995-P	0.20	0.25	0.35	0.50	3.00	5.00	15.	12.	20.	*	*	*	*
1995-D	0.20	0.25	0.35	0.55	3.00	5.00	35.	18.	95.	*	*	*	*
1995-S	*	*	*	*	*	*	*	*	*	4.00	6.00	8.00	20.
1996-P	0.20	0.25	0.35	0.50	3.00	5.00	15.	10.	20.	*	*	*	*
1996-D	0.20	0.25	0.35	0.50	3.00	5.00	20.	10.	33.	*	*	*	*
1996-S	*	*	*	*	*	*	*	*	*	2.50	5.00	7.00	20.
1997-P	0.20	0.25	0.35	0.50	2.00	3.50	15.	6.00	20.	*	*	*	*
1997-P Matte Finish													
	—	—	—	50.	50.	75.	100.	85.	125.	*	*	*	*
1997-D	0.20	0.25	0.35	0.50	2.00	3.50	15.	6.00	20.	*	*	*	*
1997-S	*	*	*	*	*	*	*	*	*	2.00	4.00	7.00	20.
1998-P	0.20	0.25	0.35	0.50	2.00	3.50	10.	6.00	15.	*	*	*	*
1998-D	0.20	0.25	0.35	0.50	2.00	3.50	10.	6.00	15.	*	*	*	*
1998-S	*	*	*	*	*	*	*	*	*	1.50	3.50	6.00	20.
1999-P	0.20	0.25	0.35	0.50	2.00	3.50	16.	6.00	65.	*	*	*	*
1999-D	0.20	0.25	0.35	0.50	2.00	3.50	15.	6.00	53.	*	*	*	*
1999-S	*	*	*	*	*	*	*	*	*	1.50	3.50	6.00	20.
2000-P	0.20	0.25	0.35	0.50	2.00	3.50	14.	6.00	50.	*	*	*	*
2000-D	0.20	0.25	0.35	0.50	2.00	3.50	5.50	6.00	20.	*	*	*	*
2000-S	*	*	*	*	*	*	*	*	*	1.50	3.50	6.00	20.
2001-P	0.20	0.25	0.35	0.50	2.00	3.50	—	6.00	100.	*	*	*	*
2001-D	0.20	0.25	0.35	0.50	2.00	3.50	15.	6.00	75.	*	*	*	*
2001-S	*	*	*	*	*	*	*	*	*	1.50	3.50	6.00	20.
2002-P	0.20	0.25	0.35	0.50	2.00	3.50	—	6.00	—	*	*	*	*
2002-D	0.20	0.25	0.35	0.50	2.00	3.50	15.	6.00	62.	*	*	*	*
2002-S	*	*	*	*	*	*	*	*	*	1.50	3.50	6.00	20.
2003-P	0.20	0.25	0.35	0.50	2.00	3.50	—	6.00	40.	*	*	*	*
2003-D	0.20	0.25	0.35	0.50	2.00	3.50	—	6.00	55.	*	*	*	*
2003-S	*	*	*	*	*	*	*	*	*	1.50	3.50	6.00	20.

—— = Insufficient pricing data   * = None issued

Westward Journey 5-cent coins

Peace Medal reverse

Keelboat reverse

2005 obverse

American Bison
reverse

Ocean in View
reverse

Designers: 2004 obverse: Felix Schlag
Peace Medal reverse: Norman E. Nemeth
Keelboat reverse: Al Maletsky
2005 obverse: Joe Fitzgerald
American Bison reverse: Jamie Franki
Ocean in View reverse: Joe Fitzgerald
Engravers: Original 1938 designs: John R. Sinnock
Peace Medal reverse: Norman E. Nemeth
Keelboat reverse: Al Maletsky
2005 obverse: Don Everhart II
American Bison reverse: Norman E. Nemeth
Ocean in View reverse: Donna Weaver
Mint mark: Below LIBERTY

New obverse, Restored Monticello

2006 obverse

Monticello reverse

Designers: 2006-date obverse: Jamie Franki
2006-date reverse: Felix Schlag
Engravers: 2006-date obverse: Donna Weaver
2006-date reverse: John Mercanti
Mint mark: Below date

	AU-50	AU-58	MS-60	MS-63	MS-65	MS-67	PF-63	PF-65	PF-67	PF-67DC	PF-68DC	PF-69DC	PF-70DC
WESTWARD JOURNEY													
2004-P Peace Medal Reverse													
	0.20	0.25	0.35	0.50	3.00	127.	*	*	*	*	*	*	*
2004-D Peace Medal Reverse													
	0.20	0.25	0.35	0.50	3.00	11.	*	*	*	*	*	*	*
2004-S Peace Medal Reverse													
	*	*	*	*	*	*	7.00	11.	13.	18.	20.	25.	75.
2004-P Keelboat Reverse													
	0.20	0.25	0.35	0.50	3.00	25.	*	*	*	*	*	*	*
2004-D Keelboat Reverse													
	0.20	0.25	0.35	0.50	3.00	32.	*	*	*	*	*	*	*
2004-S Keelboat Reverse													
	*	*	*	*	*	*	7.00	11.	13.	18.	20.	25.	75.
2005-P American Bison Reverse													
	0.20	0.25	0.35	0.50	3.00	11.	*	*	*	*	*	*	*
2005-P American Bison Reverse Satin Finish													
	—	—	—	3.00	8.00	18.	*	*	*	*	*	*	*
2005-D American Bison Reverse													
	0.20	0.25	0.35	0.50	3.00	—	*	*	*	*	*	*	*
2005-D American Bison Reverse Satin Finish													
	—	—	—	3.00	7.00	25.	*	*	*	*	*	*	*
2005-S American Bison Reverse													
	*	*	*	*	*	*	7.00	11.	13.	18.	20.	35.	100.
2005-P Ocean in View Reverse													
	0.20	0.25	0.35	0.50	3.00	11.	*	*	*	*	*	*	*
2005-P Ocean in View Satin Finish													
	—	—	—	3.00	7.00	18.	*	*	*	*	*	*	*
2005-D Ocean in View Reverse													
	0.20	0.25	0.35	0.50	3.00	11.	*	*	*	*	*	*	*
2005-D Ocean in View Satin Finish													
	—	—	—	3.00	7.00	17.	*	*	*	*	*	*	*
2005-S Ocean in View Reverse													
	*	*	*	*	*	*	4.00	6.00	10.	14.	18.	27.	150.
RETURN TO MONTICELLO													
2006-P	0.20	0.25	0.35	0.50	3.00	11.	*	*	*	*	*	*	*
2006-P Satin Finish													
	—	—	—	3.00	7.00	15.	*	*	*	*	*	*	*
2006-D	0.20	0.25	0.35	0.50	3.00	11.	*	*	*	*	*	*	*
2006-D Satin Finish													
	—	—	—	3.00	7.00	20.	*	*	*	*	*	*	*
2006-S	*	*	*	*	*	*	4.00	6.00	8.00	14.	18.	27.	150.
2007-P	0.20	0.25	0.35	0.50	3.00	11.	*	*	*	*	*	*	*
2007-P Satin Finish													
	—	—	—	3.00	6.00	9.00	*	*	*	*	*	*	*
2007-D	0.20	0.25	0.35	0.50	3.00	11.	*	*	*	*	*	*	*
2007-D Satin Finish													
	—	—	—	3.00	6.00	9.00	*	*	*	*	*	*	*
2007-S	*	*	*	*	*	*	5.00	7.00	—	11.	14.	20.	45.
2008-P	0.20	—	0.25	0.40	1.00	8.00	*	*	*	*	*	*	*
2008-P Satin Finish													
	—	—	—	—	—	—	*	*	*	*	*	*	*
2008-D	0.20	—	0.25	0.40	1.00	8.00	*	*	*	*	*	*	*
2008-D Satin Finish													
	0.20	—	0.25	0.40	1.00	8.00	*	*	*	*	*	*	*

—— = Insufficient pricing data   * = None issued

JEFFERSON 5 CENTS (CONTINUED)

	AU-50	AU-58	MS-60	MS-63	MS-65	MS-67	PF-63	PF-65	PF-67	PF-67DC	PF-68DC	PF-69DC	PF-70DC
2008-S	*	*	*	*	*	*	—	3.00	—	6.50	8.00	12.	50.
2009-P	—	—	2.00	3.00	15.	25.	*	*	*	*	*	*	*
2009-P Satin Finish													
	—	—	—	—	—	10.	*	*	*	*	*	*	*
2009-D	—	—	2.00	3.00	15.	25.	*	*	*	*	*	*	*
2009-D Satin Finish													
	—	—	—	—	—	10.	*	*	*	*	*	*	*
2009-S	*	*	*	*	*	*	—	3.00	—	4.50	5.00	7.00	100.
2010-P	—	—	2.00	3.00	15.	25.	*	*	*	*	*	*	*
2010-P Satin Finish													
	—	—	—	—	—	8.00	*	*	*	*	*	*	*
2010-D	—	—	2.00	3.00	15.	25.	*	*	*	*	*	*	*
2010-D Satin Finish													
	—	—	—	—	—	8.00	*	*	*	*	*	*	*
2010-S	*	*	*	*	*	*	—	3.00	—	6.00	7.00	10.	50.
2011-P	—	—	2.00	3.00	15.	25.	*	*	*	*	*	*	*
2011-D	—	—	2.00	3.00	15.	25.	*	*	*	*	*	*	*
2011-S	*	*	*	*	*	*	—	3.00	—	7.00	8.00	10.	25.
2012-P	—	—	—	—	—	—	*	*	*	*.	*	*	*
2012-D	—	—	—	—	—	—	*	*	*	*	*	*	*
2012-S	*	*	*	*	*	*	—	—	—	—	—	—	—

—— = Insufficient pricing data   * = None issued

Flowing Hair half dime

Half disme pattern   Flowing Hair

Date of authorization: April 2, 1792
Dates of issue: 1792 (half disme); 1794-1795
Designer/Engraver: Robert Scot
Diameter: 16.50 mm/0.65 inch
Weight: 1.348 grams/0.04 ounce
Metallic content: 89.25% silver, 10.75% copper
Specific gravity: 10.34
Weight of pure silver: 1.20 grams/0.04 ounce
Edge: Reeded
Mint mark: None

HALF DISME PATTERN

	AG-3	G-4	VG-8	F-12	VF-20	EF-40	AU-50	AU-55	MS-60	MS-63
1792	12000.	20000.	60000.	75000.	90000.	125000.	175000.	200000.	300000.	550000.

FLOWING HAIR HALF DIME

	AG-3	G-4	VG-8	F-12	VF-20	EF-40	AU-50	AU-55	MS-60	MS-63
1794	1000.	1500.	2500.	3000.	4000.	7500.	12000.	15000.	20000.	45000.
1795	750.	1200.	1500.	2000.	3250.	5750.	8000.	8500.	14000.	25000.

Draped Bust half dime

Small Eagle   Heraldic Eagle

Date of authorization: April 2, 1792
Dates of issue: 1796-1805
Designer: Obverse: Gilbert Stuart-Robert Scot
Reverse:
(1796-1797): Robert Scot-John Eckstein
(1800-1805): Robert Scot
Engraver: Robert Scot
Diameter: 16.50 mm/0.65 inch
Weight: 1.35 grams/0.04 ounce
Metallic content: 89.25% silver, 10.75% copper
Specific gravity: 10.32
Weight of pure silver: 1.20 grams/0.04 ounce
Edge: Reeded
Mint mark: None

DRAPED BUST, SMALL EAGLE HALF DIME

	AG-3	G-4	VG-8	F-12	VF-20	EF-40	AU-50	AU-55	MS-60	MS-63
1796/5	800.	1500.	2000.	3750.	5300.	10000.	17500.	25000.	32500.	50000.
1796 LIBERTY	750.	1500.	1600.	3500.	5250.	10000.	14000.	17500.	21000.	35000.
1796 LIKERTY	850.	1500.	1750.	3500.	5250.	10000.	12500.	17500.	22500.	50000.
1797 15 Stars	750.	1400.	1575.	3400.	5200.	9000.	12500.	14500.	17500.	25000.
1797 16 Stars	750.	1500.	1750.	3475.	5500.	10000.	13500.	17500.	18500.	25000.
1797 13 Stars	1000.	2400.	2750.	4500.	10000.	15000.	25000.	40000.	50000.	75000.

DRAPED BUST, HERALDIC EAGLE HALF DIME

	AG-3	G-4	VG-8	F-12	VF-20	EF-40	AU-50	AU-55	MS-60	MS-63
1800	500.	950.	1300.	2000.	4000.	6500.	8500.	10000.	14500.	22500.
1800 LIBEKTY	500.	1300.	1300.	2000.	5000.	7500.	10000.	12500.	17500.	25000.
1801	500.	1250.	1400.	2250.	5000.	7500.	12500.	15000.	20000.	30000.
1802	17500.	27500.	40000.	50000.	100000.	200000.	350000.	—	—	—
1803 Large 8	550.	1250.	1500.	2250.	4000.	7000.	9000.	9000.	15000.	—
1803 Small 8	1000.	2000.	2500.	5000.	7500.	12500.	20000.	35000.	85000.	—
1805	550.	1250.	1500.	2500.	4000.	10000.	20000.	30000.	—	—

—— = Insufficient pricing data   * = None issued

Capped Bust half dime

Date of authorization: April 2, 1792
Dates of issue: 1829-1837
Designers: John Reich-William Kneass
Engraver: William Kneass
Diameter: 15.50 mm/0.61 inch
Weight: 1.35 grams/0.04 ounce
Metallic content: 89.25% silver, 10.75% copper
Specific gravity: 10.32
Weight of pure silver: 1.20 grams/0.04 ounce
Edge: Reeded
Mint mark: None

	G-4	VG-8	F-12	VF-20	EF-40	AU-50	MS-60	MS-63	MS-65
1829	55.	75.	90.	125.	225.	300.	425.	1000.	3500.
1830	55.	75.	80.	125.	175.	250.	375.	900.	3250.
1831	55.	75.	80.	125.	175.	250.	375.	900.	3000.
1832	55.	75.	80.	125.	175.	250.	375.	900.	3000.
1833	55.	75.	80.	125.	175.	250.	375.	900.	3250.
1834	55.	75.	80.	125.	175.	250.	375.	900.	3000.
1834 3 Over Inverted 3	60.	85.	100.	200.	300.	400.	800.	1250.	4000.
1835 Large Date, Large 5c	55.	75.	80.	125.	175.	250.	500.	900.	3000.
1835 Large Date, Small 5c	55.	75.	80.	125.	175.	250.	500.	900.	3000.
1835 Small Date, Large 5c	55.	75.	80.	125.	175.	250.	500.	900.	3000.
1835 Small Date, Small 5c	55.	75.	80.	125.	175.	250.	500.	900.	3000.
1836 Large 5c	55.	75.	80.	125.	175.	250.	375.	900.	3500.
1836 Small 5c	55.	75.	80.	125.	175.	250.	375.	900.	3500.
1836 3 Over Inverted 3	65.	85.	100.	200.	250.	400.	750.	1100.	4000.
1837 Small 5c	60.	85.	125.	175.	250.	500.	1250.	3000.	11500.
1837 Large 5c	55.	75.	100.	150.	200.	300.	450.	950.	6500.

—— = Insufficient pricing data   * = None issued

Seated Liberty, half dime

Date of authorization: April 2, 1792
Dates of issue: 1837-1873
Designers: (1837-1840): Christian Gobrecht
(1840-1859):
Obverse: Gobrecht-Robert B. Hughes
Reverse: Christian Gobrecht
(1860-1873):
Obverse: Christian Gobrecht-Robert B. Hughes
James B. Longacre
Reverse: James B. Longacre
Engraver: (1837-1840): Christian Gobrecht
(1840-1859): Christian Gobrecht
(1860-1873): James B. Longacre
Diameter: 15.50 mm/0.61 inch
Weight: (1837-1853): 1.34 grams/0.04 ounce
(1853-1873): 1.24 grams/0.04 ounce
Metallic content: 90% silver, 10% copper
Specific gravity: 10.34
Weight of pure silver: (1837-1853): 1.20 grams/0.04 ounce
(1853-1873): 1.12 grams/0.04 ounce
Edge: Reeded
Mint mark: Reverse within or below wreath

	G-4	VG-8	F-12	VF-20	EF-40	AU-50	MS-60	MS-63	MS-65	PF-63
NO STARS										
1837 Large Date	45.	55.	80.	145.	250.	475.	700.	1000.	3250.	17500.
1837 Small Date	45.	55.	85.	175.	250.	500.	800.	1250.	3750.	*
1838-O	150.	225.	350.	750.	1250.	2250.	4500.	11000.	40000.	*
NO DRAPERY										
1838	20.	25.	30.	35.	75.	200.	275.	500.	1900.	—
1838 Small Stars	25.	35.	55.	100.	185.	350.	725.	1250.	4250.	*
1839	20.	25.	30.	40.	90.	200.	275.	475.	2100.	—
1839-O	25.	30.	35.	45.	100.	225.	750.	2250.	7500.	*
1839-O Large 0	—	—	—	—	—	—	—	—	—	*
1839-O Medium 0	—	—	—	—	—	—	—	—	—	*
1839-O Small 0	—	—	—	—	—	—	—	—	—	*
1840	20.	25.	30.	40.	85.	200.	300.	475.	2500.	—
1840-O	25.	30.	45.	50.	150.	350.	1250.	3500.	—	*

—— = Insufficient pricing data   * = None issued

SEATED LIBERTY, HALF DIME (CONTINUED)

	G-4	VG-8	F-12	VF-20	EF-40	AU-50	MS-60	MS-63	MS-65	PF-63
DRAPERY										
1840	30.	40.	75.	130.	225.	375.	525.	900.	3000.	—
1840-O	50.	60.	125.	225.	750.	2500.	7500.	—	—	*
1841	16.	21.	25.	30.	65.	150.	200.	325.	1500.	—
1841-O	20.	25.	35.	50.	125.	350.	725.	2000.	—	*
1842	17.	21.	25.	30.	65.	150.	200.	325.	1500.	—
1842-O	30.	40.	65.	175.	525.	850.	2000.	4000.	17500.	*
1843	17.	21.	25.	30.	65.	150.	200.	325.	1500.	—
1844	17.	23.	27.	35.	65.	150.	200.	300.	1500.	—
1844-O Small O	85.	125.	225.	750.	1500.	3000.	5750.	12500.	25000.	*
1844-O Large O	—	—	—	—	—	—	—	—	—	*
1845	17.	21.	25.	35.	65.	150.	200.	325.	1250.	15000.
1846	400.	850.	1250.	2000.	3750.	7500.	—	—	—	—
1847	17.	21.	25.	35.	65.	150.	200.	300.	1500.	—
1848 Medium Date	20.	25.	30.	35.	75.	150.	300.	500.	3000.	—
1848 Large Date	25.	35.	45.	65.	150.	300.	600.	1750.	4000.	*
1848-O	20.	25.	35.	60.	150.	300.	500.	1250.	2750.	*
1849/6	25.	30.	40.	65.	125.	250.	600.	1250.	2750.	*
1849/8	30.	40.	60.	100.	175.	275.	750.	1500.	3000.	*
1849	18.	22.	32.	55.	100.	150.	250.	500.	1750.	—
1849-O	30.	50.	100.	250.	500.	1250.	2250.	4750.	15000.	*
1850	18.	21.	25.	30.	65.	150.	200.	325.	1300.	—
1850-O	21.	27.	35.	65.	150.	300.	750.	1750.	4750.	*
1851	17.	21.	25.	39.	65.	150.	200.	325.	1250.	—
1851-O	20.	25.	30.	45.	125.	235.	525.	850.	4500.	*
1852	17.	21.	25.	30.	65.	150.	200.	325.	1250.	17500.
1852-O	30.	45.	75.	150.	300.	500.	1000.	2250.	9000.	*
1853	45.	65.	100.	210.	325.	600.	775.	1250.	2750.	—
1853-O	225.	350.	500.	750.	2250.	4000.	7500.	17500.	—	*
ARROWS										
1853	17.	21.	24.	35.	65.	150.	210.	325.	1650.	—
1853-O	20.	25.	30.	45.	75.	150.	300.	1100.	4000.	*
1854	16.	21.	24.	30.	65.	150.	210.	325.	1750.	—
1854-O	17.	22.	25.	32.	100.	175.	300.	800.	4250.	*
1855	16.	21.	24.	39.	65.	150.	210.	325.	2500.	—
1855-O	20.	25.	35.	60.	175.	210.	650.	1250.	4750.	*
NO ARROWS										
1856	16.	21.	24.	30.	65.	150.	200.	300.	1350.	5000.
1856-O	19.	22.	25.	55.	125.	275.	550.	1100.	2500.	*
1857	16.	21.	24.	30.	65.	130.	175.	300.	1250.	—
1857-O	16.	21.	24.	40.	65.	200.	350.	450.	1750.	*
1858	16.	21.	24.	30.	65.	150.	200.	325.	1100.	—
1858/Inverted Date	50.	75.	100.	175.	225.	325.	725.	1300.	3500.	*
1858/1858	50.	75.	100.	150.	225.	325.	650.	1250.	3500.	*
1858-O	16.	21.	30.	45.	80.	150.	259.	450.	1750.	*
1859	17.	21.	26.	40.	75.	150.	210.	350.	1500.	1250.
1859-O	19.	24.	35.	50.	125.	225.	300.	450.	2000.	*
1860 Transitional Pattern	—	—	—	—	—	—	2500.	3500.	5000.	*

—— = Insufficient pricing data   * = None issued

SEATED LIBERTY, HALF DIME (CONTINUED)

	G-4	VG-8	F-12	VF-20	EF-40	AU-50	MS-60	MS-63	MS-65	PF-63
LEGEND OBVERSE										
1860	16.	21.	24.	25.	50.	80.	175.	275.	900.	550.
1860-O	16.	21.	24.	30.	50.	100.	200.	300.	1100.	*
1861	16.	21.	24.	25.	50.	90.	160.	275.	1000.	550.
1861/0	30.	40.	70.	130.	275.	450.	600.	875.	3000.	*
1862	21.	28.	40.	50.	60.	100.	175.	275.	900.	550.
1863	175.	200.	250.	350.	500.	600.	750.	950.	1850.	600.
1863-S	30.	45.	65.	80.	210.	325.	750.	1150.	4000.	*
1864	325.	450.	525.	725.	900.	1050.	1275.	1500.	2500.	625.
1864-S	50.	65.	140.	175.	335.	525.	750.	1500.	4100.	*
1865	325.	400.	500.	600.	700.	750.	1000.	1500.	2250.	550.
1865-S	30.	40.	60.	85.	225.	525.	1000.	2750.	—	*
1866	325.	350.	425.	550.	650.	725.	900.	1250.	2750.	550.
1866-S	30.	45.	55.	75.	190.	375.	500.	925.	4250.	*
1867	450.	525.	625.	700.	825.	900.	1100.	1400.	2250.	575.
1867-S	24.	35.	45.	80.	165.	310.	575.	1175.	—	*
1868	50.	60.	125.	200.	350.	450.	700.	850.	1900.	550.
1868-S	16.	23.	30.	35.	60.	125.	310.	575.	2500.	*
1869	16.	21.	30.	35.	55.	125.	250.	325.	1500.	550.
1869-S	16.	21.	30.	35.	50.	125.	310.	800.	—	*
1870	16.	21.	25.	30.	45.	90.	175.	275.	1000.	550.
1870-S Unique	—	—	—	—	—	—	— 1000000.		—	—
1871	16.	21.	25.	30.	45.	85.	175.	275.	900.	550.
1871-S	20.	27.	35.	65.	80.	175.	325.	450.	2500.	*
1872	16.	21.	25.	27.	45.	85.	175.	275.	900.	550.
1872-S S Above Bow	16.	21.	25.	27.	45.	85.	175.	275.	900.	*
1872-S S Below Bow	18.	21.	25.	27.	45.	85.	175.	275.	900.	*
1873	16.	21.	25.	27.	45.	85.	175.	275.	1150.	550.
1873-S	16.	21.	25.	27.	45.	85.	175.	275.	900.	*

—— = Insufficient pricing data   * = None issued

Draped Bust dime

Small Eagle   Heraldic Eagle

Date of authorization: April 2, 1792
Dates of issue: 1796-1807
Designer: Obverse: Gilbert Stuart-Robert Scot
Reverse:
(1796-1797): Robert Scot-John Eckstein
(1800-1805): Robert Scot
Engraver: Robert Scot
Diameter: 18.80 mm/0.74 inch
Weight: 2.70 grams/0.09 ounce
Metallic content: 89.25% silver, 10.75% copper
Specific gravity: 10.32
Weight of pure silver: 1.20 grams/0.04 ounce
Edge: Reeded
Mint mark: None

	G-4	VG-8	F-12	VF-20	EF-40	AU-50	AU-55	MS-60	MS-62	MS-63
1796	3000.	3500.	5250.	7250.	10000.	15000.	18500.	25000.	30000.	45000.
1797 16 Stars	3000.	3500.	5500.	7000.	12500.	18000.	25000.	35000.	40000.	—
1797 13 Stars	3250.	3750.	5500.	7500.	15000.	20000.	22500.	65000.	—	—
1798/97 16 Stars Reverse	1000.	1500.	2000.	2750.	5000.	6000.	7500.	10000.	15000.	17500.
1798/97 13 Stars Reverse	4000.	7500.	10000.	12500.	17500.	25000.	50000.	55000.	60000.	100000.
1798 Large 8	1500.	2000.	2750.	3000.	4250.	5000.	6500.	10000.	15000.	25000.
1798 Small 8	2500.	3000.	4000.	7500.	17500.	25000.	35000.	—	—	—
1800	750.	1250.	1500.	2500.	4500.	7500.	15000.	35000.	40000.	50000.
1801	750.	1250.	1750.	3500.	7500.	15000.	20000.	42500.	47500.	55000.
1802	2000.	2500.	3750.	5000.	12500.	15000.	22500.	52500.	125000.	—
1803	850.	1500.	2000.	3000.	6500.	15000.	25000.	75000.	150000.	250000.
1804 13 Stars Reverse	2500.	5000.	12500.	20000.	35000.	65000.	125000.	—	—	—
1804 14 Stars Reverse	5000.	12500.	15000.	25000.	40000.	100000.	165000.	600000.	—	—
1805 4 Berries	750.	1000.	1500.	2000.	3500.	5000.	5500.	7500.	10000.	15000.
1805 5 Berries	750.	1000.	1500.	2000.	3500.	5000.	5500.	—	—	—
1807	650.	1000.	1250.	1750.	2750.	4000.	5000.	7000.	8500.	12500.

—— = Insufficient pricing data

Capped Bust dime

Date of authorization: April 2, 1792
Dates of issue: 1809-1837
Designer/Engraver: John Reich
Diameter: (1809-1828): 18.80 mm/0.74 inch
(1828-1837): 17.90 mm/0.71 inch
Weight: 2.70 grams/0.09 ounce
Metallic content: 89.25% silver, 10.75% copper
Specific gravity: 10.32
Weight of pure silver: 2.41 grams/0.08 ounce
Edge: Reeded
Mint mark: None

	G-4	VG-8	F-12	VF-20	EF-40	AU-50	AU-58	MS-60	MS-63	MS-65
OPEN COLLAR STRIKE										
1809	150.	225.	425.	850.	1650.	2250.	4000.	4500.	7500.	22500.
1811/09	125.	200.	350.	650.	1500.	2250.	4500.	5000.	8000.	32500.
1814 Small Date	55.	85.	125.	250.	600.	1200.	2000.	2250.	5000.	20000.
1814 Large Date	45.	75.	100.	175.	500.	1000.	1500.	1750.	3500.	12500.
1814 STATESOFAMERICA										
	75.	100.	125.	350.	500.	1000.	2500.	3000.	5000.	17500.
1820 Large 0	40.	55.	65.	125.	475.	850.	1200.	1250.	2750.	15000.
1820 Small 0, Office Boy Reverse										
	45.	55.	85.	150.	500.	850.	1250.	1500.	3500.	17500.
1820 STATESOFAMERICA										
	75.	100.	150.	350.	650.	1200.	3500.	5000.	7500.	17500.
1821 Small Date	40.	50.	85.	135.	500.	800.	1250.	1500.	4000.	17500.
1821 Large Date	40.	50.	85.	125.	450.	600.	1000.	1200.	2750.	15000.
1822	1500.	2000.	3000.	5000.	8000.	10000.	13500.	15000.	25000.	—
1823/2 Large E Reverse										
	40.	50.	75.	125.	600.	800.	1500.	1750.	3000.	12500.
1823/2 Small E Reverse										
	40.	50.	75.	125.	600.	800.	1500.	1750.	3000.	12500.
1824/2	50.	80.	125.	500.	1000.	1500.	2000.	2500.	6000.	17500.
1825	40.	50.	125.	175.	450.	750.	1000.	1250.	3000.	15000.
1827	40.	50.	75.	175.	450.	700.	1250.	1500.	2500.	12500.
1828 Large Date, Curl Base 2										
	75.	100.	150.	350.	850.	1500.	2500.	3500.	—	—

—— = Insufficient pricing data

CAPPED BUST DIME (CONTINUED)

	G-4	VG-8	F-12	VF-20	EF-40	AU-50	AU-58	MS-60	MS-63	MS-65
CLOSE COLLAR STRIKE										
1828 Small Date, Square Base 2										
	50.	65.	85.	200.	500.	750.	1250.	1500.	2500.	12500.
1829 Curl Base 2	6250.	10000.	15000.	22500.	—	—	—	—	—	—
1829 Small 10c	40.	50.	60.	100.	350.	475.	750.	1000.	2250.	7500.
1829 Medium 10c	40.	50.	60.	100.	350.	475.	750.	1000.	2250.	7500.
1829 Large 10c	50.	75.	100.	200.	450.	500.	850.	1000.	3000.	8500.
1830/29	50.	75.	125.	250.	500.	750.	1250.	1500.	3000.	—
1830 Medium 10c	40.	50.	60.	100.	350.	500.	1000.	1250.	2000.	9000.
1830 Small 10c	40.	50.	60.	100.	350.	500.	1000.	1250.	2000.	9000.
1831	35.	45.	50.	85.	275.	450.	1000.	1250.	2000.	7500.
1832	35.	45.	50.	85.	275.	450.	1000.	1250.	2000.	8000.
1833	35.	45.	50.	85.	275.	450.	750.	1000.	2000.	7500.
1833 Last 3 High	35.	45.	50.	85.	275.	450.	1000.	1250.	2000.	7500.
1834 Small 4	35.	45.	50.	85.	275.	450.	750.	1000.	2000.	8500.
1834 Large 4	35.	45.	50.	85.	275.	450.	750.	1000.	2000.	8500.
1835	35.	45.	50.	85.	275.	459.	800.	1000.	2000.	7500.
1836	35.	45.	40.	85.	300.	450.	800.	1000.	2000.	8500.
1837	35.	45.	50.	85.	300.	450.	800.	1000.	1750.	8250.

—— = Insufficient pricing data   * = None issued

Seated Liberty dime

Date of authorization: April 2, 1792
Dates of issue: 1837-1891
Designer: (1837-1840)
Obverse: Thomas Sully-Christian Gobrecht
Reverse: Christian Gobrecht
(1840-1860)
Obverse: John Hughes-Gobrecht-Sully
Reverse: Christian Gobrecht
(1860-1891)
Obverse: James B. Longacre-
Hughes-Gobrecht-Sully
Reverse: James B. Longacre
Engraver: (1837-1840): Christian Gobrecht
(1840-1860): Christian Gobrecht
(1860-1891): James B. Longacre
Diameter: 17.90 mm/0.71 inch
Weight: (1837-1853): 2.67 grams/0.09 ounce
(1853-1873): 2.49 grams/0.08 ounce
(1873-1874): 2.50 grams/0.08 ounce
(1875-1891): 2.49 grams/0.08 ounce
Metallic content: 90% silver, 10% copper
Specific gravity: 10.34
Weight of pure silver: (1837-1853): 2.40 grams/0.08 ounce
(1853-1873): 2.24 grams/0.08 ounce
(1873-1874): 2.25 grams/0.08 ounce
(1875-1891): 2.24 grams/0.08 ounce
Edge: Reeded
Mint mark: Reverse within or below wreath

	G-4	VG-8	F-12	VF-20	EF-40	AU-50	AU-58	MS-60	MS-63	MS-65
NO STARS										
1837 Large Date	45.	50.	100.	300.	500.	750.	900.	1100.	1750.	10000.
1837	*	*	*	*	*	*	*	*	*	*
1837 Small Date	50.	60.	125.	325.	550.	750.	900.	1250.	2000.	10000.
1838-O	60.	85.	150.	425.	775.	1200.	2500.	3500.	7500.	20000.
NO DRAPERY										
1838 Small Stars	25.	40.	65.	100.	200.	400.	600.	750.	1500.	6500.
1838 Large Stars	20.	25.	35.	45.	125.	275.	350.	400.	850.	3500.
1838 Partial Drapery	30.	40.	65.	150.	200.	400.	750.	1000.	2000.	4500.
1839	20.	25.	30.	50.	125.	300.	450.	500.	1000.	3500.

SEATED LIBERTY DIME (CONTINUED)

	G-4	VG-8	F-12	VF-20	EF-40	AU-50	AU-58	MS-60	MS-63	MS-65
1839-O Reverse of 1838										
	115.	200.	350.	475.	750.	—	—	—	—	—
1839-O	25.	35.	40.	50.	150.	350.	875.	1000.	1750.	8500.
1840	20.	25.	30.	40.	125.	275.	359.	500.	900.	4500.
1840-O	25.	50.	100.	250.	500.	2000.	4500.	6000.	17500.	50000.
DRAPERY										
1840	60.	75.	100.	200.	400.	750.	3000.	3250.	—	—
1841	20.	25.	30.	35.	55.	150.	300.	350.	750.	3500.
1841-O Open Bud Reverse										
	25.	30.	35.	75.	100.	250.	750.	900.	2250.	5000.
1842	18.	20.	25.	30.	50.	150.	250.	275.	650.	3250.
1842-O	25.	30.	38.	75.	250.	1200.	2000.	2500.	5000.	—
1843	18.	20.	25.	30.	50.	150.	259.	275.	750.	3500.
1843/1843	—									
1843-O	50.	75.	250.	750.	1500.	7500.	—	—	—	—
1844	250.	300.	450.	625.	1100.	2000.	3500.	4500.	15000.	35000.
1845	20.	25.	30.	35.	50.	150.	450.	500.	750.	3500.
1845/1845	—									
1845-O	35.	50.	200.	450.	1250.	3000.	—	—	—	—
1846	250.	350.	500.	1000.	2500.	7500.	30000.	35000.	90000.	—
1847	20.	35.	40.	75.	150.	400.	1250.	1500.	3500.	—
1848	20.	25.	30.	65.	100.	200.	400.	700.	1250.	6500.
1849	20.	25.	30.	40.	75.	150.	275.	350.	1100.	4500.
1849-O	25.	30.	50.	175.	375.	750.	2250.	2750.	6500.	—
1850	20.	25.	30.	40.	55.	150.	200.	300.	750.	7000.
1850-O	25.	35.	50.	100.	200.	450.	1000.	1250.	2750.	6500.
1851	20.	22.	25.	40.	55.	150.	250.	350.	850.	6500.
1851-O	28.	35.	45.	125.	200.	500.	1500.	2250.	3500.	10000.
1852	18.	20.	22.	30.	50.	150.	200.	300.	750.	3500.
1852-O	28.	35.	55.	150.	300.	500.	1500.	1750.	3250.	8500.
1853	75.	125.	200.	300.	400.	525.	650.	750.	1250.	3250.
ARROWS AT DATE										
1853	16.	18.	20.	28.	50.	175.	250.	300.	650.	2250.
1853-O	18.	20.	30.	50.	135.	400.	2250.	3000.	5000.	—
1854	16.	17.	20.	25.	50.	175.	250.	325.	700.	2500.
1854-O	20.	25.	30.	35.	75.	200.	300.	500.	1200.	4000.
1855	16.	17.	29.	25.	55.	175.	300.	325.	850.	3600.
DRAPERY										
1856 Small Date	16.	17.	18.	22.	40.	150.	250.	300.	575.	3000.
1856 Large Date	18.	21.	24.	30.	55.	175.	275.	400.	800.	—
1856-O	18.	21.	25.	35.	70.	250.	600.	650.	1500.	6250.
1856-S	125.	200.	550.	750.	1500.	2750.	3500.	5000.	17500.	—
1857	16.	17.	18.	25.	50.	150.	250.	300.	575.	2500.
1857-O	18.	20.	25.	35.	75.	200.	350.	400.	750.	2750.
1858	16.	18.	20.	25.	50.	150.	250.	300.	575.	3000.
1858-O	20.	25.	40.	75.	125.	350.	750.	800.	2000.	8500.
1858-S	100.	175.	250.	750.	2000.	3000.	5000.	7500.	20000.	—
1859	18.	21.	25.	35.	55.	150.	250.	350.	750.	2750.
1859 Transitional Pattern										
	—	—	—	—	—	—	—	—	—	—
1859-O	20.	22.	28.	40.	100.	250.	450.	500.	750.	3000.
1859-S	125.	250.	500.	1000.	3000.	5000.	11000.	15000.	—	—
1860-S	35.	50.	200.	275.	550.	1000.	2000.	3000.	10000.	15000.

——— = Insufficient pricing data   * = None issued

Legend obverse

SEATED LIBERTY DIME (CONTINUED)

	G-4	VG-8	F-12	VF-20	EF-40	AU-50	AU-58	MS-60	MS-63	MS-65
LEGEND OBVERSE										
1860	18.	20.	25.	35.	50.	100.	200.	250.	600.	1500.
1860-O	750.	1000.	2250.	3000.	6500.	10000.	15000.	—	—	—
1861	15.	16.	25.	30.	40.	100.	2005.	225.	500.	1250.
1861-S	50.	100.	150.	350.	500.	1250.	3000.	5000.	—	—
1862	19.	21.	25.	30.	50.	90.	175.	250.	450.	1500.
1862-S	50.	75.	125.	550.	1250.	2000.	5000.	—	—	30000.
1863	400.	500.	600.	700.	1000.	1250.	1500.	2000.	4000.	6500.
1863-S	50.	75.	125.	250.	600.	1000.	2000.	3000.	10000.	35000.
1864	450.	500.	600.	750.	850.	1000.	1200.	1250.	2500.	4500.
1864-S	30.	40.	60.	100.	250.	750.	1750.	2000.	3000.	—
1865	300.	500.	750.	1000.	1100.	1200.	1500.	1600.	2000.	4000.
1865-S	50.	125.	200.	500.	800.	2500.	7500.	—	12500.	—
1866	400.	500.	700.	900.	1100.	1400.	1600.	1700.	2000.	3500.
1866-S	50.	65.	125.	175.	400.	1000.	3000.	4500.	7500.	20000.
1867	500.	700.	900.	1100.	1500.	1800.	2000.	2100.	2750.	3250.
1867-S	50.	100.	175.	250.	500.	1000.	2250.	3000.	7500.	10000.
1868	20.	25.	50.	75.	100.	175.	350.	500.	1500.	5000.
1868-S	20.	30.	50.	100.	150.	250.	450.	750.	2000.	6000.
1869	20.	40.	50.	100.	125.	200.	400.	600.	1000.	4000.
1869-S	20.	25.	40.	75.	100.	250.	500.	750.	1500.	6500.
1870	15.	20.	40.	50.	100.	125.	250.	325.	550.	2000.
1870-S	300.	400.	500.	600.	800.	1000.	1750.	2250.	4000.	8500.
1871	18.	20.	30.	40.	60.	200.	300.	400.	750.	2000.
1871-CC	2000.	3000.	7000.	10000.	15000.	25000.	40000.	50000.	—	—
1871-S	25.	45.	75.	110.	200.	600.	1250.	1750.	5000.	—
1872	15.	16.	28.	30.	50.	100.	175.	200.	500.	2500.
1872-CC	500.	1500.	2750.	5000.	10000.	20000.	—	—	—	—
1872-S	25.	35.	100.	200.	250.	500.	1250.	2000.	5500.	35000.
1873 Closed 3	18.	20.	25.	35.	40.	100.	175.	200.	500.	1500.
1873 Open 3	25.	35.	65.	85.	130.	250.	550.	750.	2500.	—
1873-CC Unique	—	—	—	—	—	—	—	—	—	1250000.
ARROWS AT DATE										
1873	20.	25.	30.	75.	150.	300.	350.	500.	850.	5000.
1873 Doubled Die Obverse										
	—	—	—	—	—	—	—	—	—	—
1873-CC	2000.	3500.	5500.	8000.	17500.	50000.	57500.	60000.	75000.	—
1873-S	25.	35.	50.	75.	225.	450.	900.	1000.	2000.	—
1874	20.	25.	30.	75.	150.	300.	400.	500.	900.	4000.
1874-CC	7500.	12500.	15000.	20000.	30000.	50000.	—	—	—	—
1874-S	25.	50.	100.	150.	250.	500.	750.	1000.	1750.	7500.

—— = Insufficient pricing data   * = None issued

	G-4	VG-8	F-12	VF-20	EF-40	AU-50	AU-58	MS-60	MS-63	MS-65
LEGEND OBVERSE										
1875	16.	18.	20.	25.	35.	85.	150.	175.	300.	950.
1875-CC CC Above Bow										
	30.	35.	50.	70.	85.	150.	300.	425.	850.	2750.
1875-CC CC Below Bow										
	30.	32.	35.	50.	125.	200.	300.	400.	1250.	5000.
1875-S S Above Bow	16.	20.	25.	30.	40.	100.	175.	200.	850.	2500.
1875-S S Below Bow	15.	20.	25.	35.	40.	100.	175.	200.	450.	1500.
1876	15.	20.	25.	30.	40.	75.	150.	175.	250.	1000.
1876-CC	30.	35.	40.	55.	100.	150.	200.	250.	850.	1500.
1876-CC Doubled Die Obverse										
	—	—	—	—	—	—	—	—	—	—
1876-S	16.	20.	25.	30.	40.	100.	175.	225.	500.	2000.
1877	15.	20.	25.	30.	40.	75.	100.	150.	350.	1000.
1877-CC	30.	35.	50.	70.	100.	150.	250.	250.	500.	2750.
1877-S	15.	20.	25.	30.	45.	100.	200.	225.	400.	3500.
1878	15.	20.	25.	30.	50.	85.	125.	150.	325.	1000.
1878-CC	200.	350.	400.	500.	550.	750.	1500.	1750.	2500.	4000.
1879	200.	300.	350.	400.	500.	525.	575.	600.	750.	1250.
1880	200.	300.	350.	400.	450.	500.	550.	600.	750.	1250.
1881	200.	300.	350.	400.	450.	500.	550.	650.	850.	2000.
1882	15.	20.	25.	30.	40.	75.	100.	175.	250.	850.
1883	15.	20.	25.	30.	40.	75.	100.	150.	250.	850.
1884	15.	20.	25.	30.	40.	75.	100.	150.	250.	850.
1884-S	20.	30.	40.	65.	100.	300.	450.	675.	1500.	8500.
1885	15.	20.	25.	30.	40.	75.	100.	150.	250.	850.
1885-S	400.	550.	750.	1500.	2500.	3750.	5500.	6500.	10000.	—
1886	15.	20.	25.	30.	40.	75.	100.	150.	250.	850.
1886-S	25.	40.	50.	75.	125.	250.	500.	600.	1250.	6000.
1887	15.	20.	25.	30.	40.	75.	100.	150.	250.	850.
1887-S	15.	20.	25.	30.	40.	80.	125.	150.	350.	1000.
1888	15.	20.	25.	30.	40.	75.	100.	150.	250.	750.
1888-S	15.	20.	25.	30.	40.	125.	250.	300.	750.	4000.
1889	15.	20.	25.	30.	40.	75.	100.	150.	350.	850.
1889-S	15.	20.	30.	50.	85.	175.	400.	450.	1000.	—
1890	15.	20.	25.	30.	40.	75.	100.	150.	300.	850.
1890-S	20.	25.	30.	55.	75.	150.	250.	350.	650.	1750.
1891	15.	20.	25.	30.	40.	75.	125.	150.	275.	900.
1891-O	15.	20.	25.	30.	40.	75.	200.	225.	400.	1500.
1891-O/Horizontal 0	—	—	—	—	—	—	—	—	—	—
1891-S	20.	25.	30.	35.	50.	80.	125.	175.	350.	1250.

—— = Insufficient pricing data   * = None issued

Barber dime

Date of authorization: April 2, 1792
Dates of issue: 1892-1916
Designer: Obverse: Charles Barber
Reverse: James B. Longacre
Engraver: Charles Barber
Diameter: 17.91 mm/0.71 inch
Weight: 2.50 grams/0.08 ounce
Metallic content: 90% silver, 10% copper
Specific gravity: 10.34
Weight of pure silver: 2.25 grams/0.08 ounce
Edge: Reeded
Mint mark: Reverse below wreath

	G-4	VG-8	F-12	VF-20	EF-40	AU-50	MS-60	MS-63	MS-65	PF-63
1892	9.00	10.	18.	25.	30.	70.	110.	225.	700.	600.
1892-O	12.	16.	40.	65.	80.	90.	170.	325.	1300.	*
1892-S	65.	125.	200.	250.	300.	325.	450.	750.	4000.	*
1893	9.00	13.	20.	32.	45.	85.	175.	225.	1000.	600.
1893/2	150.	175.	200.	225.	300.	400.	850.	2000.	5000.	*
1893-O	30.	50.	135.	175.	210.	250.	325.	575.	2500.	*
1893-S	14.	25.	45.	55.	90.	160.	300.	725.	3500.	*
1894	25.	45.	125.	160.	200.	225.	325.	500.	1200.	600.
1894-O	70.	100.	210.	300.	425.	700.	1600.	2700.	14000.	*
1894-S Proof Only	*	*	*	*	*	*	*	*	*	700000.
1895	85.	175.	400.	500.	600.	650.	800.	1100.	2500.	675.
1895-O	375.	575.	900.	1600.	2500.	3750.	6000.	11500.	23000.	*
1895-S	40.	60.	140.	200.	250.	325.	550.	1100.	7250.	*
1896	12.	25.	65.	90.	100.	130.	200.	400.	1300.	600.
1896-O	75.	150.	295.	350.	525.	750.	1100.	2600.	8500.	*
1896-S	80.	140.	300.	325.	400.	550.	800.	1700.	4000.	*
1897	4.25	5.00	9.00	17.	35.	80.	125.	225.	700.	600.
1897-O	70.	125.	300.	400.	450.	700.	1000.	1450.	4500.	*
1897-S	20.	40.	100.	135.	175.	275.	450.	1000.	4000.	*
1898	4.25	5.00	9.00	14.	30.	70.	110.	225.	650.	600.
1898-O	12.	30.	110.	175.	250.	275.	500.	1200.	3500.	*
1898-S	10.	17.	40.	60.	85.	150.	425.	1300.	4000.	*
1899	4.25	5.00	8.00	13.	27.	70.	110.	225.	700.	600.
1899-O	11.	20.	80.	125.	175.	250.	450.	1200.	5000.	*
1899-S	9.00	17.	40.	45.	50.	110.	300.	650.	3250.	*
1900	4.25	5.00	8.00	12.	30.	75.	110.	225.	700.	600.
1900-O	20.	40.	125.	175.	250.	400.	725.	1300.	5250.	*
1900-S	6.00	8.00	14.	20.	35.	80.	200.	450.	1650.	*

—— = Insufficient pricing data   * = None issued

BARBER DIME (CONTINUED)

	G-4	VG-8	F-12	VF-20	EF-40	AU-50	MS-60	MS-63	MS-65	PF-63
1901	4.25	5.00	8.00	11.	30.	70.	110.	225.	700.	600.
1901-O	4.25	7.00	18.	30.	90.	200.	450.	1000.	4250.	*
1901-S	85.	175.	400.	500.	575.	725.	1100.	1700.	4750.	*
1902	3.50	5.00	6.00	9.00	25.	75.	110.	225.	700.	600.
1902-O	4.00	7.00	16.	35.	70.	175.	450.	1000.	4500.	*
1902-S	9.00	22.	70.	100.	150.	200.	400.	1000.	4000.	*
1903	4.25	5.00	6.00	9.00	27.	75.	110.	225.	1050.	600.
1903-O	4.25	6.00	15.	27.	55.	110.	280.	600.	4500.	*
1903-S	100.	150.	375.	475.	800.	950.	1300.	1750.	3400.	*
1904	3.50	4.00	7.00	10.	25.	65.	100.	225.	1500.	600.
1904-S	50.	80.	175.	250.	350.	450.	800.	1600.	4500.	*
1905	3.50	4.00	7.00	10.	25.	65.	100.	225.	700.	600.
1905-O	5.00	10.	40.	50.	100.	150.	275.	500.	1500.	*
1905-O Micro O	50.	75.	150.	200.	675.	800.	1500.	4500.	6500.	*
1905-S	4.00	5.00	10.	20.	50.	110.	250.	350.	1000.	*
1906	3.50	4.00	5.00	7.00	25.	60.	100.	225.	675.	600.
1906-D	4.00	5.00	10.	17.	40.	80.	200.	400.	1750.	*
1906-O	6.00	15.	50.	75.	110.	150.	225.	325.	1100.	*
1906-S	4.00	6.00	14.	25.	50.	110.	275.	500.	1400.	*
1907	3.50	4.00	5.00	7.00	25.	60.	100.	225.	675.	600.
1907-D	3.50	5.00	10.	20.	50.	110.	300.	850.	2500.	*
1907-O	4.00	8.00	40.	60.	75.	110.	200.	330.	1350.	*
1907-S	4.00	6.00	17.	30.	70.	125.	450.	800.	2200.	*
1908	3.50	4.00	5.00	7.00	25.	70.	100.	225.	675.	600.
1908-D	3.50	4.00	8.00	12.	35.	70.	120.	225.	900.	*
1908-O	6.00	15.	50.	75.	100.	160.	325.	700.	1500.	*
1908-S	4.00	6.00	12.	25.	55.	185.	265.	535.	2500.	*
1909	3.50	4.00	5.00	7.00	25.	70.	100.	225.	675.	600.
1909-D	8.00	20.	75.	110.	140.	250.	500.	1100.	3000.	*
1909-O	4.00	8.00	14.	25.	55.	100.	200.	800.	1700.	*
1909-S	10.	18.	80.	125.	190.	325.	600.	1300.	3200.	*
1910	3.50	4.00	5.00	10.	25.	70.	100.	225.	675.	600.
1910-D	3.50	5.00	10.	20.	50.	110.	250.	500.	1500.	*
1910-S	6.00	12.	60.	85.	125.	200.	500.	800.	2300.	*
1911	3.50	4.00	5.00	9.00	25.	70.	100.	225.	675.	600.
1911-D	3.50	4.00	5.00	9.00	27.	70.	100.	225.	675.	*
1911-S	4.00	5.00	10.	20.	45.	110.	225.	350.	1100.	*
1912	3.50	4.00	5.00	8.00	25.	70.	100.	225.	675.	600.
1912-D	3.50	4.00	5.00	8.00	25.	70.	100.	225.	725.	*
1912-S	3.50	4.00	8.00	14.	35.	100.	175.	300.	1100.	*
1913	3.50	4.00	5.00	8.00	25.	70.	100.	225.	675.	620.
1913-S	35.	55.	125.	200.	250.	300.	500.	1000.	2000.	*
1914	3.50	4.00	5.00	8.00	25.	70.	100.	225.	675.	620.
1914-D	3.50	4.00	5.00	8.00	25.	70.	100.	250.	650.	*
1914-S	3.50	5.00	9.00	20.	45.	85.	175.	325.	1200.	*
1915	4.50	5.00	6.00	7.00	25.	70.	100.	225.	650.	620.
1915-S	7.00	12.	35.	55.	75.	140.	260.	500.	1500.	*
1916	3.50	4.00	5.00	7.50	25.	65.	100.	225.	600.	*
1916-S	3.50	4.00	5.00	7.50	25.	75.	110.	225.	600.	*

—— = Insufficient pricing data   * = None issued

Winged Liberty Head dime

"Mercury dime"

Date of authorization:	April 2, 1792
Dates of issue:	1916-1945
Designer:	Adolph Weinman
Engraver:	Charles Barber
Diameter:	17.91 mm/0.71 inch
Weight:	2.50 grams/0.08 ounce
Metallic content:	90% silver, 10% copper
Specific gravity:	10.34
Weight of pure silver:	2.25 grams/0.08 ounce
Edge:	Reeded
Mint mark:	Reverse left of base of fasces (bundle of rods)

NOTE: B refers to Full Split Bands on the fasces on the reverse.

	VG-8	F-12	VF-20	EF-40	AU-50	MS-60	MS-63	MS-64	MS-64 B	MS-65	MS-65 B	PF-65
1916	6.00	7.50	9.00	15.	28.	35.	45.	50.	70.	125.	175.	*
1916-D	1500.	2500.	4000.	6000.	9000.	12000.	15000.	20000.	25000.	30000.	45000.	*
1916-S	7.00	12.	15.	27.	30.	40.	60.	85.	275.	250.	750.	*
1917	4.00	5.00	8.00	10.	15.	30.	60.	80.	125.	175.	500.	*
1917-D	8.00	15.	30.	60.	110.	150.	350.	500.	900.	1100.	5100.	*
1917-S	4.00	5.00	8.00	15.	35.	65.	200.	300.	425.	450.	1000.	*
1918	5.00	8.00	15.	40.	50.	70.	100.	130.	300.	425.	1400.	*
1918-D	5.00	7.00	15.	35.	55.	125.	250.	350.	3000.	700.	22500.	*
1918-S	5.00	7.00	12.	28.	45.	100.	360.	425.	2700.	750.	6000.	*
1919	3.00	5.00	7.00	14.	30.	40.	125.	140.	300.	350.	700.	*
1919-D	8.00	15.	35.	55.	100.	200.	450.	650.	5000.	1600.	32000.	*
1919-S	5.00	10.	20.	50.	100.	200.	450.	800.	5500.	1150.	15000.	*
1920	3.00	5.00	7.00	10.	18.	30.	80.	100.	120.	250.	500.	*
1920-D	4.00	7.00	10.	28.	55.	125.	350.	400.	1200.	750.	4000.	*
1920-S	4.00	9.00	12.	22.	50.	125.	350.	550.	2250.	1400.	7000.	*
1921	100.	150.	300.	650.	1000.	1200.	1700.	1800.	3000.	3500.	4000.	*
1921-D	150.	250.	450.	800.	1250.	1500.	2000.	2200.	3000.	3200.	5200.	*
1923	3.00	4.00	5.00	8.00	16.	30.	45.	50.	75.	110.	350.	*
1923-S	5.00	10.	20.	85.	125.	175.	400.	800.	2000.	1250.	6000.	*
1924	3.00	4.00	7.00	15.	35.	50.	90.	110.	175.	190.	500.	*
1924-D	6.00	10.	30.	80.	125.	175.	500.	600.	750.	950.	1000.	*
1924-S	6.00	10.	15.	70.	125.	200.	500.	650.	3500.	1200.	15525.	*
1925	3.00	4.00	6.00	14.	20.	30.	80.	120.	225.	200.	800.	*
1925-D	9.00	15.	60.	165.	225.	400.	800.	1000.	1300.	1750.	3500.	*
1925-S	5.00	10.	20.	110.	125.	200.	525.	900.	1450.	1500.	3000.	*
1926	3.00	4.00	5.00	8.00	15.	25.	65.	120.	175.	250.	500.	*

—— = Insufficient pricing data   * = None issued

WINGED LIBERTY HEAD DIME (CONTINUED)

	VG-8	F-12	VF-20	EF-40	AU-50	MS-60	MS-63	MS-64	MS-64 B	MS-65	MS-65 B	PF-65
1926-D	6.00	8.00	15.	35.	55.	125.	275.	350.	550.	600.	2000.	*
1926-S	17.	35.	75.	325.	500.	900.	1600.	2000.	3400.	3000.	7000.	*
1927	3.00	4.00	5.00	9.00	14.	30.	50.	80.	150.	150.	350.	*
1927-D	7.00	12.	30.	110.	125.	200.	375.	500.	1600.	1400.	9000.	*
1927-S	5.00	7.00	12.	35.	60.	300.	550.	900.	2500.	1600.	8000.	*
1928	3.00	4.00	5.00	10.	20.	30.	50.	60.	100.	125.	350.	*
1928-D	6.00	12.	30.	75.	125.	200.	325.	425.	800.	900.	3000.	*
1928-S	4.00	5.00	10.	25.	50.	125.	275.	325.	750.	450.	2000.	*
1929	3.00	4.00	5.00	6.00	12.	30.	30.	40.	55.	70.	200.	*
1929-D	4.00	5.00	8.00	18.	27.	30.	40.	50.	70.	80.	250.	*
1929-S	3.00	5.00	8.00	12.	25.	38.	50.	75.	175.	125.	550.	*
1930	3.00	5.00	6.00	9.00	16.	30.	45.	60.	175.	125.	525.	*
1930-S	6.00	9.00	12.	15.	55.	75.	125.	150.	225.	200.	725.	*
1931	5.00	6.00	8.00	15.	27.	35.	75.	100.	225.	130.	800.	*
1931-D	12.	14.	20.	60.	75.	90.	110.	160.	200.	300.	425.	*
1931-S	7.00	9.00	12.	27.	55.	90.	110.	175.	800.	275.	2400.	*
1934	2.50	4.00	5.00	6.00	10.	30.	40.	45.	50.	60.	140.	*
1934-D	2.50	4.00	8.00	15.	30.	50.	65.	70.	135.	80.	375.	*
1935	2.50	4.00	5.00	6.00	7.00	11.	18.	25.	35.	35.	75.	*
1935-D	2.50	4.00	7.00	14.	28.	40.	50.	60.	225.	80.	550.	*
1935-S	2.50	4.00	5.00	6.00	12.	27.	35.	40.	175.	40.	390.	*
1936	2.50	4.00	5.00	6.00	7.00	10.	18.	20.	40.	30.	90.	1500.
1936-D	2.50	4.00	5.00	8.00	18.	30.	35.	40.	120.	50.	350.	*
1936-S	2.50	4.00	4.50	5.00	12.	20.	30.	35.	50.	40.	100.	*
1937	2.50	3.00	4.00	5.00	7.00	9.00	14.	18.	27.	27.	50.	750.
1937-D	2.50	4.00	4.50	6.00	12.	25.	30.	35.	40.	45.	100.	*
1937-S	2.50	4.00	4.50	5.00	10.	22.	30.	35.	70.	40.	200.	*
1938	2.50	3.00	4.00	5.00	8.00	15.	18.	20.	30.	30.	80.	500.
1938-D	2.50	4.00	4.50	6.00	12.	18.	22.	25.	30.	30.	60.	*
1938-S	2.50	4.00	4.50	5.00	10.	20.	25.	30.	40.	35.	150.	*
1939	2.50	3.00	4.00	5.00	7.00	10.	13.	20.	45.	30.	175.	350.
1939-D	2.50	4.00	4.50	5.00	7.00	9.00	13.	20.	30.	30.	50.	*
1939-S	2.50	4.00	4.50	6.00	12.	25.	30.	40.	225.	45.	700.	*
1940	2.50	3.00	4.00	5.00	6.00	8.00	13.	18.	24.	35.	55.	300.
1940-D	2.50	4.00	4.50	5.00	7.00	9.00	14.	20.	24.	35.	60.	*
1940-S	2.50	4.00	4.50	5.00	7.00	10.	15.	20.	29.	35.	100.	*
1941	2.50	3.00	4.00	5.00	6.00	8.00	13.	15.	23.	30.	45.	300.
1941-D	2.50	3.00	4.00	5.00	6.00	8.00	13.	15.	24.	25.	45.	*
1941-S	2.50	3.00	4.00	5.00	7.00	9.00	14.	16.	24.	30.	50.	*
1942/1	650.	750.	850.	950.	1650.	2500.	4200.	7000.	12000.	15000.	35000.	*
1942	2.50	3.00	4.00	5.00	6.00	8.00	13.	15.	23.	25.	50.	300.
1942/41-D	650.	800.	900.	1000.	1700.	2500.	5000.	7000.	11000.	9000.	25000.	*
1942-D	2.50	3.00	4.00	5.00	6.00	8.00	13.	20.	24.	30.	40.	*
1942-S	2.50	3.00	4.00	5.00	6.00	10.	17.	25.	40.	30.	150.	*
1943	2.50	3.00	4.00	5.00	6.00	8.00	13.	15.	23.	30.	50.	*
1943-D	2.50	3.00	4.00	5.00	6.00	8.00	13.	17.	22.	30.	40.	*
1943-S	2.50	3.00	4.00	5.00	6.00	10.	15.	18.	24.	30.	70.	*
1944	2.50	3.00	4.00	5.00	6.00	8.00	14.	15.	22.	30.	80.	*
1944-D	2.50	3.00	4.00	5.00	6.00	8.00	13.	20.	23.	30.	40.	*
1944-S	2.50	3.00	4.00	5.00	6.00	8.00	18.	23.	30.	30.	60.	*
1945	2.50	3.00	4.00	5.00	6.00	8.00	14.	20.	5000.	25.	10000.	*
1945-D	2.50	3.00	4.00	5.00	6.00	8.00	13.	18.	25.	25.	40.	*
1945-S	2.50	3.00	4.00	5.00	6.00	8.00	13.	18.	30.	30.	110.	*
1945-S Micro S												
	3.50	4.50	5.00	8.00	15.	30.	40.	50.	175.	100.	625.	*

———— = Insufficient pricing data   * = None issued

Roosevelt dime

Date of authorization: April 2, 1792; July 23, 1965
Dates of issue: 1946-present
Designer/Engraver: John R. Sinnock
Diameter: 17.91 mm/0.71 inch
Weight: (1946-1964, 1992-present silver Proofs only): 2.50 grams/0.08 ounce
(1965-present): 2.27 grams/0.07 ounce
Metallic content: (1946-1964, 1992-present silver Proofs only): 90% silver, 10% copper
(1965-present): 75% copper, 25% nickel clad to pure copper core
Specific gravity: silver, 10.34; copper-nickel clad, 8.92
Weight of pure silver: (1946-1964, 1992-present silver Proofs only): 2.25 grams/0.08 ounce
Edge: Reeded
Mint mark: (1946-1964): Reverse left of base of torch
(1968-present): Obverse above date

The letter C following a numerical grade for a Proof coin stands for "cameo," while the letters DC stand for "deep cameo." Cameo coins have contrasting surface finishes: mirror fields and frosted devices (raised areas). Deep cameo coins are the ultimate level of cameo, with deeply frosted devices. Cameo and deep cameo coins bring premiums.

ROOSEVELT DIME (CONTINUED)

	EF-40	AU-50	AU-58	MS-60	MS-65	MS-66	MS-67	PF-63	PF-65	PF-67
SILVER										
1946	2.20	3.00	4.00	5.00	15.	30.	125.	*	*	*
1946-D	2.20	3.00	4.00	5.00	15.	30.	110.	*	*	*
1946-S	2.20	3.00	4.00	5.00	20.	35.	100.	*	*	*
1947	2.20	3.00	4.00	7.00	14.	25.	65.	*	*	*
1947-D	2.20	3.00	4.00	8.00	15.	20.	40.	*	*	*
1947-S	2.20	3.00	4.00	7.00	15.	35.	125.	*	*	*
1948	2.20	3.00	4.00	6.00	14.	30.	100.	*	*	*
1948-D	2.20	3.00	4.00	8.00	15.	25.	100.	*	*	*
1948-S	2.20	3.00	4.00	7.00	17.	30.	120.	*	*	*
1949	5.00	10.	20.	35.	85.	110.	135.	*	*	*
1949-D	4.00	6.00	9.00	14.	25.	50.	125.	*	*	*
1949-S	8.00	15.	35.	55.	75.	100.	200.	*	*	*
1950	3.00	6.00	10.	17.	35.	50.	145.	45.	60.	100.
1950-D	2.20	3.00	4.00	7.00	15.	30.	105.	*	*	*
1950-S	5.00	15.	30.	45.	75.	90.	150.	*	*	*
1951	2.20	3.00	4.00	5.00	12.	40.	125.	50.	60.	90.
1951-D	2.20	3.00	4.00	5.00	12.	20.	140.	*	*	*
1951-S	3.00	6.00	9.00	17.	35.	60.	125.	*	*	*
1952	2.20	3.00	4.00	5.00	25.	40.	100.	30.	40.	80.
1952-D	2.20	3.00	4.00	5.00	12.	35.	40.	*	*	*
1952-S	2.20	3.00	4.00	8.00	15.	43.	80.	*	*	*
1953	2.20	3.00	4.00	5.00	13.	20.	90.	20.	50.	75.
1953-D	2.20	3.00	4.00	4.50	12.	47.	55.	*	*	*
1953-S	2.20	3.00	4.00	4.50	10.	35.	75.	*	*	*
1954	2.20	3.00	4.00	4.50	12.	25.	40.	8.00	25.	35.
1954-D	2.20	3.00	4.00	4.50	12.	15.	40.	*	*	*
1954-S	2.20	3.00	4.00	4.50	10.	20.	58.	*	*	*
1955	2.20	3.00	4.00	4.50	12.	22.	35.	7.00	20.	30.
1955-D	2.20	3.00	4.00	4.50	10.	21.	38.	*	*	*
1955-S	2.20	3.00	4.00	4.50	10.	20.	75.	*	*	*
1956	2.20	2.20	4.00	4.50	8.50	18.	65.	5.00	12.	21.
1956-D	2.20	2.20	4.00	4.50	8.00	25.	50.	*	*	*
1957	2.20	2.20	4.00	4.50	9.00	20.	110.	5.00	10.	35.
1957-D	2.20	2.20	4.00	4.50	7.50	18.	25.	*	*	*
1958	2.20	2.20	4.00	4.50	12.	25.	70.	5.00	8.00	12.
1958-D	2.20	2.20	4.00	4.50	10.	16.	70.	*	*	*
1959	2.20	2.20	4.00	4.50	8.50	27.	50.	5.00	8.00	16.
1959-D	2.20	2.20	4.00	4.50	9.00	17.	30.	*	*	*
1960	2.20	2.20	4.00	4.50	9.00	16.	30.	5.00	8.00	35.
1960 Doubled Die Obverse	—	—	*	*	*	*		—	—	—
1960-D	2.20	2.20	4.00	4.50	7.00	25.	130.	*	*	*
1961	2.20	2.20	4.00	4.50	8.50	28.	75.	5.00	8.00	15.
1961-D	2.20	2.20	4.00	4.50	7.00	21.	55.	*	*	*
1962	2.20	2.20	4.00	4.50	6.50	20.	115.	5.00	8.00	13.
1962-D	2.20	2.20	4.00	4.50	7.00	22.	65.	*	*	*
1963	2.20	2.20	4.00	4.50	8.50	20.	100.	5.00	8.00	13.
1963 Doubled Die Reverse	—	—	*	*	*	*		—	—	—
1963-D	2.20	2.20	4.00	4.50	8.50	22.	65.	*	*	*
1964	2.20	2.20	3.00	4.50	8.50	17.	85.	5.00	8.00	14.
1964 Special Mint Set	—	—	—	—	—	—	4000.	*	*	*
1964-D	2.20	2.20	3.00	4.50	7.00	17.	150.	*	*	*
1964-D Doubled Die Reverse	—	75.	225.	350.	1000.	—	—	*	*	*

—— = Insufficient pricing data   * = None issued

ROOSEVELT DIME (CONTINUED)

	AU-50	AU-58	MS-60	MS-63	MS-65	MS-66	MS-67	PF-65	PF-67	PF-69DC
COPPER-NICKEL CLAD										
1965	0.15	0.20	0.50	0.60	8.00	15.	50.	*	*	*
1965 Special Mint Set	—	—	0.50	1.00	3.00	12.	45.	*	*	*
1966	0.15	0.20	0.50	0.60	7.00	12.	30.	*	*	*
1966 Special Mint Set	—	—	0.50	1.00	3.00	15.	75.	*	*	*
1967	0.15	0.20	0.50	0.60	7.00	13.	45.	*	*	*
1967 Special Mint Set	—	—	0.50	1.00	4.00	10.	45.	*	*	*
1968	0.15	0.20	0.50	0.60	7.00	13.	40.	*	*	*
1968-D	0.15	0.20	0.50	0.60	7.00	14.	32.	*	*	*
1968-S	*	*	*	*	*	*	*	4.00	6.00	100.
1968-S No S	*	*	*	*	*	*	*	8500.	—	—
1969	0.75	0.90	1.25	2.00	6.00	40.	110.	*	*	*
1969-D	0.15	0.20	0.50	1.00	6.00	19.	60.	*	*	*
1969-S	*	*	*	*	*	*	*	4.00	7.00	125.
1970	0.15	0.20	0.50	0.60	6.00	17.	65.	*	*	*
1970-D	0.15	0.20	0.50	0.60	6.00	12.	45.	*	*	*
1970-S	*	*	*	*	*	*	*	4.00	7.00	90.
1970-S No S	*	*	*	*	*	*	*	1000.	1200.	—
1971	0.15	0.20	0.50	0.60	7.00	15.	65.	*	*	*
1971-D	0.15	0.20	0.50	0.60	6.00	12.	100.	*	*	*
1971-S	*	*	*	*	*	*	*	4.00	7.00	150.
1972	0.15	0.20	0.50	0.60	8.00	15.	150.	*	*	*
1972-D	0.15	0.20	0.50	0.60	6.00	12.	35.	*	*	*
1972-S	*	*	*	*	*	*	*	4.00	7.00	30.
1973	0.15	0.20	0.50	0.60	6.00	11.	120.	*	*	*
1973-D	0.15	0.20	0.50	0.60	6.00	11.	40.	*	*	*
1973-S	*	*	*	*	*	*	*	4.00	7.00	25.
1974	0.15	0.20	0.50	0.60	6.00	11.	50.	*	*	*
1974-D	0.15	0.20	0.50	0.60	4.00	11.	50.	*	*	*
1974-S	*	*	*	*	*	*	*	4.00	7.00	25.
1975	0.15	0.20	0.50	0.60	6.00	13.	80.	*	*	*
1975-D	0.15	0.20	0.50	0.60	6.00	9.00	35.	*	*	*
1975-S	*	*	*	*	*	*	*	4.00	7.00	30.
1975-S No S	Two known, one auction appearance, August 2011, Proof 68 $349,600									
1976	0.15	0.20	0.50	0.60	6.00	13.	55.	*	*	*
1976-D	0.15	0.20	0.50	0.60	6.00	13.	45.	*	*	*
1976-S	*	*	*	*	*	*	*	4.00	7.00	30.
1977	0.15	0.20	0.50	0.60	6.00	10.	50.	*	*	*
1977-D	0.15	0.20	0.50	0.60	6.00	10.	60.	*	*	*
1977-S	*	*	*	*	*	*	*	4.00	7.00	20.
1978	0.15	0.20	0.50	0.60	6.00	10.	50.	*	*	*
1978-D	0.15	0.20	0.50	0.60	6.00	10.	35.	*	*	*
1978-S	*	*	*	*	*	*	*	4.00	7.00	20.
1979	0.15	0.20	0.50	0.60	6.00	10.	40.	*	*	*
1979-D	0.15	0.20	0.50	0.60	6.00	10.	28.	*	*	*
1979-S Filled S	*	*	*	*	*	*	*	4.00	—	17.
1979-S Clear S	*	*	*	*	*	*	*	4.00	—	25.
1980-P	0.15	0.20	0.50	0.60	6.00	11.	30.	*	*	*
1980-D	0.15	0.20	0.50	0.60	6.00	13.	30.	*	*	*
1980-S	*	*	*	*	*	*	*	4.00	7.00	17.
1981-P	0.15	0.20	0.50	0.60	4.00	9.00	15.	*	*	*
1981-D	0.15	0.20	0.50	0.60	4.50	10.	22.	*	*	*
1981-S	*	*	*	*	*	*	*	4.00	7.00	17.
1982 No Mint mark	75.	85.	100.	125.	200.	300.	800.	*	*	*
1982-P	0.15	0.20	0.50	0.60	6.00	20.	85.	*	*	*

—— = Insufficient pricing data   * = None issued

	AU-50	AU-58	MS-60	MS-63	MS-65	MS-66	MS-67	PF-65	PF-67	PF-69DC
1982-D	0.15	0.20	0.50	0.60	4.00	14.	45.	*	*	*
1982-S	*	*	*	*	*	*	*	4.00	4.00	17.
1983-P	0.15	0.20	0.50	0.60	6.00	15.	155.	*	*	*
1983-D	0.15	0.20	0.50	0.60	7.00	14.	65.	*	*	*
1983-S	*	*	*	*	*	*	*	4.00	5.00	17.
1983-S No S	*	*	*	*	*	*	*	1000.	—	2000.
1984-P	0.15	0.20	0.50	0.60	4.50	9.00	22.	*	*	*
1984-D	0.15	0.20	0.50	0.60	4.00	9.00	27.	*	*	*
1984-S	*	*	*	*	*	*	*	4.00	5.00	17.
1985-P	0.15	0.20	0.50	0.60	6.00	10.	25.	*	*	*
1985-D	0.15	0.20	0.50	0.60	4.00	7.00	14.	*	*	*
1985-S	*	*	*	*	*	*	*	4.00	5.00	17.
1986-P	0.15	0.20	0.50	0.60	4.00	9.50	45.	*	*	*
1986-D	0.15	0.20	0.50	0.60	4.00	10.	45.	*	*	*
1986-S	*	*	*	*	*	*	*	5.00	5.00	17.
1987-P	0.15	0.20	0.50	0.60	5.00	8.00	14.	*	*	*
1987-D	0.15	0.20	0.50	0.60	5.00	8.00	12.	*	*	*
1987-S	*	*	*	*	*	*	*	4.00	5.00	17.
1988-P	0.15	0.20	0.50	0.60	6.00	9.00	16.	*	*	*
1988-D	0.15	0.20	0.50	0.60	6.00	10.	35.	*	*	*
1988-S	*	*	*	*	*	*	*	5.00	5.00	17.
1989-P	0.15	0.20	0.50	0.60	5.00	10.	35.	*	*	*
1989-D	0.15	0.20	0.50	0.60	6.00	9.00	17.	*	*	*
1989-S	*	*	*	*	*	*	*	4.00	5.00	17.
1990-P	0.15	0.20	0.50	0.60	5.00	10.	40.	*	*	*
1990-D	0.15	0.20	0.50	0.60	6.00	8.00	14.	*	*	*
1990-S	*	*	*	*	*	*	*	4.00	5.00	17.
1991-P	0.15	0.20	0.50	0.60	6.00	8.00	45.	*	*	*
1991-D	0.15	0.20	0.50	0.60	6.00	14.	65.	*	*	*
1991-S	*	*	*	*	*	*	*	5.00	4.00	17.
1992-P	0.15	0.20	0.50	0.60	5.00	8.00	75.	*	*	*
1992-D	0.15	0.20	0.50	0.60	5.00	11.	30.	*	*	*
1992-S Clad	*	*	*	*	*	*	*	4.00	4.00	17.
1992-S Silver	*	*	*	*	*	*	*	6.00	7.00	20.
1993-P	0.15	0.20	0.50	0.60	4.00	8.00	18.	*	*	*
1993-D	0.15	0.20	0.50	0.60	5.00	8.00	22.	*	*	*
1993-S Clad	*	*	*	*	*	*	*	6.00	7.00	20.
1993-S Silver	*	*	*	*	*	*	*	7.00	8.00	20.
1994-P	0.15	0.20	0.50	0.60	4.50	6.00	30.	*	*	*
1994-D	0.15	0.20	0.50	0.60	6.00	8.00	24.	*	*	*
1994-S Clad	*	*	*	*	*	*	*	5.00	6.00	25.
1994-S Silver	*	*	*	*	*	*	*	7.00	8.00	21.
1995-P	0.15	0.20	0.50	0.60	5.00	10.	22.	*	*	*
1995-D	0.15	0.20	0.50	0.60	5.00	8.50	15.	*	*	*
1995-S Clad	*	*	*	*	*	*	*	7.00	8.00	25.
1995-S Silver	*	*	*	*	*	*	*	8.00	9.00	25.
1996-P	0.15	0.20	0.50	0.60	3.00	5.00	6.00	*	*	*
1996-W	—	—	—	4.00	12.	17.	28.	*	*	*
1996-D	0.15	0.20	0.50	0.60	6.00	10.	20.	*	*	*
1996-S Clad	*	*	*	*	*	*	*	5.00	6.00	20.
1996-S Silver	*	*	*	*	*	*	*	7.00	8.00	20.
1997-P	0.15	0.20	0.50	0.60	6.00	8.00	16.	*	*	*
1997-D	0.15	0.20	0.50	0.60	4.00	8.00	17.	*	*	*
1997-S Clad	*	*	*	*	*	*	*	6.00	8.00	30.
1997-S Silver	*	*	*	*	*	*	*	8.00	8.00	21.

—— = Insufficient pricing data   * = None issued

ROOSEVELT DIME (CONTINUED)

	AU-50	AU-58	MS-60	MS-63	MS-65	MS-66	MS-67	PF-65	PF-67	PF-69DC
1998-P	0.15	0.20	0.50	0.60	4.00	7.50	18.	*	*	*
1998-D	0.15	0.20	0.50	0.60	4.00	8.00	17.	*	*	*
1998-S Clad	*	*	*	*	*	*	*	6.00	8.00	18.
1998-S Silver	*	*	*	*	*	*	*	7.00	9.00	24.
1999-P	0.15	0.20	0.50	0.60	3.00	4.00	5.00	*	*	*
1999-D	0.15	0.20	0.50	0.60	3.00	4.00	5.00	*	*	*
1999-S Clad	*	*	*	*	*	*	*	5.00	7.00	20.
1999-S Silver	*	*	*	*	*	*	*	7.00	9.00	24.
2000-P	0.15	0.20	0.50	0.60	3.00	5.00	7.00	*	*	*
2000-D	0.15	0.20	0.50	0.60	3.00	4.00	5.50	*	*	*
2000-S Clad	*	*	*	*	*	*	*	4.00	6.00	18.
2000-S Silver	*	*	*	*	*	*	*	6.00	8.00	23.
2001-P	0.15	0.20	0.50	0.60	3.00	4.00	6.00	*	*	*
2001-D	0.15	0.20	0.50	0.60	3.00	4.00	6.00	*	*	*
2001-S Clad	*	*	*	*	*	*	*	4.00	6.00	15.
2001-S Silver	*	*	*	*	*	*	*	6.00	8.00	31.
2002-P	0.15	0.20	0.50	0.60	3.00	4.00	6.00	*	*	*
2002-D	0.15	0.20	0.50	0.60	3.00	4.00	6.00	*	*	*
2002-S Clad	*	*	*	*	*	*	*	4.00	5.00	15.
2002-S Silver	*	*	*	*	*	*	*	6.00	8.00	30.
2003-P	0.15	0.20	0.50	0.60	3.00	4.00	6.00	*	*	*
2003-D	0.15	0.20	0.50	0.60	3.00	4.00	6.00	*	*	*
2003-S Clad	*	*	*	*	*	*	*	4.00	6.00	15.
2003-S Silver	*	*	*	*	*	*	*	6.00	8.00	30.
2004-P	0.15	0.20	0.50	0.60	3.00	4.00	6.00	*	*	*
2004-D	0.15	0.20	0.50	0.60	3.00	4.00	6.00	*	*	*
2004-S Clad	*	*	*	*	*	*	*	4.00	5.00	15.
2004-S Silver	*	*	*	*	*	*	*	6.00	8.00	30.
2005-P	0.15	0.20	0.50	0.60	3.00	5.00	7.50	*	*	*
2005-P Satin Finish	—	—	—	3.00	5.00	4.00	14.	*	*	*
2005-D	0.15	0.20	0.50	0.60	3.00	4.00	6.00	*	*	*
2005-D Satin Finish	—	—	—	3.00	5.00	9.00	15.	*	*	*
2005-S Clad	*	*	*	*	*	*	*	4.00	5.00	15.
2005-S Silver	*	*	*	*	*	*	*	6.00	8.00	30.
2006-P	0.15	0.20	0.50	0.60	2.50	6.00	10.	*	*	*
2006-P Satin Finish	—	—	—	3.00	5.00	8.00	10.	*	*	*
2006-D	0.15	0.20	0.50	0.60	2.50	6.00	10.	*	*	*
2006-D Satin Finish	—	—	—	3.00	5.00	9.00	—	*	*	*
2006-S Clad	*	*	*	*	*	*	*	4.00	5.00	15.
2006-S Silver	*	*	*	*	*	*	*	6.00	8.00	30.
2007-P	0.15	0.20	0.50	0.60	2.50	6.00	10.	*	*	*
2007-P Satin Finish	—	—	—	3.00	4.00	6.00	7.00	*	*	*
2007-D	0.15	0.20	0.50	0.60	2.50	6.00	10.	*	*	*
2007-D Satin Finish	—	—	—	2.00	4.00	6.00	7.00	*	*	*
2007-S Clad	*	*	*	*	*	*	*	3.00	6.00	15.
2007-S Silver	*	*	*	*	*	*	*	6.00	8.00	20.
2008-P	0.15	0.20	0.50	0.60	1.00	1.25	4.00	*	*	*
2008-P Satin Finish	—	—	—	2.00	5.00	6.00	7.00	*	*	*
2008-D	0.15	0.20	0.50	0.60	1.00	1.25	4.00	*	*	*
2008-D Satin Finish	—	—	—	2.00	5.00	6.00	7.00	*	*	*
2008-S Clad	*	*	*	*	*	*	*	5.00	4.00	15.
2008-S Silver	*	*	*	*	*	*	*	6.00	8.00	20.
2009-P	0.15	0.20	0.50	0.60	1.00	1.25	4.00	*	*	*

—— = Insufficient pricing data   * = None issued

ROOSEVELT DIME (CONTINUED)

	AU-50	AU-58	MS-60	MS-63	MS-65	MS-66	MS-67	PF-65	PF-67	PF-69DC
2009-P Satin Finish	—	—	—	2.00	4.00	5.00	6.00	*	*	*
2009-D	0.15	0.20	0.30	0.60	1.00	1.25	4.00	*	*	*
2009-D Satin Finish	—	—	—	2.00	4.00	5.00	6.00	*	*	*
2009-S Clad	*	*	*	*	*	*	*	4.00	4.00	15.
2009-S Silver	*	*	*	*	*	*	*	6.00	8.00	20.
2010-P	0.15	0.20	0.50	0.60	1.00	1.25	4.00	*	*	*
2010-P Satin Finish	—	—	—	3.00	5.00	6.00	7.00	*	*	*
2010-D	0.15	0.20	0.50	0.60	1.00	1.25	4.00	*	*	*
2010-D Satin Finish	—	—	—	3.00	5.00	6.00	7.00	*	*	*
2010-S Clad	*	*	*	*	*	*	*	4.00	4.00	15.
2010-S Silver	*	*	*	*	*	*	*	6.00	8.00	20.
2011-P	0.15	0.20	0.50	0.60	1.00	1.25	3.00	*	*	*
2011-D	0.15	0.20	0.50	0.60	1.00	1.25	3.00	*	*	*
2011-S Clad	*	*	*	*	*	*	*	4.00	4.00	15.
2011-S Silver	*	*	*	*	*	*	*	6.00	8.00	20.
2012-P	—	—	—	—	—	—	—	*	*	*
2012-D	—	—	—	—	—	—	—	*	*	*
2012-S Clad	*	*	*	*	*	*	*	—	—	—
2012-S Silver	*	*	*	*	*	*	*	—	—	—

—— = Insufficient pricing data   * = None issued

Seated Liberty 20 cents

Date of authorization: March 3, 1875
Dates of issue: 1875-1876
Designers: Obverse: Thomas Sully-
Christian Gobrecht-Robert Ball Hughes
William Barber
Reverse: William Barber
Engraver: William Barber
Diameter: 22.50 mm/0.89 inch
Weight: 5.00 grams/0.16 ounce
Metallic content: 90% silver, 10% copper
Specific gravity: 10.34
Weight of pure silver: 4.50 grams/0.14 ounce
Edge: Plain
Mint mark: Reverse below eagle

	G-4	VG-8	F-12	VF-20	EF-40	AU-50	MS-60	MS-65	PF-63	PF-65
1875	225.	275.	325.	400.	600.	750.	1250.	6500.	3250.	11000.
1875-CC	400.	425.	600.	750.	1250.	1800.	2500.	15000.	—	—
1875-S	100.	125.	150.	175.	250.	350.	750.	5000.	—	—
1876	250.	300.	375.	450.	550.	750.	1000.	6500.	3250.	11000.
1876-CC	—	—	—	—	—	200000.	225000.	425000.	—	—
1877 Proof Only	2500.	2750.	3500.	3750.	4250.	4500.	*	*	6500.	15000.
1878 Proof Only	1750.	2000.	2250.	2500.	3000.	3500.	*	*	5000.	12500.

—— = Insufficient pricing data   * = None issued

Draped Bust quarter dollar

Small Eagle

Heraldic Eagle

Date of authorization: April 2, 1792
Dates of issue: 1796, 1804-1807
Designers: Obverse: Gilbert Stuart-Robert Scot
Reverse:
(1796): Robert Scot-John Eckstein
(1804-1807): Robert Scot
Engraver: Robert Scot
Diameter: 27 mm/1.07 inches
Weight: 6.74 grams/0.22 ounce
Metallic content: 89.25% silver, 10.75% copper
Specific gravity: 10.32
Weight of pure silver: 6.02 grams/0.19 ounce
Edge: Reeded
Mint Mark: None

DRAPED BUST, SMALL EAGLE QUARTER DOLLAR

	G-4	VG-8	F-12	VF-20	EF-40	AU-50	AU-55	MS-60	MS-63	MS-65
1796	12500.	17500.	25000.	35000.	52500.	57500.	62500.	85000.	150000.	300000.

DRAPED BUST, HERALDIC EAGLE QUARTER DOLLAR

	G-4	VG-8	F-12	VF-20	EF-40	AU-50	AU-55	MS-60	MS-63	MS-64
1804	4500.	7250.	10000.	15000.	35000.	55000.	65000.	100000.	200000.	300000.
1805	575.	700.	1250.	1500.	3500.	6000.	8500.	12500.	25000.	40000.
1806/5	600.	750.	1500.	2000.	4500.	6500.	9000.	15000.	35000.	75000.
1806	500.	650.	950.	1250.	3500.	5500.	6250.	10000.	17500.	30000.
1807	500.	600.	1250.	1500.	3500.	5500.	7500.	12500.	17500.	50000.

Capped Bust quarter dollar

Date of authorization: April 2, 1792
Dates of issue: 1815-1838
Designer/Engraver: John Reich
Diameter: 1815-1828: 27.00 mm/1.07 inches
1831-1838: 24.26 mm/0.96 inch
Weight: 6.74 grams/0.22 ounce
Metallic content: 89.25% silver, 10.75% copper
Specific gravity: 10.32
Weight of pure silver: 6.02 grams/0.19 ounce
Edge: Reeded
Mint mark: None

	G-4	VG-8	F-12	VF-20	EF-40	AU-50	AU-55	MS-60	MS-65	PF-63
MOTTO, OPEN COLLAR STRIKE										
1815	275.	500.	650.	850.	2250.	2500.	3000.	4000.	40000.	—
1818/5	200.	350.	500.	850.	1500.	2250.	2500.	4500.	30000.	—
1818	125.	200.	350.	500.	1500.	2000.	2500.	4500.	30000.	—
1819 Small 9	100.	150.	250.	850.	1750.	2250.	3750.	5000.	30000.	—
1819 Large 9	100.	175.	400.	850.	1750.	2500.	3750.	5000.	—	—
1820 Small 0	100.	150.	225.	450.	1500.	2000.	3000.	4500.	—	—
1820 Large 0	100.	150.	350.	1500.	2000.	3000.	4000.	6000.	40000.	—
1821	125.	175.	300.	500.	1500.	2250.	2500.	3750.	—	—
1822	175.	300.	550.	1000.	2000.	3500.	4000.	6000.	—	50000.
1822 25/50c	5500.	7500.	10000.	15000.	18000.	22000.	30000.	50000.	150000.	—
1823/2	40000.	45000.	55000.	75000.	100000.	150000.	175000.	—	—	—
1824/2	850.	1500.	2000.	3000.	5500.	8500.	12500.	20000.	—	—
1825/2	200.	300.	500.	3000.	6000.	12500.	15000.	—	—	—
1825/3	200.	250.	450.	850.	1750.	2000.	2500.	4000.	—	—
1825/4	150.	250.	450.	800.	1500.	2500.	3500.	4250.	—	—
1827/3 Original, Proof Only	—	—	—	55000.	60000.	65000.	70000.	*	*	100000.
1827/3 Restrike, Proof Only	—	—	—	—	—	—	—	*	*	60000.
1828	100.	150.	250.	500.	1250.	2000.	3000.	4000.	30000.	—
1828 25/50c	300.	400.	1000.	2500.	3500.	6000.	8000.	—	—	—

—— = Insufficient pricing data   * = None issued

CAPPED BUST QUARTER DOLLAR (CONTINUED)

	G-4	VG-8	F-12	VF-20	EF-40	AU-50	AU-55	MS-60	MS-65	PF-63
NO MOTTO, CLOSE COLLAR STRIKE										
1831 Small Letters	75.	125.	150.	175.	500.	800.	1000.	1750.	30000.	*
1831 Large Letters	100.	150.	175.	250.	500.	750.	1000.	1750.	30000.	—
1832	75.	100.	125.	150.	450.	650.	850.	1750.	30000.	*
1833	75.	125.	150.	175.	500.	825.	1000.	2000.	25000.	—
1833 O/F in OF	—	—	—	—	—	—	—	—	—	*
1834	75.	125.	150.	175.	400.	650.	1000.	2000.	30000.	—
1834 O/F in OF	—	—	—	—	—	—	—	—	—	*
1835	75.	100.	150.	175.	475.	900.	1000.	1250.	25000.	50000.
1836	75.	100.	150.	175.	550.	800.	1000.	1500.	30000.	—
1837	75.	100.	150.	175.	400.	800.	850.	1500.	25000.	—
1838	75.	100.	150.	175.	400.	850.	900.	1500.	30000.	—

———— = Insufficient pricing data   * = None issued

Seated Liberty quarter dollar

Date of authorization: April 2, 1792
Dates of issue: 1838-1891
Designers: (1838-1840):
Obverse: Thomas Sully-
Christian Gobrecht
Reverse: John Reich-William Kneass-
Gobrecht-Sully
(1840-1891):
Obverse: Robert B. Hughes-
Gobrecht-Sully
Reverse: Hughes-Gobrecht-Sully
Engravers: Obverse: Christian Gobrecht
Reverse:
(1838-1853): Christian Gobrecht
(1853-1891): James B. Longacre
Diameter: 24.26 mm/0.96 inch
Weight: (1838-1873): 6.22 grams/0.20 ounce
(1873-1891): 6.25 grams/0.20 ounce
Metallic content: 90% silver, 10% copper
Specific gravity: 10.34
Weight of pure silver: (1838-1873): 5.60 grams/0.18 ounce
(1873-1891): 5.63 grams/0.18 ounce
Edge: Reeded
Mint mark: Reverse below eagle

Arrows at date,
Rays on reverse

SEATED LIBERTY QUARTER DOLLAR (CONTINUED)

	G-4	VG-8	F-12	VF-20	EF-40	AU-50	AU-58	MS-60	MS-63	MS-64	MS-65	PF-65
NO DRAPERY AT ELBOW												
1838	35.	40.	55.	100.	400.	750.	1250.	2000.	5000.	11000.	45000.	*
1839	35.	38.	60.	100.	375.	750.	1500.	2000.	5250.	10000.	40000.	*
1840-O	40.	45.	75.	125.	350.	750.	1350.	2000.	8000.	20000.	—	*
DRAPERY AT ELBOW												
1840	30.	35.	60.	100.	200.	325.	900.	1100.	4500.	37500.	45000.	175000.
1840-O Small O												
	35.	50.	100.	200.	250.	550.	1000.	1250.	3500.	6000.	—	*
1840-O Large O												
	500.	1000.	3750.	5000.	7500.	10000.	—	—	30000.	—	—	*
1841	50.	75.	100.	150.	250.	350.	850.	1000.	2250.	4500.	12500.	—
1841-O	30.	45.	60.	80.	175.	325.	650.	725.	1750.	3500.	—	*
1842 Small Date, Proof Only												
	—	—	—	—	—	—	—	*	*	*	*	—
1842 Large Date												
	75.	125.	200.	275.	350.	650.	1250.	1750.	4500.	8500.	—	*
1842-O Small Date												
	650.	750.	1500.	2500.	5000.	8000.	15000.	25000.	125000.	—	—	*
1842-O Large Date												
	30.	50.	75.	110.	250.	600.	1500.	2000.	4500.	10000.	—	*
1843	25.	30.	40.	45.	100.	200.	400.	450.	1250.	2500.	7500.	*
1843-O Small O												
	30.	45.	65.	150.	300.	800.	2250.	2500.	10000.	12500.	—	*
1843-O Large O												
	500.	750.	1000.	2000.	3500.	5000.	7500.	—	—	—	—	*
1844	25.	30.	40.	45.	90.	200.	425.	500.	1500.	3500.	10000.	—
1844-O	30.	45.	60.	85.	200.	325.	1500.	1600.	43750.	5000.	8500.	*
1845	25.	30.	35.	45.	85.	200.	450.	550.	1250.	2250.	7500.	*
1845/5	—	—	—	—	—	—	—	—	—	—	—	—
1846	25.	30.	35.	50.	350.	375.	600.	650.	1250.	4000.	—	30000.
1846/1846	—	—	—	—	—	—	—	—	—	—	—	—
1847	25.	30.	35.	50.	100.	200.	550.	750.	1750.	3000.	8500.	25000.
1847/7	—	—	—	—	—	—	—	—	5250.	—	—	—
1847-O	100.	150.	250.	500.	1250.	2500.	8500.	10000.	20000.	—	—	*
1848 Triple Date												
	75.	125.	200.	350.	500.	750.	1000.	1250.	4500.	7500.	—	—
1848/1848	75.	125.	200.	350.	500.	750.	1000.	1250.	4500.	7500.	—	—
1849	25.	30.	50.	100.	200.	400.	650.	900.	1750.	4500.	15000.	*
1849-O	1200.	1500.	2250.	2500.	6750.	8000.	20000.	—	—	45000.	—	*
1850	50.	100.	150.	200.	450.	500.	1250.	1500.	3500.	6500.	10000.	*
1850-O	60.	125.	175.	225.	500.	750.	1350.	1750.	3500.	7500.	20000.	*
1851	50.	100.	150.	325.	450.	650.	950.	1000.	2000.	4000.	—	*
1851-O	300.	400.	600.	1250.	2250.	3250.	5000.	8000.	45000.	—	—	*
1852	50.	65.	100.	200.	375.	400.	900.	1000.	2000.	3500.	6500.	125000.
1852-O	200.	275.	750.	1250.	2500.	4500.	10000.	17500.	40000.	—	—	*
1853/53 Recut Date												
	300.	450.	700.	1500.	2500.	5000.	5500.	6000.	8500.	10000.	12500.	*
ARROWS AND RAYS												
1853	25.	30.	40.	50.	175.	325.	800.	1100.	2000.	4250.	17500.	150000.
1853/1854	50.	100.	125.	225.	675.	1000.	1500.	2000.	5000.	17500.	57500.	*
1853-O	30.	50.	75.	85.	350.	1000.	3000.	3750.	11000.	17500.	35000.	*
1853-O/Horizontal O												
	—	—	—	—	—	—	—	—	—	—	—	*

—— = Insufficient pricing data   * = None issued

SEATED LIBERTY QUARTER DOLLAR (CONTINUED)

	G-4	VG-8	F-12	VF-20	EF-40	AU-50	AU-58	MS-60	MS-63	MS-64	MS-65	PF-65
ARROWS, NO RAYS												
1854	25.	30.	35.	45.	90.	250.	425.	500.	1250.	2500.	10000.	50000.
1854-O Large O	25.	45.	75.	125.	175.	250.	1000.	1500.	2500.	5500.	40000.	*
1854-O Huge O	900.	1500.	3000.	4500.	7500.	12500.	—	—	—	—	—	*
1855	25.	30.	40.	45.	90.	250.	450.	600.	2250.	4000.	12500.	35000.
1855-O	50.	75.	125.	350.	750.	2500.	7000.	12000.	30000.	50000.	—	*
1855-S	45.	60.	150.	300.	700.	1100.	2500.	3000.	8000.	17500.	30000.	*
DRAPERY AT ELBOW												
1856	25.	30.	35.	45.	75.	175.	275.	325.	650.	1100.	4250.	20000.
1856-O	30.	35.	55.	65.	150.	400.	1000.	1250.	2750.	5500.	12500.	*
1856-S	50.	150.	400.	600.	2500.	3000.	6000.	7500.	20000.	—	—	*
1856-S Large S/Small S	250.	350.	750.	2000.	4000.	5000.	10000.	—	—	—	—	*
1857	25.	30.	35.	45.	75.	175.	225.	300.	600.	1000.	3500.	15000.
1857-O	30.	45.	50.	70.	150.	400.	1000.	1100.	3500.	9000.	—	*
1857-S	100.	150.	250.	400.	1000.	1500.	3250.	3500.	8500.	15000.	—	*
1858	25.	30.	35.	45.	100.	150.	300.	350.	600.	1250.	3500.	15000.
1858-O	25.	45.	50.	65.	125.	400.	1100.	1750.	8000.	20000.	25000.	*
1858-S	75.	125.	250.	1000.	3500.	—	—	—	—	—	—	*
1859	25.	30.	35.	55.	100.	200.	350.	400.	1250.	2000.	7500.	5000.
1859-O	25.	50.	75.	100.	175.	400.	2000.	1250.	3500.	6500.	15000.	*
1859-S	150.	500.	1000.	1500.	4250.	17500.	—	—	—	—	—	*
1860	25.	35.	40.	50.	86.	200.	350.	500.	1000.	1500.	5250.	5500.
1860-O	35.	45.	55.	75.	100.	350.	750.	1100.	2500.	6500.	16000.	*
1860-S	750.	1500.	2750.	7000.	17500.	25000.	40000.	—	—	—	—	*
1861	25.	35.	45.	60.	100.	200.	300.	350.	750.	1250.	3750.	5500.
1861-S	300.	500.	1000.	1750.	4250.	—	—	—	—	—	—	*
1862	30.	35.	45.	50.	100.	200.	350.	400.	750.	1500.	5000.	5500.
1862-S	75.	125.	300.	450.	1250.	2000.	3500.	4000.	8500.	—	—	*
1863	40.	50.	75.	175.	350.	400.	550.	700.	1250.	2500.	5000.	6000.
1864	75.	100.	125.	200.	300.	450.	850.	900.	2250.	2500.	6500.	5500.
1864-S	700.	850.	1250.	1750.	3500.	5500.	10000.	—	27500.	50000.	—	*
1865	100.	150.	200.	250.	350.	550.	1000.	1100.	1750.	3500.	10000.	6250.
1865-S	125.	175.	250.	375.	1000.	1250.	3000.	4000.	—	—	—	*
1866 Unique	*	*	*	*	*	*	*	*	*	*	*	—
WITH MOTTO												
1866	400.	900.	1000.	1100.	1600.	1750.	2250.	2500.	3500.	4500.	6500.	3000.
1866-S	350.	500.	1250.	1750.	2500.	3000.	5500.	5000.	—	—	—	*
1867	300.	350.	500.	850.	1250.	1600.	2500.	3000.	8000.	17500.	85000.	3000.
1867-S	250.	350.	1000.	1250.	4000.	8500.	15000.	17500.	—	45000.	—	*
1868	150.	200.	300.	400.	500.	600.	850.	1250.	2250.	4500.	—	3500.
1868-S	100.	150.	250.	500.	900.	1500.	3000.	3500.	7500.	15000.	—	*
1869	300.	550.	600.	800.	1250.	1500.	2000.	2500.	4250.	8500.	—	3500.
1869-S	100.	200.	350.	600.	1000.	1500.	4000.	—	—	—	—	*
1870	50.	65.	125.	200.	300.	450.	800.	850.	1250.	5000.	8500.	3000.
1870-CC	10000.	20000.	25000.	30000.	37500.	60000.	—	—	—	—	—	*
1871	35.	45.	60.	125.	300.	400.	600.	700.	1500.	4500.	7500.	3000.
1871-CC	4000.	7000.	12500.	17500.	30000.	40000.	50000.	75000.	100000.	150000.	—	*
1871-S	500.	750.	1750.	2000.	2500.	3500.	7500.	—	—	—	—	*
1872	30.	40.	65.	125.	225.	300.	500.	650.	2000.	4000.	7500.	2750.
1872-CC	1500.	1750.	3000.	6500.	15000.	25000.	40000.	50000.	—	—	—	*
1872-S	1250.	1500.	2500.	4500.	7500.	10000.	20000.	—	—	—	—	*

—— = Insufficient pricing data   * = None issued

SEATED LIBERTY QUARTER DOLLAR (CONTINUED)

	G-4	VG-8	F-12	VF-20	EF-40	AU-50	AU-58	MS-60	MS-63	MS-64	MS-65	PF-65
1873 Closed 3												
	250.	500.	750.	1000.	2500.	5000.	10000.	—	45000.	—	—	2750.
1873 Open 3												
	35.	45.	65.	100.	150.	250.	450.	500.	1250.	2500.	—	*
1873-CC	—	—	—	—	100000.	—	—	—	450000.	600000.	—	*

ARROWS ADDED

	G-4	VG-8	F-12	VF-20	EF-40	AU-50	AU-58	MS-60	MS-63	MS-64	MS-65	PF-65
1873	25.	30.	40.	60.	200.	450.	700.	850.	1500.	1850.	3500.	7500.
1873-CC	3500.	6500.	8000.	20000.	35000.	60000.	100000.	125000.	175000.	—	—	*
1873-S	35.	40.	60.	125.	300.	550.	1250.	1500.	6000.	15000.	—	*
1874	25.	30.	40.	60.	200.	450.	650.	900.	1500.	2250.	5000.	8500.
1874-S	30.	35.	60.	125.	250.	475.	750.	1000.	1500.	2000.	3500.	*

WITH MOTTO

	G-4	VG-8	F-12	VF-20	EF-40	AU-50	AU-58	MS-60	MS-63	MS-64	MS-65	PF-65
1875	25.	30.	35.	45.	100.	150.	300.	400.	750.	900.	1850.	2750.
1875-CC	85.	110.	200.	400.	1500.	1750.	3500.	4000.	8000.	10000.	30000.	*
1875-S	35.	45.	65.	110.	200.	300.	600.	650.	1250.	2000.	3750.	*
1876	25.	30.	35.	45.	75.	150.	250.	275.	550.	950.	1750.	2000.
1876-CC	45.	65.	75.	100.	200.	250.	550.	600.	1250.	2000.	4500.	*
1876-S	25.	30.	40.	45.	75.	150.	250.	275.	550.	900.	2250.	*
1877	25.	30.	35.	45.	75.	165.	250.	275.	550.	1000.	2000.	2250.
1877-CC	50.	65.	75.	100.	135.	250.	450.	500.	1000.	1750.	2500.	*
1877-S	25.	30.	35.	45.	75.	160.	250.	325.	575.	825.	2000.	*
1877-S/Horizontal S												
	35.	65.	80.	150.	250.	350.	750.	800.	2000.	3000.	6000.	*
1878	25.	30.	35.	50.	75.	175.	275.	300.	600.	1250.	3000.	2250.
1878-CC	55.	75.	100.	175.	250.	350.	650.	750.	1500.	2250.	4500.	*
1878-S	150.	250.	350.	800.	1250.	1600.	2500.	3000.	5500.	12500.	—	*
1879	200.	250.	300.	350.	400.	450.	700.	750.	850.	1250.	2500.	2250.
1880	150.	200.	300.	350.	450.	500.	550.	575.	800.	1100.	2000.	2250.
1881	200.	275.	300.	375.	500.	600.	700.	750.	1000.	1250.	2500.	2250.
1882	200.	250.	300.	400.	500.	600.	700.	750.	1250.	1500.	2250.	2250.
1883	200.	250.	300.	350.	550.	650.	800.	850.	1250.	1750.	2500.	2250.
1884	350.	400.	450.	500.	550.	600.	750.	800.	1250.	1750.	2250.	2250.
1885	200.	250.	300.	400.	500.	600.	800.	900.	1100.	1750.	2500.	2250.
1886	500.	600.	700.	750.	800.	850.	1000.	1250.	1750.	2500.	3500.	2250.
1887	250.	275.	350.	400.	600.	700.	800.	850.	1110.	1500.	2500.	2250.
1888	275.	300.	400.	450.	500.	650.	700.	725.	1000.	1250.	1750.	2250.
1888-S	30.	35.	40.	50.	90.	200.	300.	350.	850.	1500.	4000.	*
1889	200.	275.	300.	350.	375.	450.	600.	700.	900.	1000.	2000.	2250.
1890	65.	80.	125.	150.	200.	300.	525.	550.	750.	1100.	1850.	2250.
1891	25.	30.	35.	45.	75.	165.	250.	275.	550.	1000.	1800.	2250.
1891-O	200.	400.	600.	1500.	2500.	3500.	5000.	6000.	10000.	22500.	30000.	150000.
1891-S	25.	35.	40.	50.	75.	175.	300.	325.	650.	1000.	2250.	*

—— = Insufficient pricing data   * = None issued

Barber quarter dollar

Date of authorization: April 2, 1792
Dates of issue: 1892-1916
Designer/Engraver: Charles Barber
Diameter: 24.26 mm/0.96 inch
Weight: 6.25 grams/0.20 ounce
Metallic content: 90% silver, 10% copper
Specific gravity: 10.34
Weight of pure silver: 5.63 grams/0.18 ounce
Edge: Reeded
Mint mark: Reverse below eagle's tail

BARBER QUARTER DOLLAR (CONTINUED)

	AG-3	G-4	VG-8	F-12	VF-20	EF-40	AU-50	AU-55	MS-60	MS-62	MS-63	MS-64	MS-65	MS-66	PF-63	PF-64	PF-65	PF-66	PF-67
1892 Partially exposed E in UNITED	8.00	10.	11.	30.	50.	85.	125.	150.	225.	300.	500.	725.	1200.	2500.	—	—	—	—	—
1892 Covered E in UNITED	*	*	*	*	*	*	*	*	*	*	*	*	*	*	850.	1250.	2250.	3000.	5250.
1892	*	*	*	*	*	*	*	*	*	*	*	*	*	*	850.	1250.	2250.	3000.	5250.
1892-O Partially exposed E in UNITED	11.	18.	25.	55.	75.	110.	150.	225.	325.	350.	500.	725.	1500.	5000.	—	—	—	—	—
1892-O Covered E in UNITED	—	—	—	—	—	—	—	—	—	—	—	—	—	—	—	—	—	—	—
1892-S Partially exposed E in UNITED	25.	40.	65.	100.	150.	250.	350.	500.	750.	850.	1250.	2250.	5000.	10000.	—	—	—	—	—
1892-S Covered E in UNITED	—	—	—	—	—	—	—	—	—	—	—	—	—	—	—	—	—	—	—
1892-S/S	—	50.	75.	125.	175.	300.	600.	675.	800.	1000.	2000.	3500.	—	—	*	*	*	*	*
1893	8.00	10.	12.	30.	45.	75.	125.	175.	250.	300.	500.	725.	1500.	4750.	850.	1250.	2250.	2750.	4500.
1893-O	8.00	11.	18.	40.	65.	125.	175.	250.	450.	500.	550.	850.	2000.	4500.	*	*	*	*	*
1893-S	20.	25.	40.	75.	130.	225.	325.	375.	500.	1100.	1200.	2500.	7250.	11500.	*	*	*	*	*
1894	8.00	10.	11.	35.	55.	100.	150.	175.	250.	325.	500.	725.	1500.	3000.	800.	1500.	2250.	2750.	4500.
1894-O	8.00	12.	20.	50.	100.	150.	250.	275.	400.	500.	750.	1250.	2500.	6000.	*	*	*	*	*
1894-S	8.00	10.	15.	40.	80.	125.	250.	300.	600.	800.	1000.	1500.	1800.	8250.	*	*	*	*	*
1895	8.00	10.	14.	35.	45.	85.	135.	175.	250.	350.	500.	725.	1500.	5500.	850.	1500.	2250.	3000.	5000.
1895-O	8.50	14.	20.	50.	85.	175.	250.	300.	450.	750.	1000.	1500.	6000.	10000.	*	*	*	*	*
1895-S	15.	25.	40.	85.	130.	175.	300.	350.	450.	750.	1200.	2300.	4500.	7500.	*	*	*	*	*
1895-S/S	—	—	50.	100.	175.	300.	400.	650.	900.	1250.	2300.	6500.	—	—	*	*	*	*	*
1896	8.00	10.	11.	25.	40.	85.	150.	350.	400.	450.	500.	725.	1300.	4500.	850.	1250.	2250.	3000.	5500.
1896-O	22.	35.	70.	150.	300.	500.	800.	950.	1250.	1750.	2500.	4000.	7000.	22500.	*	*	*	*	*
1896-S	700.	1000.	1800.	2500.	4000.	5500.	6750.	7750.	15000.	18000.	25000.	60000.	75000.	—	*	*	*	*	*
1897	8.00	10.	11.	25.	35.	75.	125.	175.	250.	300.	500.	725.	1500.	3500.	850.	1250.	2250.	3000.	4500.
1897-O	15.	20.	45.	150.	300.	450.	750.	775.	1100.	1350.	1850.	2600.	3800.	8000.	*	*	*	*	*
1897-S	50.	75.	125.	250.	400.	600.	1000.	1500.	1750.	2250.	3250.	7500.	10000.	10000.	*	*	*	*	*
1898	8.00	10.	11.	25.	40.	85.	125.	175.	225.	300.	500.	725.	1500.	2250.	850.	1250.	2250.	3000.	4500.
1898-O	20.	35.	50.	50.	150.	300.	750.	1000.	1750.	2000.	3000.	4500.	10000.	20000.	*	*	*	*	*

—— = Insufficient pricing data   * = None issued

BARBER QUARTER DOLLAR (CONTINUED)

	AG-3	G-4	VG-8	F-12	VF-20	EF-40	AU-50	AU-55	MS-60	MS-62	MS-63	MS-64	MS-65	MS-66	PF-63	PF-64	PF-65	PF-66	PF-67
1898-S	20.	25.	35.	50.	75.	125.	350.	500.	750.	1000.	1750.	3600.	6750.	8500.	*	*	*	*	*
1899	8.00	10.	11.	22.	40.	75.	125.	175.	235.	300.	500.	725.	1350.	3000.	850.	1250.	2250.	3000.	*
1899-O	10.	15.	25.	50.	75.	150.	275.	350.	450.	650.	850.	1300.	3000.	8500.	*	*	*	*	*
1899-S	15.	25.	35.	75.	100.	175.	450.	475.	600.	1000.	1600.	2500.	4500.	6500.	*	*	*	*	*
1900 Wing tip even with top of E	8.00	10.	11.	25.	50.	85.	175.	275.	325.	350.	500.	725.	1500.	2750.	—				
1900 Wing tip beyond E in UNITED	*	*	*	*	*	*	*	*	*	*	*	*	*	*	850.	1250.	2250.	3000.	4500.
1900-O	15.	20.	35.	125.	150.	200.	350.	500.	650.	750.	1000.	2500.	4500.	7000.	*	*	*	*	*
1900-S	8.00	12.	15.	35.	50.	85.	150.	225.	450.	650.	950.	2500.	4750.	10000.	*	*	*	*	*
1901	5.50	10.	15.	20.	35.	85.	125.	175.	250.	300.	1000.	1000.	1750.	3000.	850.	1250.	2250.	3000.	4000.
1901-O	30.	50.	75.	150.	275.	500.	750.	850.	1000.	1600.	2000.	3500.	5400.	12500.	*	*	*	*	*
1901-S	3500.	5000.	11000.	15000.	20000.	30000.	35000.	40000.	47500.	50000.	60000.	70000.	100000.	125000.	*	*	*	*	*
1902	5.50	7.00	9.00	20.	35.	75.	120.	150.	225.	300.	500.	725.	1250.	2250.	850.	1250.	2250.	3000.	4500.
1902-O	10.	15.	25.	60.	100.	150.	250.	350.	500.	800.	1500.	2000.	4750.	7750.	*	*	*	*	*
1902-S	15.	20.	30.	65.	100.	175.	300.	350.	550.	750.	1000.	1300.	3500.	8500.	*	*	*	*	*
1903	5.50	7.00	9.00	20.	35.	70.	125.	200.	250.	400.	550.	725.	2250.	5250.	850.	1500.	2250.	3000.	4250.
1903-O	5.50	10.	25.	50.	75.	125.	275.	375.	425.	600.	1150.	2000.	2250.	8000.	*	*	*	*	*
1903-S	12.	20.	50.	50.	85.	150.	285.	400.	500.	675.	950.	1750.	5000.	5500.	*	*	*	*	*
1904	5.50	8.25	9.00	20.	35.	70.	125.	150.	225.	300.	500.	725.	1500.	2750.	850.	1500.	2250.	3000.	7250.
1904-O	8.00	15.	22.	60.	125.	225.	425.	500.	850.	1000.	1250.	1750.	2750.	6750.	*	*	*	*	*
1905	10.	15.	20.	30.	50.	85.	125.	150.	250.	325.	500.	750.	1750.	3250.	850.	1500.	2250.	3000.	7500.
1905-O	15.	20.	50.	100.	175.	275.	375.	450.	675.	1000.	1300.	2600.	7250.	10000.	*	*	*	*	*
1905-S	9.00	14.	20.	50.	75.	150.	225.	300.	300.	325.	500.	1500.	3750.	6750.	*	*	*	*	*
1906	5.50	8.00	10.	20.	40.	75.	125.	150.	250.	550.	1000.	1500.	3750.	6750.	850.	1500.	2250.	3000.	5500.
1906-D	5.50	8.00	10.	27.	50.	85.	150.	175.	275.	325.	500.	725.	1750.	2750.	*	*	*	*	*
1906-O	5.50	8.00	15.	45.	65.	125.	200.	250.	300.	450.	850.	850.	1500.	3000.	*	*	*	*	*
1907	5.50	7.00	9.00	20.	35.	70.	125.	150.	225.	300.	500.	725.	1250.	2750.	850.	1500.	2250.	3000.	5500.
1907-D	8.00	10.	15.	30.	55.	100.	200.	250.	325.	500.	750.	1250.	2500.	7500.	*	*	*	*	*

——— = Insufficient pricing data   * = None issued

BARBER QUARTER DOLLAR (CONTINUED)

	AG-3	G-4	VG-8	F-12	VF-20	EF-40	AU-50	AU-55	MS-60	MS-62	MS-63	MS-64	MS-65	MS-66	PF-63	PF-64	PF-65	PF-66	PF-67
1907-O	8.00	11.	15.	25.	50.	85.	150.	200.	250.	350.	500.	725.	2100.	4000.	*	*	*	*	*
1907-S	8.00	11.	20.	50.	75.	135.	300.	350.	475.	700.	1100.	2000.	3000.	—	*	*	*	*	*
1908	5.50	7.00	10.	20.	35.	75.	125.	150.	225.	300.	450.	725.	1250.	2250.	850.	1500.	2250.	3000.	5500.
1908-D	5.50	8.00	15.	25.	40.	85.	135.	175.	250.	300.	500.	725.	1500.	3500.	*	*	*	*	*
1908-O	8.00	11.	15.	19.	38.	75.	125.	165.	225.	275.	500.	725.	1500.	4000.	*	*	*	*	*
1908-S	15.	25.	50.	100.	175.	325.	500.	550.	750.	1000.	1250.	2250.	4800.	7750.	*	*	*	*	*
1909	5.50	7.00	9.00	20.	35.	75.	125.	175.	225.	275.	500.	725.	1250.	2500.	850.	1500.	2250.	3000.	5000.
1909-D	5.50	7.00	10.	25.	45.	100.	150.	175.	225.	275.	500.	725.	1250.	3000.	*	*	*	*	*
1909-O	25.	35.	75.	150.	300.	500.	1000.	2500.	4250.	4500.	4750.	5000.	8000.	15000.	*	*	*	*	*
1909-S	8.00	12.	25.	50.	60.	125.	150.	300.	375.	550.	850.	1300.	2500.	3750.	*	*	*	*	*
1910	5.50	9.00	11.	30.	45.	85.	150.	175.	250.	350.	500.	725.	1250.	2100.	850.	1500.	2250.	3000.	4500.
1910-D	8.00	10.	15.	50.	75.	150.	275.	300.	400.	650.	950.	1250.	2000.	3250.	*	*	*	*	*
1911	5.50	8.25	10.	20.	40.	80.	150.	175.	250.	300.	500.	725.	6000.	10000.	850.	1500.	2250.	3000.	5000.
1911-D	10.	15.	25.	100.	250.	425.	525.	600.	900.	1000.	1250.	2250.	6000.	10000.	*	*	*	*	*
1911-S	8.00	10.	15.	55.	100.	175.	325.	350.	425.	600.	750.	1100.	1600.	3500.	*	*	*	*	*
1912	5.50	8.25	10.	20.	35.	75.	125.	175.	250.	325.	500.	725.	1250.	2500.	850.	1500.	2250.	3000.	4000.
1912-S	5.50	10.	15.	50.	85.	150.	250.	325.	450.	750.	1000.	1500.	2000.	3750.	*	*	*	*	*
1913	12.	15.	30.	75.	185.	425.	500.	550.	925.	1000.	1600.	1600.	4500.	8500.	850.	1500.	2250.	3000.	4500.
1913-D	8.50	12.	15.	35.	65.	100.	185.	225.	275.	350.	500.	725.	1250.	2750.	*	*	*	*	*
1913-S	1250.	1900.	2500.	5250.	7750.	10000.	12500.	13500.	16500.	18500.	20000.	25000.	30000.	40000.	*	*	*	*	*
1914	5.50	7.00	10.	20.	35.	70.	115.	150.	250.	325.	500.	725.	1250.	2100.	850.	1500.	2500.	3500.	7500.
1914-D	5.50	7.00	10.	20.	35.	70.	115.	150.	250.	325.	500.	725.	1250.	2250.	*	*	*	*	*
1914-S	75.	100.	150.	350.	550.	750.	900.	950.	1250.	1500.	1750.	2500.	3500.	7500.	*	*	*	*	*
1915	5.50	7.00	10.	20.	35.	70.	115.	150.	225.	250.	500.	725.	1200.	2250.	900.	1500.	3000.	4000.	12500.
1915-D	5.50	7.00	10.	20.	35.	70.	115.	150.	225.	250.	500.	850.	1500.	2500.	*	*	*	*	*
1915-S	8.00	10.	20.	50.	60.	125.	225.	250.	300.	400.	850.	725.	1250.	2750.	*	*	*	*	*
1916	5.50	7.00	8.00	20.	35.	70.	125.	150.	225.	300.	725.	1250.	1250.	2750.	*	*	*	*	*
1916-D	5.50	7.00	8.00	20.	35.	70.	125.	150.	225.	300.	500.	700.	1250.	2500.	*	*	*	*	*
1916-D Large D/Small D	10.	15.	25.	50.	75.	125.	200.	300.	500.	600.	850.	—	—	—					

——— = Insufficient pricing data   * = None issued

Standing Liberty quarter dollar

Bare Breast, No stars below eagle

Date of authorization:	April 2, 1792
Dates of issue:	1916-1930
Designer:	Hermon MacNeil
Engravers:	Obverse: Hermon MacNeil
	Reverse: MacNeil, Charles Barber
Diameter:	24.26 mm/0.96 inch
Weight:	6.25 grams/0.20 ounce
Metallic content:	90% silver, 10% copper
Specific gravity:	10.34
Weight of pure silver:	5.63 grams/0.18 ounce
Edge:	Reeded
Mint mark:	Obverse left of date

NOTE: The H following the numerical grade, such as MS-65H, refers to the head. Liberty's head should be well struck and fully defined.

Mailed Breast, Stars below eagle

STANDING LIBERTY QUARTER DOLLAR (CONTINUED)

	VG-8	F-12	VF-20	EF-40	AU-50	AU-58	MS-60	MS-63	MS-63H	MS-64	MS-64H	MS-65	MS-65H
BARE BREAST													
1916	5750.	7000.	9000.	10000.	11000.	14000.	15500.	17000.	18000.	19000.	22000.	25000.	35000.
1917	45.	55.	75.	100.	150.	210.	225.	300.	400.	425.	600.	800.	1200.
1917-D	45.	65.	125.	175.	215.	250.	300.	400.	500.	700.	1000.	1200.	1800.
1917-S	75.	100.	150.	200.	225.	300.	325.	450.	700.	900.	1900.	1500.	3500.
MAILED BREAST, STARS BELOW EAGLE													
1917	40.	60.	90.	125.	150.	200.	225.	325.	425.	500.	750.	750.	1000.
1917-D	50.	85.	125.	175.	225.	300.	325.	450.	750.	700.	1000.	1500.	3200.
1917-S	55.	90.	140.	180.	250.	325.	350.	450.	1000.	800.	1200.	1300.	3300.
1918	25.	30.	40.	55.	75.	100.	125.	250.	450.	400.	800.	800.	1750.
1918-D	40.	70.	85.	125.	175.	250.	275.	500.	1200.	700.	2000.	1700.	5000.
1918-S	25.	35.	45.	60.	75.	185.	200.	300.	2000.	725.	3300.	1200.	12000.
1918/7-S	2000.	3500.	5000.	7500.	11000.	19000.	20000.	30000.	80000.	37500.	100000.	109250.	250000.
1919	45.	65.	75.	100.	125.	175.	200.	300.	450.	400.	800.	650.	1700.
1919-D	125.	200.	425.	550.	725.	1400.	1500.	1750.	10000.	2590.	16000.	4000.	35000.
1919-S	125.	175.	300.	500.	600.	1000.	1100.	1500.	9000.	3000.	20000.	4500.	30000.
1920	20.	30.	50.	60.	110.	150.	200.	300.	400.	400.	800.	600.	2000.
1920-D	60.	100.	125.	150.	225.	300.	350.	700.	2500.	1500.	4500.	2000.	6500.
1920-S	30.	40.	50.	70.	150.	275.	300.	675.	7000.	1500.	12500.	2300.	24000.
1921	250.	450.	600.	775.	1000.	1400.	1600.	2400.	3200.	3000.	3800.	3500.	5000.
1923	20.	30.	40.	50.	90.	125.	150.	275.	600.	400.	2000.	625.	4000.
1923-S	450.	725.	1000.	1200.	1500.	2000.	2400.	3000.	4000.	3500.	5000.	4500.	7000.
1924	20.	30.	40.	55.	100.	150.	175.	275.	400.	375.	700.	650.	1500.
1924-D	70.	100.	125.	175.	225.	275.	325.	375.	1000.	500.	1500.	650.	4000.
1924-S	40.	50.	65.	115.	200.	285.	300.	1200.	2000.	1450.	3500.	2000.	5000.
RECESSED DATE													
1925	8.00	9.00	16.	45.	85.	140.	160.	285.	400.	350.	600.	600.	1000.
1926	8.00	9.00	15.	40.	75.	125.	150.	275.	400.	350.	1000.	600.	1800.
1926-D	10.	20.	50.	70.	90.	110.	115.	250.	8000.	350.	9000.	500.	18000.
1926-S	9.00	15.	25.	100.	200.	300.	325.	900.	5000.	1500.	10000.	2000.	23000.
1927	8.00	9.00	15.	35.	75.	100.	130.	225.	400.	375.	600.	500.	1500.
1927-D	20.	35.	75.	150.	225.	250.	275.	375.	1000.	425.	1200.	600.	2700.
1927-S	50.	125.	350.	1000.	2500.	4000.	5000.	7000.	30000.	9000.	75000.	12000.	225000.
1928	8.00	9.00	12.	35.	65.	100.	115.	225.	450.	375.	920.	500.	1700.
1928-D	8.00	10.	18.	45.	85.	125.	120.	225.	1800.	400.	3500.	525.	6000.
1928-S/S	—	—	—	250.	300.	400.	500.	750.	1200.	1200.	2000.	1800.	3000.
1928-S	8.00	10.	18.	40.	80.	115.	120.	225.	350.	400.	750.	525.	900.
1929	8.00	9.00	12.	35.	65.	100.	115.	225.	350.	350.	600.	500.	900.
1929-D	8.00	10.	18.	45.	75.	115.	125.	250.	1600.	400.	2200.	500.	6000.
1929-S	8.00	9.00	15.	40.	65.	100.	115.	225.	350.	375.	600.	550.	1000.
1930	8.00	9.00	12.	35.	65.	100.	115.	225.	350.	350.	600.	500.	900.
1930-S	8.00	9.00	12.	35.	70.	100.	115.	225.	450.	350.	700.	500.	900.

—— = Insufficient pricing data   * = None issued

Washington quarter dollar

Date of authorization:	April 2, 1792; July 23, 1965; Oct. 18, 1973; Dec. 1, 1997; Dec. 23, 2008
Dates of issue:	1932-present
Designers:	John Flanagan (Bicentennial reverse): Jack L. Ahr (State Reverses): various
Engravers:	(Original obverse, reverse): John R. Sinnock (Bicentennial reverse): Frank Gasparro (State reverses): various
Diameter:	24.26 mm/0.96 inch
Weight:	(1932-1964, 1992-present silver Proofs only): 6.25 grams/0.20 ounce (1965-present): 5.67 grams/0.18 ounce (1976 Bicentennial Proof and Uncirculated): 5.75 grams/0.18 ounce
Metallic content:	(1932-1964, 1992-present silver Proofs only): 90% silver, 10% copper (1976 Bicentennial Proof and Uncirculated sets only): 80% silver, 20% copper bonded to a core of 21.5% silver, 78.5% copper (1965-present): 75% copper, 25% nickel clad to pure copper core
Specific gravity:	90% silver, 10.34; 40% silver, 9.53; copper-nickel clad, 8.92
Weight of pure silver:	(1932-1964, 1992-present silver Proofs only): 5.63 grams/0.18 ounce (1976 Bicentennial Proof and Uncirculated sets only): 2.30 grams/0.07 ounce
Edge:	Reeded
Mint mark:	(1932-1964): Reverse below eagle (1968-present): Obverse right of Washington's ponytail

Also, the letter C following a numerical grade for a Proof coin stands for "cameo," while the letters DC stand for "deep cameo." Cameo coins have contrasting surface finishes: mirror fields and frosted devices (raised areas). Deep cameo coins are the ultimate level of cameo, with deeply frosted devices. Cameo and deep cameo coins bring premiums.

	VF-20	EF-40	AU-50	AU-58	MS-60	MS-63	MS-65	MS-67	PF-65	PF-67
SILVER										
1932	7.50	9.00	15.	25.	30.	60.	325.	40250.	*	*
1932-D	275.	375.	500.	725.	1000.	1800.	15000.	—	*	*
1932-S	250.	300.	325.	400.	500.	800.	5000.	—	*	*
1934	7.50	8.00	11.	22.	35.	45.	100.	850.	*	*
1934 Light Motto	10.	15.	25.	35.	55.	120.	375.	—	*	*
1934 Heavy Motto	9.00	14.	20.	27.	45.	100.	200.	3000.	*	*
1934 Doubled Die Obverse										
	225.	325.	450.	550.	875.	1750.	4000.	—	*	*
1934-D	18.	28.	90.	150.	225.	325.	950.	—	*	*
1934-D Heavy Motto	22.	40.	90.	120.	210.	325.	1000.	—	*	*
1935	6.50	8.00	11.	15.	25.	35.	110.	500.	*	*
1935-D	15.	35.	140.	200.	250.	325.	750.	5000.	*	*
1935-S	8.00	17.	40.	75.	100.	125.	350.	2500.	*	*
1936	6.50	8.00	12.	25.	30.	40.	100.	700.	1800.	10000.
1936-D	25.	70.	275.	350.	550.	800.	1250.	10000.	*	*
1936-S	8.00	25.	60.	90.	110.	150.	400.	3000.	*	*
1937	6.50	10.	18.	21.	25.	35.	110.	900.	500.	2000.
1937 Doubled Die Obverse										
	400.	600.	1000.	1500.	2200.	4500.	12500.	—	*	*
1937-D	8.00	18.	35.	45.	70.	100.	150.	2500.	*	*
1937-S	20.	36.	100.	155.	165.	200.	425.	2750.	*	*
1938	8.00	20.	40.	65.	95.	110.	225.	1800.	1000.	2000.
1938-S	11.	24.	55.	70.	110.	140.	250.	1900.	*	*
1939	6.50	8.00	9.00	11.	15.	25.	50.	300.	350.	1000.
1939-D	7.50	14.	22.	28.	40.	50.	125.	1000.	*	*
1939-S	12.	25.	70.	85.	110.	140.	275.	2400.	*	*
1940	6.50	7.00	8.00	11.	20.	35.	60.	600.	250.	1000.
1940-D	15.	25.	60.	75.	125.	150.	325.	2250.	*	*
1940-S	6.50	9.50	18.	22.	30.	35.	75.	2000.	*	*
1941	6.50	7.00	8.00	9.00	10.	12.	40.	600.	250.	1000.
1941-D	6.50	8.00	14.	17.	32.	50.	75.	1800.	*	*
1941-S	6.50	8.00	12.	18.	32.	50.	80.	1500.	*	*
1942	6.50	7.00	8.00	8.00	8.00	10.	40.	700.	200.	1000.
1942-D	7.00	9.00	14.	18.	25.	30.	50.	900.	*	*
1942-D Doubled Die Obverse										
	400.	800.	1000.	2500.	3000.	3700.	5500.	—	*	*
1942-S	7.00	10.	25.	50.	60.	90.	200.	1500.	*	*
1943	6.50	7.00	8.00	8.00	9.00	11.	45.	500.	*	*
1943 Doubled Die Obverse										
	900.	1200.	1500.	2000.	2500.	4000.	8500.	—	*	*
1943-D	7.00	10.	16.	25.	27.	40.	60.	750.	*	*
1943-S	7.00	10.	15.	19.	24.	40.	70.	900.	*	*
1943-S Doubled Die Obverse										
	200.	250.	350.	450.	500.	1000.	3500.	—	*	*
1944	6.50	7.00	7.00	8.00	9.00	11.	35.	450.	*	*
1944-D	6.50	7.00	7.00	8.00	18.	25.	40.	500.	*	*
1944-S	6.50	7.00	8.00	8.00	12.	22.	40.	600.	*	*
1945	6.50	7.00	8.00	8.00	9.00	10.	40.	400.	*	*
1945-D	6.50	6.50	7.00	8.00	19.	24.	45.	1200.	*	*
1945-S	6.50	6.50	7.50	9.00	10.	15.	45.	900.	*	*
1946	6.50	6.50	7.00	8.00	8.00	13.	45.	1000.	*	*
1946-D	6.50	6.50	7.00	8.00	11.	14.	40.	800.	*	*
1946-S	6.50	6.50	7.00	8.00	9.00	12.	45.	1000.	*	*
1947	6.50	6.50	8.00	10.	11.	18.	40.	400.	*	*
1947-D	6.50	6.50	7.00	8.00	9.00	11.	40.	300.	*	*

—— = Insufficient pricing data   * = None issued

	VF-20	EF-40	AU-50	AU-58	MS-60	MS-63	MS-65	MS-67	PF-65	PF-67
1947-S	6.50	6.50	7.00	8.00	9.00	16.	45.	325.	*	*
1948	6.50	6.50	7.00	8.00	8.00	10.	35.	350.	*	*
1948-D	6.50	6.50	7.00	8.00	9.00	13.	45.	1000.	*	*
1948-S	6.50	7.00	8.00	9.50	10.	16.	50.	800.	*	*
1949	6.50	8.00	12.	30.	35.	50.	60.	900.	*	*
1949-D	6.50	8.00	10.	15.	20.	35.	55.	950.	*	*
1950	6.50	6.50	7.00	11.	15.	20.	50.	800.	95.	150.
1950-D	6.50	6.50	7.00	9.00	10.	14.	27.	800.	*	*
1950-D/S	85.	150.	250.	300.	400.	1000.	6000.	—	*	*
1950-S	6.50	6.50	8.00	9.50	10.	15.	30.	1000.	*	*
1950-S/D	150.	200.	300.	350.	400.	450.	1500.	7000.	*	*
1951	6.50	6.50	7.00	8.00	8.75	10.	30.	600.	80.	100.
1951-D	6.50	6.50	7.00	8.00	9.00	11.	25.	1800.	*	*
1951-S	6.50	6.50	7.00	8.00	9.00	25.	40.	650.	*	*
1952	6.50	6.50	7.00	8.00	8.00	10.	30.	400.	50.	100.
1952-D	6.50	6.50	7.00	8.00	9.00	10.	50.	1500.	*	*
1952-S	6.50	7.00	8.00	9.50	12.	20.	35.	275.	*	*
1953	6.50	7.00	7.00	7.50	8.00	10.	23.	700.	50.	75.
1953-D	6.50	7.00	7.00	7.50	9.00	11.	25.	1900.	*	*
1953-S	6.50	7.00	7.00	7.50	9.00	10.	30.	700.	*	*
1954	6.50	7.00	7.00	7.50	8.00	9.00	25.	700.	20.	45.
1954-D	6.50	7.00	7.00	7.50	9.00	9.00	25.	700.	*	*
1954-S	6.50	7.00	7.00	7.50	9.00	9.00	23.	900.	*	*
1955	6.50	7.00	7.00	7.50	8.00	9.00	23.	800.	25.	50.
1955-D	6.50	7.00	7.00	7.50	8.00	11.	70.	1500.	*	*
1956	6.50	7.00	7.00	7.50	8.00	9.00	22.	200.	15.	35.
1956-D	6.50	7.00	7.00	7.50	8.00	9.00	25.	800.	*	*
1957	6.50	7.00	7.00	7.50	8.00	9.00	23.	175.	10.	30.
1957-D	6.50	7.00	7.00	7.50	8.00	9.00	25.	300.	*	*
1958	6.50	7.00	7.00	7.50	8.00	9.00	22.	150.	10.	30.
1958-D	6.50	7.00	7.00	7.50	8.00	9.00	25.	300.	*	*
1959	6.50	7.00	7.00	7.50	8.00	9.00	22.		10.	30.
1959-D	6.50	7.00	7.00	7.50	8.00	9.00	23.	1500.	*	*
1960	6.50	7.00	7.00	7.50	8.00	9.00	11.	3000.	10.	35.
1960-D	6.50	7.00	7.00	7.50	8.00	9.00	11.	2000.	*	*
1961	6.50	7.00	7.00	7.50	8.00	9.00	15.	3000.	10.	30.
1961-D	6.50	7.00	7.00	7.50	8.00	9.00	23.	2000.	*	*
1962	6.50	7.00	7.00	7.50	8.00	9.00	15.	2000.	10.	30.
1962-D	6.50	7.00	7.00	7.50	8.00	9.00	25.	5000.	*	*
1963	6.50	7.00	7.00	7.50	8.00	9.00	10.	2500.	10.	30.
1963-D	6.50	7.00	7.00	7.50	8.00	9.00	15.	3000.	*	*
1964	6.50	7.00	7.00	7.50	8.00	9.00	11.	2000.	10.	30.
1964 Special Mint Set	—	—	—	—	—	—	1800.	6000.	*	*
1964-D	6.50	7.00	7.00	7.50	8.00	9.00	11.	1750.	*	*

	AU-50	AU-58	MS-60	MS-63	MS-65	MS-67	PF-65	PF-67	PF-68DC	PF-69DC

COPPER-NICKEL CLAD

	AU-50	AU-58	MS-60	MS-63	MS-65	MS-67	PF-65	PF-67	PF-68DC	PF-69DC
1965	0.60	0.65	0.75	1.00	14.	75.	*	*	*	*
1965 Special Mint Set	—	—	5.00	6.00	10.	25.	*	*	*	*
1966	0.60	0.65	0.75	1.00	8.00	400.	*	*	*	*
1966 Special Mint Set	—	—	5.00	6.00	10.	25.	*	*	*	*
1967	0.60	0.65	0.75	1.00	10.	200.	*	*	*	*
1967 Special Mint Set	—	—	5.00	6.00	10.	25.	*	*	*	*
1968	0.60	0.65	0.75	1.00	15.	—	*	*	*	*
1968-D	0.60	0.65	0.75	1.00	7.00	150.	*	*	*	*

—— = Insufficient pricing data * = None issued

WASHINGTON QUARTER DOLLAR (CONTINUED)

	VF-20	EF-40	AU-50	AU-58	MS-60	MS-63	MS-65	MS-67	PF-65	PF-67
1968-S	*	*	*	*	*	*	8.00	11.	200.	—
1969	0.60	0.65	0.75	1.00	15.	—	*	*	*	*
1969-D	0.60	0.65	0.75	1.00	10.	150.	*	*	*	*
1969-S	*	*	*	*	*	*	8.00	11.	100.	—
1970	0.60	0.65	0.75	1.00	15.	—	*	*	*	*
1970-D	0.60	0.65	0.75	1.00	11.	75.	*	*	*	*
1970-S	*	*	*	*	*	*	8.00	11.	125.	360.
1971	0.60	0.65	0.75	1.00	9.00	—	*	*	*	*
1971-D	0.60	0.65	0.75	1.00	2.25	150.	*	*	*	*
1971-S	*	*	*	*	*	*	8.00	11.	200.	—
1972	0.60	0.65	0.75	1.00	7.00	—	*	*	*	*
1972-D	0.60	0.65	0.75	1.00	9.75	55.	*	*	*	*
1972-S	*	*	*	*	*	*	8.00	11.	30.	200.
1973	0.60	0.65	0.75	1.00	10.	200.	*	*	*	*
1973-D	0.60	0.65	0.75	1.00	14.	150.	*	*	*	*
1973-S	*	*	*	*	*	*	8.00	11.	25.	45.
1974	0.60	0.65	0.75	1.00	10.	—	*	*	*	*
1974-D	0.60	0.65	0.75	1.00	18.	175.	*	*	*	*
1974-S	*	*	*	*	*	*	8.00	11.	18.	35.

Dual date   Bicentennial reverse

DUAL DATE, BICENTENNIAL REVERSE

	VF-20	EF-40	AU-50	AU-58	MS-60	MS-63	MS-65	MS-67	PF-65	PF-67
1776-1976	0.60	0.65	0.75	1.00	10.	40.	*	*	*	*
1776-1976-D	0.60	0.65	0.75	1.00	12.	100.	*	*	*	*
1776-1976-S	*	*	*	*	*	*	8.00	12.	—	80.
1776-1976-S 40% silver										
	3.00	3.00	3.50	4.00	13.	45.	10.	15.	—	125.

EAGLE REVERSE RESUMED

	VF-20	EF-40	AU-50	AU-58	MS-60	MS-63	MS-65	MS-67	PF-65	PF-67
1977	0.60	0.65	0.75	1.00	10.	125.	*	*	*	*
1977-D	0.60	0.65	0.75	1.00	6.00	—	*	*	*	*
1977-S	*	*	*	*	*	*	7.00	10.	15.	20.
1978	0.60	0.65	0.75	1.00	10.	250.	*	*	*	*
1978-D	0.60	0.65	0.75	1.00	12.	—	*	*	*	*
1978-S	*	*	*	*	*	*	7.00	10.	15.	25.
1979	0.60	0.65	0.75	1.00	10.	—	*	*	*	*
1979-D	0.60	0.65	0.75	1.00	7.00	175.	*	*	*	*
1979-S Filled S	*	*	*	*	*	*	7.00	10.	15.	22.
1979-S Clear S	*	*	*	*	*	*	8.00	12.	18.	35.
1980-P	0.60	0.65	0.75	1.00	9.00	150.	*	*	*	*
1980-D	0.60	0.65	0.75	1.00	8.75	—	*	*	*	*
1980-S	*	*	*	*	*	*	7.00	10.	14.	23.
1981-P	0.60	0.65	0.75	1.00	10.	—	*	*	*	*
1981-D	0.60	0.65	0.75	1.00	7.50	130.	*	*	*	*
1981-S	*	*	*	*	*	*	7.00	10.	15.	35.
1982-P	1.00	—	2.00	7.00	30.	—	*	*	*	*
1982-D	0.75	—	1.00	3.00	15.	205.	*	*	*	*

—— = Insufficient pricing data   * = None issued

WASHINGTON QUARTER DOLLAR (CONTINUED)

	VF-20	EF-40	AU-50	AU-58	MS-60	MS-63	MS-65	MS-67	PF-65	PF-67
1982-S	*	*	*	*	*	*	5.00	8.00	15.	20.
1983-P	12.	—	25.	30.	65.	—	*	*	*	*
1983-D	3.00	—	9.00	12.	45.	—	*	*	*	*
1983-S	*	*	*	*	*	*	5.00	8.00	15.	20.
1984-P	0.60	0.65	0.75	1.00	15.	—	*	*	*	*
1984-D	0.60	0.65	0.75	1.00	12.	—	*	*	*	*
1984-S	*	*	*	*	*	*	5.00	8.00	15.	20.
1985-P	0.60	0.65	0.75	1.00	20.	—	*	*	*	*
1985-D	0.60	0.65	0.75	1.00	10.	—	*	*	*	*
1985-S	*	*	*	*	*	*	5.00	8.00	15.	20.
1986-P	0.60	0.65	0.75	1.00	4.00	—	*	*	*	*
1986-D	3.00	—	6.00	8.00	15.	975.	*	*	*	*
1986-S	*	*	*	*	*	*	5.00	8.00	15.	20.
1987-P	0.60	0.65	0.75	1.00	12.	—	*	*	*	*
1987-D	0.60	0.65	0.75	1.00	8.25	350.	*	*	*	*
1987-S	*	*	*	*	*	*	5.00	8.00	15.	20.
1988-P	0.60	0.65	0.75	1.00	20.	—	*	*	*	*
1988-D	0.60	0.65	0.75	1.00	15.	500.	*	*	*	*
1988-S	*	*	*	*	*	*	5.00	8.00	15.	20.
1989-P	0.60	0.65	0.75	1.00	24.	—	*	*	*	*
1989-D	0.60	0.65	0.75	1.00	4.25	—	*	*	*	*
1989-S	*	*	*	*	*	*	5.00	8.00	15.	20.
1990-P	0.60	0.65	0.75	1.00	18.	—	*	*	*	*
1990-D	0.60	0.65	0.75	1.00	4.00	—	*	*	*	*
1990-S	*	*	*	*	*	*	5.00	8.00	15.	20.
1991-P	0.60	0.65	0.75	1.00	20.	—	*	*	*	*
1991-D	0.60	0.65	0.75	1.00	15.	—	*	*	*	*
1991-S	*	*	*	*	*	*	5.00	8.00	15.	20.
1992-P	0.60	0.65	0.75	1.00	22.	—	*	*	*	*
1992-D	0.60	0.65	0.75	1.00	30.	—	*	*	*	*
1992-S Clad	*	*	*	*	*	*	5.00	8.00	15.	20.
1992-S Silver	*	*	*	*	*	*	9.00	14.	18.	35.
1993-P	0.60	0.65	0.75	1.00	10.	125.	*	*	*	*
1993-D	0.60	0.65	0.75	1.00	12.	—	*	*	*	*
1993-S Clad	*	*	*	*	*	*	5.00	8.00	15.	20.
1993-S Silver	*	*	*	*	*	*	9.00	14.	18.	35.
1994-P	0.60	0.65	0.75	1.00	25.	—	*	*	*	*
1994-D	0.60	0.65	0.75	1.00	12.	—	*	*	*	*
1994-S Clad	*	*	*	*	*	*	5.00	10.	15.	20.
1994-S Silver	*	*	*	*	*	*	9.00	12.	20.	35.
1995-P	0.60	0.65	0.75	1.00	25.	85.	*	*	*	*
1995-D	0.60	0.65	0.75	1.00	20.	200.	*	*	*	*
1995-S Clad	*	*	*	*	*	*	5.00	10.	15.	25.
1995-S Silver	*	*	*	*	*	*	9.00	14.	20.	35.
1996-P	0.60	0.65	0.75	1.00	15.	85.	*	*	*	*
1996-D	0.60	0.65	0.75	1.00	15.	85.	*	*	*	*
1996-S Clad	*	*	*	*	*	*	5.00	10.	15.	20.
1996-S Silver	*	*	*	*	*	*	9.00	14.	18.	35.
1997-P	0.60	0.65	0.75	1.00	10.	150.	*	*	*	*
1997-D	0.60	0.65	0.75	1.00	20.	250.	*	*	*	*
1997-S Clad	*	*	*	*	*	*	5.00	10.	15.	28.
1997-S Silver	*	*	*	*	*	*	9.00	14.	20.	45.
1998-P	0.60	0.65	0.75	1.00	13.	100.	*	*	*	*
1998-D	0.60	0.65	0.75	1.00	12.	—	*	*	*	*
1998-S Clad	*	*	*	*	*	*	5.00	10.	15.	22.
1998-S Silver	*	*	*	*	*	*	9.00	14.	18.	35.

—— = Insufficient pricing data   * = None issued

1999	**2000**	**2001**

Delaware	Massachusetts	New York
Pennsylvania	Maryland	North Carolina
New Jersey	South Carolina	Rhode Island
Georgia	New Hampshire	Vermont
Connecticut	Virginia	Kentucky

Common Obverse

	MS-65	MS-68	PF-65	PF-69DC		MS-65	MS-68	PF-65	PF-69DC
STATE REVERSES					2001-S Clad NY	*	*	3.00	15.
1999-P DE	4.00	—	*	*	2001-S Silver NY	*	*	9.00	20.
1999-D DE	5.00	—	*	*	2001-P NC	5.00	30.	*	*
1999-S Clad DE	*	*	3.00	25.	2001-D NC	5.00	125.	*	*
1999-S Silver DE	*	*	11.	25.	2001-S Clad NC	*	*	4.00	20.
1999-P PA	4.00	325.	*	*	2001-S Silver NC	*	*	9.00	20.
1999-D PA	3.50	225.	*	*	2001-P RI	5.00	100.	*	*
1999-S Clad PA	*	*	3.00	30.	2001-D RI	5.00	450.	*	*
1999-S Silver PA	*	*	11.	23.	2001-S Clad RI	*	*	4.00	15.
1999-P NJ	4.50	275.	*	*	2001-S Silver RI	*	*	9.00	20.
1999-D NJ	4.00	175.	*	*	2001-P VT	5.00	30.	*	*
1999-S Clad NJ	*	*	3.00	22.	2001-D VT	5.00	75.	*	*
1999-S Silver NJ	*	*	10.	28.	2001-S Clad VT	*	*	4.00	14.
1999-P GA	5.00		*	*	2001-S Silver VT	*	*	9.00	20.
1999-D GA	5.00	—	*	*	2001-P KY	5.00	75.	*	*
1999-S Clad GA	*	*	3.00	20.	2001-D KY	5.00	80.	*	*
1999-S Silver GA	*	*	10.	24.	2001-S Clad KY	*	*	4.00	18.
1999-P CT	5.00	—	*	*	2001-S Silver KY	*	*	9.00	20.
1999-D CT	5.00	110.	*	*	2002-P TN	5.00	30.	*	*
1999-S Clad CT	*	*	3.00	25.	2002-D TN	5.00	125.	*	*
1999-S Silver CT	*	*	11.	25.	2002-S Clad TN	*	*	3.00	17.
2000-P MA	6.00	75.	*	*	2002-S Silver TN	*	*	9.00	18.
2000-D MA	7.00	—	*	*	2002-P OH	5.00	30.	*	*
2000-S Clad MA	*	*	3.00	16.	2002-D OH	5.00	50.	*	*
2000-S Silver MA	*	*	9.00	17.	2002-S Clad OH	*	*	3.00	20.
2000-P MD	6.00	80.	*	*	2002-S Silver OH	*	*	9.00	18.
2000-D MD	6.00	—	*	*	2002-P LA	5.00	25.	*	*
2000-S Clad MD	*	*	3.00	20.	2002-D LA	5.00	100.	*	*
2000-S Silver MD	*	*	9.00	17.	2002-S Clad LA	*	*	3.00	14.
2000-P SC	7.00	75.	*	*	2002-S Silver LA	*	*	9.00	18.
2000-D SC	7.00	75.	*	*	2002-P IN	5.00	25.	*	*
2000-S Clad SC	*	*	3.00	20.	2002-D IN	5.00	100.	*	*
2000-S Silver SC	*	*	9.00	17.	2002-S Clad IN	*	*	3.00	14.
2000-P NH	7.00	150.	*	*	2002-S Silver IN	*	*	9.00	18.
2000-D NH	8.00	—	*	*	2002-P MS	5.00	55.	*	*
2000-S Clad NH	*	*	3.00	17.	2002-D MS	5.00	65.	*	*
2000-S Silver NH	*	*	9.00	17.	2002-S Clad MS	*	*	3.00	14.
2000-P VA	7.00	125.	*	*	2002-S Silver MS	*	*	9.00	18.
2000-D VA	7.00	350.	*	*	2003-P IL	5.00	—	*	*
2000-S Clad VA	*	*	3.00	15.	2003-D IL	5.00	—	*	*
2000-S Silver VA	*	*	9.00	17.	2003-S Clad IL	*	*	3.00	14.
2001-P NY	5.00	35.	*	*	2003-S Silver IL	*	*	9.00	18.
2001-D NY	5.00	—	*	*	2003-P AL	5.00	—	*	*
					2003-D AL	5.00	—	*	*

—— = Insufficient pricing data   * = None issued

2002

Tennessee

Ohio

Indiana

Louisiana

Mississippi

2003

Illinois

Alabama

Maine

Missouri

Arkansas

2004

Michigan

Florida

Texas

Iowa

Wisconsin

	MS-65	MS-68	PF-65	PF-69DC
2003-S Clad AL	*	*	3.00	15.
2003-S Silver AL	*	*	9.00	18.
2003-P ME	5.00	—	*	*
2003-D ME	5.00	—	*	*
2003-S Clad ME	*	*	3.00	14.
2003-S Silver ME	*	*	9.00	18.
2003-P MO	5.00	—	*	*
2003-D MO	5.00	125.	*	*
2003-S Clad MO	*	*	3.00	20.
2003-S Silver MO	*	*	9.00	18.
2003-P AR	5.00	—	*	*
2003-D AR	5.00	100.	*	*
2003-S Clad AR	*	*	3.00	15.
2003-S Silver AR	*	*	9.00	18.
2004-P MI	5.00	—	*	*
2004-D MI	5.00	35.	*	*
2004-S Clad MI	*	*	3.00	15.
2004-S Silver MI	*	*	9.00	17.
2004-P FL	5.00	—	*	*
2004-D FL	5.00	35.	*	*
2004-S Clad FL	*	*	3.00	16.
2004-S Silver FL	*	*	9.00	18.
2004-P TX	5.00	—	*	*
2004-D TX	5.00	35.	*	*
2004-S Clad TX	*	*	3.00	20.
2004-S Silver TX	*	*	9.00	17.
2004-P IA	5.00	—	*	*
2004-D IA	5.00	35.	*	*
2004-S Clad IA	*	*	3.00	15.
2004-S Silver IA	*	*	9.00	23.
2004-P WI	5.00	—	*	*
2004-D WI	5.00	35.	*	*
2004-D WI Extra Leaf High	500.		*	*
2004-D WI Extra Leaf Low	400.	—	*	*
2004-S Clad WI	*	*	3.00	16.
2004-S Silver WI	*	*	9.00	18.
2005-P CA	5.00	30.	*	*
2005-P CA Satin Finish	4.00	15.	*	*
2005-D CA	5.00	—	*	*
2005-D CA Satin Finish	4.00	15.	*	*
2005-S Clad CA	*	*	3.00	15.
2005-S Silver CA	*	*	9.00	18.
2005-P MN	5.00	30.	*	*
2005-P MN Satin Finish	4.00	15.	*	*
2005-D MN	5.00	275.	*	*
2005-D MN Satin Finish	4.00	30.	*	*
2005-S Clad MN	*	*	3.00	15.
2005-S Silver MN	*	*	9.00	18.

	MS-65	MS-68	PF-65	PF-69DC
2005-P OR	5.00	200.	*	*
2005-P OR Satin Finish	4.00	25.	*	*
2005-D OR	5.00	200.	*	*
2005-D OR Satin Finish	4.00	27.	*	*
2005-S Clad OR	*	*	3.00	15.
2005-S Silver OR	*	*	9.00	18.
2005-P KS	5.00	—	*	*
2005-P KS Satin Finish	4.00	15.	*	*
2005-D KS	5.00	—	*	*
2005-D KS Satin Finish	4.00	15.	*	*
2005-S Clad KS	*	*	3.00	15.
2005-S Silver KS	*	*	9.00	18.
2005-P WV	5.00	25.	*	*
2005-P WV Satin Finish	4.00	15.	*	*
2005-D WV	5.00	—	*	*
2005-D WV Satin Finish	4.00	15.	*	*
2005-S Clad WV	*	*	3.00	15.
2005-S Silver WV	*	*	9.00	18.
2006-P NV	5.00	—	*	*
2006-P NV Satin Finish	4.00	18.	*	*
2006-D NV	5.00	—	*	*
2006-D NV Satin Finish	4.00	13.	*	*
2006-S Clad NV	*	*	3.00	15.
2006-S Silver NV	*	*	9.00	19.
2006-P NE	5.00	—	*	*
2006-P NE Satin Finish	4.00	14.	*	*
2006-D NE	5.00	—	*	*
2006-D NE Satin Finish	4.00	13.	*	*
2006-S Clad NE	*	*	3.00	16.
2006-S Silver NE	*	*	9.00	19.
2006-P CO	5.00	—	*	*
2006-P CO Satin Finish	4.00	13.	*	*
2006-D CO	5.00	—	*	*
2006-D CO Satin Finish	4.00	12.	*	*
2006-S Clad CO	*	*	3.00	13.
2006-S Silver CO	*	*	9.00	19.
2006-P ND	5.00	—	*	*
2006-P ND Satin Finish	5.00	15.	*	*
2006-D ND	5.00	—	*	*
2006-D ND Satin Finish	4.00	13.	*	*

—— = Insufficient pricing data   * = None issued

2005	**2006**	**2007**

California

Minnesota

Oregon

Kansas

West Virginia

Nevada

Nebraska

Colorado

North Dakota

South Dakota

Montana

Washington

Idaho

Wyoming

Utah

WASHINGTON QUARTER DOLLAR (CONTINUED)

	MS-65	MS-68	PF-65	PF-69DC
2006-S Clad ND	*	*	3.00	15.
2006-S Silver ND	*	*	9.00	19.
2006-P SD	5.00	—	*	*
2006-P SD Satin Finish	4.00	22.	*	*
2006-D SD	5.00	—	*	*
2006-D SD Satin Finish	4.00	15.	*	*
2006-S Clad SD	*	*	3.00	16.
2006-S Silver SD	*	*	9.00	19.
2007-P MT	5.00	—	*	*
2007-P MT Satin Finish	4.00	12.	*	*
2007-D MT	5.00	—	*	*
2007-D MT Satin Finish	4.00	12.	*	*
2007-S Clad MT	*	*	3.00	14.
2007-S Silver MT	*	*	9.00	19.
2007-P WA	5.00	—	*	*
2007-P WA Satin Finish	4.00	13.	*	*
2007-D WA	5.00	—	*	*
2007-D WA Satin Finish	4.00	13.	*	*
2007-S Clad WA	*	*	3.00	15.
2007-S Silver WA	*	*	9.00	19.
2007-P ID	5.00	—	*	*
2007-P ID Satin Finish	4.00	85.	*	*
2007-D ID	5.00	—	*	*
2007-D ID Satin Finish	4.00	12.	*	*
2007-S Clad ID	*	*	3.00	15.
2007-S Silver ID	*	*	9.00	19.
2007-P WY	5.00	—	*	*
2007-P WY Satin Finish	4.00	13.	*	*
2007-D WY	5.00	—	*	*
2007-D WY Satin Finish	4.00	12.	*	*
2007-S Clad WY	*	*	3.00	17.
2007-S Silver WY	*	*	9.00	19.
2007-P UT	5.00	—	*	*
2007-P UT Satin Finish	4.00	12.	*	*
2007-D UT	5.00	—	*	*
2007-D UT Satin Finish	4.00	12.	*	*
2007-S Clad UT	*	*	3.00	15.
2007-S Silver UT	*	*	9.00	19.
2008-P OK	5.00	10.	*	*
2008-P OK Satin Finish	4.00	12.	*	*

	MS-65	MS-68	PF-65	PF-69DC
2008-D OK	5.00	10.	*	*
2008-D OK Satin Finish	4.00	12.	*	*
2008-S Clad OK	*	*	5.00	15.
2008-S Silver OK	*	*	9.00	25.
2008-P NM	5.00	10.	*	*
2008-P NM Satin Finish	4.00	12.	*	*
2008-D NM	5.00	10.	*	*
2008-D NM Satin Finish	4.00	12.	*	*
2008-S Clad NM	*	*	5.00	14.
2008-S Silver NM	*	*	9.00	25.
2008-P AZ	5.00	10.	*	*
2008-P AZ Satin Finish	4.00	12.	*	*
2008-D AZ	5.00	10.	*	*
2008-D AZ Satin Finish	4.00	12.	*	*
2008-S Clad AZ	*	*	5.00	13.
2008-S Silver AZ	*	*	9.00	25.
2008-P AK	5.00	10.	*	*
2008-P AK Satin Finish	4.00	12.	*	*
2008-D AK	5.00	10.	*	*
2008-D AK Satin Finish	4.00	12.	*	*
2008-S Clad AK	*	*	5.00	14.
2008-S Silver AK	*	*	9.00	25.
2008-P HI	5.00	10.	*	*
2008-P HI Satin Finish	4.00	12.	*	*
2008-D HI	5.00	10.	*	*
2008-D HI Satin Finish	4.00	12.	*	*
2008-S Clad HI	*	*	5.00	16.
2008-S Silver HI	*	*	9.00	25.

D.C. AND U.S. TERRITORIES REVERSES

	MS-65	MS-68	PF-65	PF-69DC
2009-P DC	5.00	10.	*	*
2009-P DC Satin Finish	4.00	12.	*	*
2009-D DC	5.00	10.	*	*
2009-D DC Satin Finish	4.00	12.	*	*
2009-S Clad DC	*	*	3.50	10.
2009-S Silver DC	*	*	9.00	21.
2009-P PR	5.00	10.	*	*
2009-P PR Satin Finish	4.00	12.	*	*
2009-D PR	5.00	10.	*	*
2009-D PR Satin Finish	4.00	12.	*	*

—— = Insufficient pricing data   * = None issued

2008

Oklahoma

New Mexico

Arizona

Alaska

Hawaii

2009

District of Columbia

Puerto Rico

Guam

American Samoa

U.S. Virgin Islands

N. Mariana Islands

2010

Hot Springs, AK

Yellowstone, WY

Yosemite, CA

Grand Canyon, AZ

Mount Hood, OR

WASHINGTON QUARTER DOLLAR (CONTINUED)

	MS-65	MS-68	PF-65	PF-69DC
2009-S Clad PR	*	*	3.50	10.
2009-S Silver PR	*	*	9.00	21.
2009-P GU	5.00	10.	*	*
2009-P GU Satin Finish	4.00	12.	*	*
2009-D GU	5.00	10.	*	*
2009-D GU Satin Finish	4.00	12.	*	*
2009-S Clad GU	*	*	3.50	10.
2009-S Silver GU	*	*	9.00	21.
2009-P AS	5.00	10.	*	*
2009-P AS Satin Finish	4.00	12.	*	*
2009-D AS	5.00	10.	*	*
2009-D AS Satin Finish	4.00	12.	*	*
2009-S Clad AS	*	*	3.50	10.
2009-S Silver AS	*	*	9.00	21.
2009-P VI	5.00	10.	*	*
2009-P VI Satin Finish	4.00	12.	*	*
2009-D VI	5.00	10.	*	*
2009-D VI Satin Finish	4.00	12.	*	*
2009-S Clad VI	*	*	3.50	10.
2009-S Silver VI	*	*	9.00	21.
2009-P NMI	5.00	10.	*	*
2009-P NMI Satin Finish	4.00	12.	*	*
2009-D NMI	5.00	10.	*	*
2009-D NMI Satin Finish	4.00	12.	*	*
2009-S Clad NMI	*	*	3.50	10.
2009-S Silver NMI	*	*	9.00	21.

AMERICA THE BEAUTIFUL REVERSES

	MS-65	MS-68	PF-65	PF-69DC
2010-P AR	2.00	10.	*	*
2010-P AR Satin Finish	5.00	12.	*	*
2010-D AR	2.00	10.	*	*
2010-D AR Satin Finish	5.00	12.	*	*
2010-S Clad AR	*	*	3.50	10.
2010-S Silver AR	*	*	9.00	22.
2010-P WY	2.00	10.	*	*
2010-P WY Satin Finish	5.00	12.	*	*
2010-D WY	2.00	10.	*	*
2010-D WY Satin Finish	5.00	12.	*	*
2010-S Clad WY	*	*	3.50	10.
2010-S Silver WY	*	*	9.00	22.
2010-P CA	2.00	10.	*	*
2010-P CA Satin Finish	5.00	12.	*	*
2010-D CA	2.00	10.	*	*
2010-D CA Satin Finish	5.00	12.	*	*
2010-S Clad CA	*	*	3.50	10.
2010-S Silver CA	*	*	9.00	22.
2010-P AZ	2.00	10.	*	*
2010-P AZ Satin Finish	5.00	12.	*	*
2010-D AZ	2.00	10.	*	*
2010-D AZ Satin Finish	5.00	12.	*	*
2010-S Clad AZ	*	*	3.50	10.
2010-S Silver AZ	*	*	9.00	22.
2010-P OR	2.00	10.	*	*
2010-P OR Satin Finish	5.00	12.	*	*
2010-D OR	2.00	10.	*	*
2010-D OR Satin Finish	5.00	12.	*	*
2010-S Clad OR	*	*	3.50	10.
2010-S Silver OR	*	*	9.00	22.
2011-P PA	2.00	10.	*	*
2011-D PA	2.00	10.	*	*
2011-S Clad PA	*	*	4.00	12.
2011-S Silver PA	*	*	9.00	25.
2011-P MT	2.00	10.	*	*
2011-D MT	2.00	10.	*	*
2011-S Clad MT	*	*	4.00	12.
2011-S Silver MT	*	*	9.00	25.
2011-P WA	2.00	10.	*	*
2011-D WA	2.00	10.	*	*
2011-S Clad WA	*	*	4.00	12.
2011-S Silver WA	*	*	9.00	25.
2011-P MS	2.00	10.	*	*
2011-D MS	2.00	10.	*	*
2011-S Silver MS	*	*	9.00	25.
2011-S Clad MS	*	*	4.00	12.
2011-P OK	2.00	10.	*	*
2011-D OK	2.00	10.	*	*
2011-S Clad OK	*	*	4.00	12.
2011-S Silver OK	*	*	9.00	25.
2012-P PR	—	—	*	*
2012-D PR	—	—	*	*
2012-S Clad PR	*	*	4.00	14.
2012-S Silver PR	*	*	—	25.
2012-P NM	—	—	*	*
2012-D NM	—	—	*	*
2012-S Clad NM	*	*	4.00	14.
2012-S Silver NM	*	*	—	25.
2012-P ME	—	—	*	*
2012-D ME	—	—	*	*
2012-S Clad ME	*	*	4.00	14.
2012-S Silver ME	*	*	—	25.
2012-P HI	—	—	*	*
2012-D HI	—	—	*	*
2012-S Clad HI	*	*	4.00	14.
2012-S Silver HI	*	*	—	25.
2012-P AK	—	—	*	*
2012-D AK	—	—	*	*
2012-S Clad AK	*	*	4.00	14.
2012-S Silver AK	*	*	—	25.

—— = Insufficient pricing data   * = None issued

2011	**2012**
Gettysburg, PA	El Yunque, PR
Glacier, MT	Chaco Culture, NM
Olympic, WA	Acadia, ME
Vicksburg, MS	Hawaii Volcanoes, HI
Chickasaw, OK	Denali, AK

Flowing Hair half dollar

Date of authorization: April 2, 1792
Dates of issue: 1794-1795
Designer: Robert Scot
Engravers: Robert Scot-John S. Gardner
Diameter: 32.50 mm/1.28 inches
Weight: 13.48 grams/0.43 ounce
Metallic content: 90% silver, 10% copper
Specific gravity: 10.34
Weight of pure silver: 12.13 grams/0.39 ounce
Edge: Lettered (FIFTY CENTS OR HALF A DOLLAR)
Mint mark: None

	AG-3	G-4	VG-8	F-12	VF-20	EF-40	AU-50	AU-55	MS-60	MS-63
1794	3500.	6000.	8000.	12500.	22500.	40000.	75000.	100000.	150000.	350000.
1795/1795 2 Leaves	750.	1000.	1400.	2750.	4250.	12500.	20000.	25000.	50000.	115000.
1795/1795 3 Leaves	1500.	2750.	3250.	5000.	8500.	20000.	20000.	27500.	—	—
1795 A/E In STATES	—	—	—	—	—	—	—	—	—	—
1795 Y/Star	—	—	—	—	—	—	—	—	—	—
1795 S/D In STATES	—	—	—	—	—	—	—	—	—	—
1795 Small Head	1000.	1250.	3000.	3750.	9000.	22500.	27500.	30000.	—	—
1795 Silver Plug	7500.	12500.	17500.	20000.	25000.	35000.	50000.			

—— = Insufficient pricing data

Draped Bust half dollar

Small Eagle reverse

DRAPED BUST HALF DOLLAR (CONTINUED)

Heraldic Eagle reverse

Date of authorization:	April 2, 1792
Dates of issue:	1796-1797, 1801-1807
Designers:	Obverse: Gilbert Stuart-Robert Scot
	Reverse:
	(1796-1797): Scot-John Eckstein
	(1801-1807): Robert Scot
Engraver:	Robert Scot
Diameter:	32.50 mm/1.28 inches
Weight:	13.48 grams/0.43 ounce
Metallic content:	89.25% silver, 10.75% copper
Specific gravity:	10.32
Weight of pure silver:	12.03 grams/0.39 ounce
Edge:	Lettered (FIFTY CENTS OR HALF A DOLLAR)
Mint mark:	None

DRAPED BUST, SMALL EAGLE HALF DOLLAR

	AG-3	G-4	VG-8	F-12	VF-20	EF-40	AU-50	AU-55	MS-60	MS-63
1796 15 Stars	25000.	35000.	45000.	55000.	75000.	100000.	150000.	175000.	250000.	375000.
1796 16 Stars	30000.	40000.	50000.	60000.	75000.	125000.	175000.	200000.	300000.	400000.
1797	25000.	40000.	45000.	55000.	65000.	115000.	175000.	225000.	275000.	400000.

DRAPED BUST, HERALDIC EAGLE HALF DOLLAR

	AG-3	G-4	VG-8	F-12	VF-20	EF-40	AU-50	AU-55	MS-60	MS-63
1801	500.	750.	1500.	2250.	3250.	6000.	17500.	30000.	50000.	200000.
1802	500.	850.	1500.	2500.	4000.	7500.	17500.	30000.	50000.	—
1803 Small 3	200.	250.	275.	650.	1000.	2500.	6000.	8500.	—	—
1803 Large 3	150.	225.	250.	450.	850.	2100.	5000.	7500.	15000.	—
1805/4	150.	300.	450.	1000.	1500.	3750.	7500.	12500.	30000.	—
1805	125.	225.	350.	500.	850.	2000.	5250.	7000.	12500.	—
1806/5	150.	250.	375.	650.	1000.	2300.	5000.	6500.	12500.	25000.
1806/Inverted 6	200.	275.	425.	750.	1500.	3500.	7500.	15000.	30000.	35000.
1806 Knobbed 6, Large Stars										
	150.	200.	250.	400.	750.	1750.	5000.	7500.	—	—
1806 Knobbed 6, Small Stars										
	150.	200.	250.	400.	750.	1750.	5000.	7500.	10000.	—

—— = Insufficient pricing data   * = None issued

	AG-3	G-4	VG-8	F-12	VF-20	EF-40	EF-45	AU-50	AU-55	MS-60
1806 Knobbed 6, No Stem										
50000.	75000.	100000.	110000.	125000.	150000.	—	—	—	—	
1806 Knobbed 6, Stems										
	—	—								
1806 Pointed 6, Stems										
150.	200.	250.	400.	1000.	1500.	4500.	5500.	10000.	15000.	
1806 Pointed 6, No Stem										
150.	200.	250.	400.	1000.	1500.	5000.	7500.	12500.	60000.	
1807	150.	200.	250.	400.	700.	1750.	4250.	5500.	9000.	15000.

—— = Insufficient pricing data   * = None issued

Capped Bust half dollar

Date of authorization: April 2, 1792
Dates of issue: 1807-1839
Designers: Obverse: John Reich
Reverse:
    (1807-1836): John Reich
    (1836-1839): Reich-Christian
    Gobrecht
Engraver: John Reich
Diameter: (1807-1836): 32.50 mm/1.28 inches
    (1836-1839): 30.61 mm/1.21 inches
Weight: (1807-1836): 13.48 grams/0.43 ounce
    (1836-1839): 13.37 grams/0.43 ounce
Metallic Content: (1807-1836): 89.25% silver,
    10.75% copper
    (1836-1839): 90% silver, 10% copper
Specific gravity: 89.25% silver, 10.32; 90% silver, 10.34
    (1836-1839): 90% silver, 10% copper
Weight of pure silver: (1807-1836): 12.03 grams/0.39 ounce
    (1836-1839): 12.03 grams/0.39 ounce
Edge: (1807-1836): Lettered (FIFTY CENTS OR
    HALF A DOLLAR)
    (1836-1839): Reeded
Mint mark: 1838-1839 only, obverse above date

	G-4	VG-8	F-12	VF-20	EF-40	AU-50	AU-58	MS-60	MS-63	MS-64
1807 Small Stars	250.	450.	750.	1500.	2250.	5250.	8000.	—	—	—
1807 Large Stars	350.	500.	1000.	2000.	2500.	5500.	8500.	10000.	17500.	27500.
1807 50/20C	125.	200.	350.	550.	1250.	2750.	6000.	8500.	17500.	27500.
1807 Bearded Goddess	600.	1000.	1500.	2000.	5000.	8000.	—	—	—	—
1808/7	100.	125.	200.	300.	650.	1500.	3000.	3750.	12500.	15000.
1808	75.	85.	100.	300.	500.	850.	2250.	2500.	4500.	8750.
1809 Normal Edge	90.	110.	150.	250.	500.	1000.	2500.	3000.	8000.	10000.
1809 XXX Edge	100.	125.	175.	250.	750.	1500.	7500.	—	—	—
1809 III Edge	125.	150.	200.	300.	850.	2000.	5000.	6000.	10000.	15000.
1810	90.	110.	125.	200.	500.	1000.	2250.	2750.	5000.	7500.
1811 Small 8	65.	75.	100.	175.	350.	750.	2000.	2150.	4250.	5000.
1811 Large 8	85.	100.	150.	200.	500.	1250.	3000.	4000.	7500.	—
1811/0	100.	125.	175.	300.	750.	1750.	3250.	4500.	13500.	17500.
1812/1 Small 8	85.	100.	125.	250.	750.	1500.	4000.	5000.	7500.	12500.
1812/1 Large 8	2500.	4000.	5000.	7500.	15000.	35000.	—	—	—	—
1812	75.	85.	100.	200.	350.	650.	2250.	2500.	3750.	5000.
1812 Single Leaf										
1813	75.	100.	150.	200.	300.	750.	3000.	3500.	4500.	6750.
1813 50C/UNI	125.	175.	225.	350.	1000.	2000.	3250.	4000.	7500.	12500.
1814	75.	100.	150.	200.	300.	750.	2500.	2750.	4000.	5000.
1814 E/A In STATES	100.	150.	200.	400.	1250.	1850.	3250.	—	—	—
1814 Single Leaf	75.	125.	200.	300.	750.	1500.	—	—	—	—
1814/3 0-101	150.	200.	250.	500.	1500.	2000.	3750.	4500.	12500.	17500.
1815/2	1750.	2000.	2500.	3750.	5250.	8500.	18500.	20000.	30000.	47500.
1817/3	125.	200.	300.	550.	1500.	2500.	5000.	5750.	15000.	30000.
1817/4	—	—	125000.	200000.	250000.	300000.	—	—	—	—
1817	75.	100.	125.	175.	450.	1000.	2250.	2500.	4250.	6750.
1817 Punctuated Date	110.	150.	250.	500.	1000.	2250.	3500.	5000.	—	—
1817 Single Leaf										
1818/7 Small 8	75.	100.	125.	200.	550.	1250.	3000.	3750.	7500.	—
1818/7 Large 8	100.	125.	150.	250.	500.	1250.	2250.	3000.	8000.	12500.
1818	75.	85.	110.	150.	275.	850.	2250.	2500.	3250.	4750.
1819/8 Small 9	100.	125.	150.	250.	350.	850.	2000.	3000.	6000.	7500.
1819/8 Large 9	125.	150.	250.	300.	400.	850.	1750.	2500.	6000.	7500.
1819	75.	100.	125.	200.	300.	500.	2000.	2250.	3500.	6000.
1820/19 Curl Base 2	150.	250.	350.	750.	900.	2000.	3250.	4000.	8500.	—
1820/19 Square Base 2	100.	200.	300.	700.	850.	1500.	2750.	3750.	7500.	20000.
1820 Large Date, Square Base Knob Top 2	75.	100.	125.	200.	650.	1000.	2500.	3000.	5500.	7500.
1820 Large Date, Square Base Curl Top 2	75.	100.	125.	200.	650.	1000.	2500.	3000.	5500.	7500.
1820 Small Date, Curl Base 2	85.	125.	150.	250.	750.	1250.	2750.	3250.	6000.	8500.
1820 No Serifs on E's	500.	1000.	2000.	4000.	8000.	—	—	—	—	—
1821	75.	100.	125.	150.	250.	650.	2000.	2500.	4500.	5500.
1822	75.	100.	125.	150.	300.	500.	2000.	2250.	3500.	5000.
1822/1	100.	125.	150.	250.	500.	1000.	3000.	3500.	7500.	15000.
1823	75.	100.	110.	125.	200.	500.	1000.	1250.	2500.	4000.
1823 Broken 3	125.	150.	250.	500.	1000.	2000.	3500.	4000.	—	—
1823 Patched 3	125.	175.	250.	500.	750.	1000.	3250.	4000.	8500.	12500.
1823 Ugly 3	150.	200.	300.	600.	850.	2000.	4000.	5000.	10000.	15000.
1824/1	100.	125.	175.	300.	500.	1000.	2000.	2500.	5000.	7500.
1824/2/0	100.	125.	175.	300.	500.	1000.	3500.	4000.	7500.	—
1824/4	85.	100.	125.	150.	350.	750.	1750.	2500.	4500.	6000.
1824	70.	80.	100.	125.	250.	650.	1000.	1250.	2250.	4000.
1825	70.	80.	100.	125.	225.	500.	1000.	1250.	2500.	4750.
1826	70.	80.	100.	125.	225.	400.	1250.	1500.	2250.	4000.

— = Insufficient pricing data   * = None issued

CAPPED BUST HALF DOLLAR (CONTINUED)

	G-4	VG-8	F-12	VF-20	EF-40	AU-50	AU-58	MS-60	MS-63	MS-65
1827/6	100.	125.	150.	200.	350.	750.	1500.	1750.	3500.	6000.
1827 Square Base 2	75.	80.	100.	150.	250.	350.	750.	1000.	2500.	4250.
1827 Curl Base 2	70.	70.	85.	125.	250.	350.	750.	1000.	2500.	4250.
1828 Curl Base No Knob Top 2										
	60.	70.	85.	125.	250.	500.	1000.	1250.	3000.	5750.
1828 Curl Base Knob Top 2										
	100.	150.	200.	250.	750.	1500.	2500.	3000.	5000.	—
1828 Large 8s, Square Base 2										
	60.	70.	85.	125.	250.	500.	1250.	1500.	3500.	6000.
1828 Small 8s, Large Letters										
	75.	90.	100.	125.	250.	450.	1250.	1750.	3250.	4000.
1828 Small 8s, Small Letters										
	75.	100.	125.	200.	500.	850.	3000.	—	—	—
1829/7	85.	100.	125.	150.	300.	750.	2000.	2500.	3750.	5750.
1829	60.	70.	85.	100.	225.	400.	800.	1100.	2250.	4250.
1829 Large Letters	65.	75.	100.	125.	250.	500.	1250.	1500.	3500.	5250.
1830 Large 0	60.	70.	85.	100.	200.	400.	750.	1000.	2500.	4250.
1830 Small 0	60.	70.	85.	100.	200.	400.	750.	1000.	2500.	3250.
1830 Large Letters	1750.	2500.	3500.	4000.	7000.	9000.	14000.	—	30000.	—
1831	60.	70.	85.	100.	200.	350.	750.	1000.	2000.	4000.
1832	60.	70.	85.	100.	200.	350.	750.	1000.	2000.	3750.
1832 Large Letters	65.	75.	90.	125.	250.	500.	1250.	1500.	3500.	5000.
1833	60.	70.	85.	100.	200.	350.	750.	1000.	2000.	3500.
1834 Large Date, Large Letters										
	60.	70.	85.	100.	200.	350.	750.	1000.	2000.	3000.
1834 Large Date, Small Letters										
	60.	70.	85.	100.	200.	350.	750.	1000.	2500.	3250.
1834 Small Date, Letters and Stars										
	60.	70.	85.	100.	200.	350.	750.	1000.	2000.	3250.
1835	60.	70.	85.	100.	200.	350.	1000.	1250.	2500.	3500.
1836	60.	70.	85.	100.	200.	400.	750.	1000.	2250.	3750.
1836/1336	85.	100.	125.	150.	350.	500.	1750.	—	—	—
1836 50/00	100.	150.	200.	250.	500.	1500.	3500.	3750.	5000.	6750.
1836 Beaded Reverse Border										
	65.	75.	100.	150.	350.	750.	1250.	1750.	3000.	4000.

CAPPED BUST, REEDED EDGE HALF DOLLAR

50 CENTS reverse

HALF DOL. reverse

REEDED EDGE, 50 CENTS REVERSE

1836	1250.	1500.	2000.	2500.	3000.	4500.	7500.	10000.	20000.	32500.
1837	60.	75.	100.	150.	250.	500.	1000.	1500.	3500.	5500.

HALF DOLLAR REVERSE

1838	60.	65.	75.	125.	200.	375.	1100.	1350.	2650.	5000.
1838-0 Proof Only	—	—	—	—	275000.	300000.	375000.	350000.	675000.	725000.
1839	65.	75.	100.	150.	250.	450.	1100.	1500.	3000.	5000.
1839-0	250.	350.	500.	750.	1250.	2000.	5750.	6500.	15000.	25000.

—— = Insufficient pricing data   * = None issued

Seated Liberty half dollar

Date of authorization: April 2, 1792
Dates of issue: 1839-1891
Designers: Obverse: Christian Gobrecht
Reverse: John Reich-Gobrecht
Engraver: Christian Gobrecht
Diameter: 30.61 mm/1.21 inches
Weight: (1839-1853): 13.37 grams/0.43 ounce
(1853-1873): 12.4 grams/0.40 ounce
(1873-1891): 12.50 grams/0.40 ounce
Metallic Content: 90% silver, 10% copper
Specific gravity: 10.34
Weight of pure silver: (1839-1853): 12.03 grams/0.39 ounce
(1853-1873): 11.20 grams/0.36 ounce
(1873-1891): 11.25 grams/0.36 ounce
Edge: Reeded
Mint mark: Reverse below eagle

Arrows at date, Rays on reverse

SEATED LIBERTY HALF DOLLAR (CONTINUED)

	G-4	VG-8	F-12	VF-20	EF-40	AU-50	MS-60	MS-63	MS-65	PF-63
NO DRAPERY										
1839	50.	100.	200.	500.	1400.	2500.	7500.	30000.	135000.	—
DRAPERY AT ELBOW										
1839	35.	45.	60.	125.	250.	300.	1250.	2750.	20000.	—
1840 Small Letters	35.	45.	90.	125.	200.	350.	750.	1250.	12500.	—
1840 Medium Letters	150.	200.	275.	400.	1000.	1500.	3750.	8500.	—	*
1840-O	35.	50.	60.	125.	300.	450.	1000.	5000.	—	*
1841	50.	60.	125.	175.	250.	450.	1500.	3500.	10000.	—
1841-O	35.	50.	60.	150.	300.	400.	1500.	3500.	30000.	*
1842 Small Date, Small Letters										
	750.	1200.	1500.	3500.	7500.	10000.	—	—	—	—
1842-O Small Date, Small Letters										
	600.	1000.	1500.	2500.	4500.	7500.	25000.	—	—	—
MODIFIED REVERSE, LARGE LETTERS										
1842 Medium Date	30.	45.	65.	100.	150.	300.	800.	2500.	8500.	*
1842 Small Date	35.	50.	75.	150.	250.	350.	1100.	4250.	—	—
1842-O Medium Date	30.	40.	55.	75.	150.	350.	1250.	4500.	—	*
1842-O Small Date	750.	1000.	1500.	2500.	5000.	8500.	30000.	—	—	*
1843	30.	40.	55.	65.	150.	250.	600.	1500.	—	—
1843-O	30.	40.	60.	75.	175.	350.	650.	3000.	25000.	*
1844	30.	40.	55.	70.	150.	250.	750.	1750.	—	—
1844-O	30.	40.	50.	65.	175.	300.	800.	2750.	—	*
1844-O Doubled Date	500.	1000.	1250.	1750.	3250.	7500.	—	—	—	*
1845	35.	45.	65.	125.	250.	500.	2000.	4000.	—	—
1845-O	30.	40.	55.	75.	175.	350.	1000.	3500.	—	*
1845-O No Drapery	50.	75.	100.	200.	550.	750.	—	—	—	*
1846 Medium Date	30.	40.	55.	75.	200.	300.	1250.	3000.	—	25000.
1846 Tall Date	40.	50.	75.	150.	400.	500.	800.	3000.	—	*
1846/Horizontal 6	150.	250.	300.	500.	750.	1500.	6500.	—	—	*
1846-O Medium Date	35.	40.	60.	75.	200.	300.	1250.	4500.	—	*
1846-O Tall Date	250.	400.	550.	850.	2000.	3000.	—	—	—	*
1847/6	2500.	3500.	5000.	7500.	12500.	20000.	—	—	—	*
1847	30.	40.	55.	75.	175.	250.	750.	1500.	—	20000.
1847-O	30.	40.	55.	75.	150.	350.	750.	4250.	—	*
1848	45.	70.	100.	200.	300.	500.	1000.	2000.	15000.	*
1848-O	30.	40.	55.	85.	175.	325.	1000.	2250.	20000.	*
1849	35.	45.	60.	100.	175.	425.	1000.	2250.	25000.	—
1849 Doubled Date, Bold										
	—	—	—	1750.	2250.	8500.	—	—	—	*
1849-O	30.	4.00	55.	80.	200.	450.	1000.	2750.	20000.	*
1850	250.	350.	500.	650.	750.	1100.	2500.	4500.	32500.	15000.
1850-O	35.	40.	60.	100.	200.	300.	1250.	1750.	15000.	*
1851	350.	450.	500.	750.	1250.	1750.	3250.	5000.	15000.	*
1851-O	35.	50.	75.	125.	250.	350.	2250.	4500.	17500.	*
1852	400.	500.	650.	800.	1000.	1500.	2250.	3000.	10000.	—
1852-O	75.	150.	250.	500.	1000.	2000.	3750.	10000.	35000.	—
ARROWS AND RAYS										
1853	35.	45.	60.	100.	275.	650.	1500.	3500.	25000.	—
1853-O	40.	45.	65.	150.	350.	800.	2750.	6000.	—	*
MODIFIED REVERSE, LARGE LETTERS										
1853-O	200000.	250000.	—	350000.	—	—	—	—	—	*
RAYS REMOVED										
1854	30.	40.	55.	85.	150.	350.	750.	1750.	10000.	15000.
1854-O	30.	40.	55.	85.	150.	350.	750.	1750.	10000.	*

—— = Insufficient pricing data   * = None issued

SEATED LIBERTY HALF DOLLAR (CONTINUED)

	G-4	VG-8	F-12	VF-20	EF-40	AU-50	MS-60	MS-63	MS-65	PF-63
1855/1854	75.	100.	175.	300.	450.	625.	2250.	4500.	25000.	15000.
1855	35.	45.	60.	80.	150.	325.	750.	1750.	10000.	—
1855-O	35.	45.	60.	80.	150.	325.	750.	1750.	8500.	*
1855-S	350.	600.	850.	1750.	4000.	7500.	—	—	—	*

DRAPERY AT ELBOW

	G-4	VG-8	F-12	VF-20	EF-40	AU-50	MS-60	MS-63	MS-65	PF-63
1856	30.	40.	50.	65.	125.	225.	525.	1150.	7000.	7500.
1856-O	30.	40.	50.	65.	125.	250.	550.	1150.	7500.	*
1856-S	75.	100.	200.	350.	850.	2000.	7000.	10000.	—	*
1857	30.	40.	50.	70.	125.	225.	500.	1100.	5000.	4500.
1857-O	30.	40.	55.	100.	250.	300.	1775.	3500.	12500.	*
1857-S	100.	125.	200.	500.	1000.	2000.	5000.	—	—	*
1858	30.	40.	50.	75.	125.	225.	450.	1100.	5000.	2500.
1858-O	35.	40.	55.	75.	150.	225.	550.	1250.	10000.	*
1858-S	40.	50.	70.	150.	350.	600.	1750.	4000.	20000.	*
1859	35.	45.	60.	100.	200.	250.	650.	1250.	5250.	1750.
1859-O	30.	40.	55.	75.	150.	250.	550.	2000.	7500.	*
1859-S	40.	45.	65.	100.	250.	350.	1250.	3500.	17500.	*
1860	35.	40.	55.	75.	150.	350.	850.	1500.	5500.	1750.
1860-O	30.	40.	60.	75.	150.	230.	500.	1250.	5750.	*
1860-S	35.	45.	55.	75.	200.	350.	1250.	4500.	—	*
1861	35.	40.	55.	75.	150.	250.	500.	1250.	5000.	2000.
1861-O	35.	45.	60.	75.	150.	300.	650.	1500.	6000.	*
1861-O Struck by CSA, Obverse die crack										
	500.	750.	1000.	1500.	3500.	4250.	—	—	—	*
1861-S	35.	45.	60.	125.	175.	400.	1000.	3500.	15000.	*
1862	40.	60.	75.	125.	225.	450.	750.	1500.	6000.	2000.
1862-S	30.	45.	65.	80.	275.	325.	750.	2500.	—	*
1863	35.	50.	75.	100.	175.	300.	700.	1250.	5500.	2000.
1863-S	35.	45.	60.	100.	200.	300.	650.	2250.	17500.	*
1864	35.	70.	75.	150.	300.	350.	750.	1350.	10000.	2000.
1864-S	60.	85.	150.	200.	350.	750.	2000.	4000.	17500.	*
1865	35.	45.	60.	85.	200.	350.	1000.	1500.	7000.	2250.
1865 Doubled Date	—	—	—	—	—	—	—	—	—	*
1865-S	35.	45.	75.	125.	300.	800.	2000.	6500.	95000.	*
1866-S	500.	750.	850.	1250.	2500.	4000.	10000.	20000.	65000.	*
1866 Unique	*	*	*	*	*	*	*	*	*	*

MOTTO ABOVE EAGLE

	G-4	VG-8	F-12	VF-20	EF-40	AU-50	MS-60	MS-63	MS-65	PF-63
1866	35.	50.	70.	100.	200.	350.	750.	2000.	10000.	1250.
1866-S	30.	45.	60.	100.	225.	250.	750.	2000.	13500.	*
1867	35.	50.	75.	150.	300.	325.	500.	1500.	14000.	1500.
1867-S	35.	40.	60.	75.	225.	325.	1250.	2750.	13000.	*
1868	50.	65.	100.	175.	300.	500.	1250.	1850.	7500.	1500.
1868-S	35.	40.	60.	75.	150.	300.	650.	2000.	10000.	*
1869	35.	40.	60.	75.	175.	300.	600.	2000.	7500.	1750.
1869-S	35.	40.	60.	90.	250.	400.	1100.	2750.	7500.	*
1870	35.	40.	60.	75.	150.	250.	675.	1500.	6500.	1500.
1870-CC	1750.	2000.	4500.	7000.	15000.	27500.	—	—	—	*
1870-S	40.	45.	50.	150.	200.	400.	1250.	4000.	15000.	*
1871	35.	40.	50.	70.	150.	300.	750.	1250.	6000.	1500.
1871-CC	350.	500.	750.	1500.	3000.	5500.	20000.	—	—	*
1871-S	35.	45.	60.	75.	125.	300.	750.	2000.	7500.	*
1872	35.	40.	60.	75.	125.	300.	600.	1750.	—	1750.
1872-CC	175.	250.	500.	900.	2250.	4500.	20000.	60000.	—	*
1872-S	35.	45.	65.	125.	350.	450.	1200.	3750.	20000.	*
1873 Closed 3	35.	50.	65.	125.	175.	300.	750.	1550.	7500.	1500.

—— = Insufficient pricing data   * = None issued

SEATED LIBERTY HALF DOLLAR (CONTINUED)

	G-4	VG-8	F-12	VF-20	EF-40	AU-50	MS-60	MS-63	MS-65	PF-63
1873 Open 3	3500.	4000.	5750.	6500.	8750.	11000.	—	—	—	*
1873-CC	250.	350.	650.	1000.	2500.	6500.	17500.	40000.	—	*
1873-S Unknown	*	*	*	*	*	*	*	*	*	*

ARROWS AT DATE

	G-4	VG-8	F-12	VF-20	EF-40	AU-50	MS-60	MS-63	MS-65	PF-63
1873	35.	45.	60.	100.	250.	450.	950.	2000.	20000.	2500.
1873-CC	300.	500.	800.	1250.	2250.	3750.	10000.	40000.	70000.	*
1873-S	60.	125.	150.	275.	550.	900.	3000.	7500.	40000.	*
1874	35.	45.	65.	100.	225.	425.	900.	2250.	17500.	2250.
1874-CC	750.	1500.	2500.	3500.	5250.	7500.	15000.	30000.	—	*
1874-S	45.	55.	85.	200.	375.	750.	2000.	3500.	—	*

MOTTO ABOVE EAGLE

	G-4	VG-8	F-12	VF-20	EF-40	AU-50	MS-60	MS-63	MS-65	PF-63
1875	35.	40.	50.	70.	125.	200.	500.	850.	4000.	1400.
1875-CC	45.	90.	125.	250.	300.	650.	1500.	2500.	8000.	*
1875-S	35.	40.	50.	70.	125.	200.	450.	1000.	4000.	*
1876	35.	40.	55.	70.	125.	225.	500.	900.	4000.	1250.
1876-CC	40.	50.	75.	100.	250.	500.	1250.	2500.	5000.	*
1876-S	35.	40.	55.	70.	125.	225.	500.	900.	4000.	*
1877	35.	40.	55.	70.	125.	225.	500.	850.	4500.	1500.
1877-CC	40.	75.	100.	150.	250.	450.	1250.	2750.	5250.	*
1877-S	35.	45.	55.	65.	125.	225.	550.	850.	4000.	*
1878	35.	45.	60.	85.	175.	250.	500.	1000.	4750.	1250.
1878-CC	1000.	1250.	2500.	2750.	3500.	6500.	15000.	22500.	50000.	*
1878-S	30000.	45000.	55000.	65000.	85000.	90000.	115000.	150000.	—	*
1879	300.	350.	450.	500.	550.	600.	850.	1250.	4500.	1500.
1880	250.	300.	400.	450.	650.	675.	900.	1250.	4500.	1500.
1881	300.	350.	400.	450.	500.	600.	850.	1250.	4500.	1500.
1882	350.	400.	500.	650.	700.	775.	900.	1500.	4500.	1750.
1883	350.	450.	500.	600.	700.	750.	1250.	2000.	4500.	1500.
1884	400.	450.	500.	650.	750.	900.	1250.	2250.	5500.	1500.
1885	450.	500.	550.	650.	700.	750.	950.	1500.	5000.	1500.
1886	450.	600.	700.	800.	900.	1000.	1300.	1500.	5000.	1500.
1887	500.	700.	800.	850.	900.	1000.	1150.	1500.	5000.	1500.
1888	300.	350.	400.	450.	650.	700.	850.	1250.	4000.	1500.
1889	300.	400.	500.	550.	600.	700.	850.	1250.	5000.	1500.
1890	300.	350.	400.	450.	500.	650.	850.	1100.	4250.	1500.
1891	60.	75.	125.	150.	200.	300.	650.	1100.	4250.	1500.

—— = Insufficient pricing data   * = None issued

Barber half dollar

Date of authorization: April 2, 1792
Dates of issue: 1892-1915
Designer/Engraver: Charles Barber
Diameter: 30.61 mm/1.21 inches
Weight: 12.50 grams/0.40 ounce
Metallic Content: 90% silver, 10% copper
Specific gravity: 10.34
Weight of pure silver: 11.25 grams/0.36 ounce
Edge: Reeded
Mint mark: Reverse below eagle

BARBER HALF DOLLAR (CONTINUED)

	AG-3	G-4	VG-8	F-12	VF-20	EF-40	AU-50	AU-55	AU-58	MS-60	MS-62	MS-63	MS-64	MS-65	PF-63	PF-64	PF-65	PF-66
1892	20.	35.	50.	75.	125.	200.	350.	450.	500.	550.	600.	1000.	1400.	3500.	1250.	2000.	4250.	5500.
1892-O	200.	300.	400.	500.	625.	675.	750.	900.	1000.	1200.	1300.	1700.	3000.	4500.	*	*	*	*
1892-O Micro 0	1400.	2000.	3000.	4500.	7500.	12000.	18000.	19000.	20000.	25000.	30000.	35000.	45000.	65000.	*	*	*	*
1892-S	175.	250.	325.	425.	550.	600.	800.	850.	1000.	1100.	1500.	2500.	3000.	5500.	*	*	*	*
1893	16.	22.	35.	80.	150.	200.	400.	450.	500.	550.	700.	1400.	2500.	5500.	1250.	2000.	4250.	5500.
1893-O	35.	35.	75.	125.	225.	375.	450.	500.	550.	600.	1000.	1750.	2250.	10000.	*	*	*	*
1893-S	100.	150.	225.	300.	500.	550.	700.	800.	1100.	1300.	2500.	5000.	10000.	25000.	*	*	*	*
1894	19.	30.	55.	125.	200.	300.	400.	425.	475.	550.	800.	1000.	1750.	4000.	1250.	2000.	4250.	5500.
1894-O	13.	20.	35.	100.	175.	275.	400.	450.	500.	550.	800.	1000.	1750.	6600.	*	*	*	*
1894-S	13.	18.	30.	75.	125.	225.	400.	450.	500.	575.	900.	1500.	3000.	10500.	*	*	*	*
1895	13.	20.	30.	80.	175.	225.	400.	450.	525.	600.	800.	1200.	1750.	4000.	1250.	2000.	4250.	5500.
1895-O	13.	25.	30.	125.	200.	275.	400.	450.	525.	550.	1200.	1700.	3250.	7000.	*	*	*	*
1895-S	20.	35.	55.	90.	250.	300.	800.	450.	1250.	550.	1000.	1100.	3000.	7500.	*	*	*	*
1896	16.	22.	30.	135.	150.	250.	400.	450.	1450.	550.	1000.	1600.	2500.	5750.	1250.	2000.	4250.	5500.
1896-O	27.	40.	60.	200.	300.	500.	800.	900.	1250.	1600.	3000.	7000.	12500.	20000.	*	*	*	*
1896-S	75.	125.	140.	225.	350.	500.	800.	900.	1550.	1500.	2250.	3500.	6000.	11000.	*	*	*	*
1897	13.	14.	16.	50.	100.	200.	400.	450.	500.	525.	700.	1000.	1400.	4000.	1250.	2000.	4250.	5500.
1897-O	100.	160.	225.	500.	850.	1100.	1300.	1500.	1650.	1700.	2500.	3900.	7000.	9500.	*	*	*	*
1897-S	90.	150.	225.	375.	600.	900.	1100.	1200.	1550.	1600.	2200.	3500.	5000.	7500.	*	*	*	*
1898	13.	14.	16.	40.	100.	225.	400.	450.	525.	550.	700.	1000.	1500.	4500.	1250.	2000.	4250.	5500.
1898-O	25.	40.	85.	250.	425.	575.	675.	860.	1000.	1200.	1800.	3250.	5000.	9000.	*	*	*	*
1898-S	18.	30.	50.	90.	175.	350.	450.	600.	900.	1000.	1750.	3900.	7750.	10000.	*	*	*	*
1899	13.	15.	18.	40.	100.	225.	400.	450.	525.	550.	675.	1000.	1500.	4000.	1250.	2000.	4250.	5500.
1899-O	13.	27.	40.	85.	175.	300.	400.	500.	600.	650.	900.	1500.	4000.	8250.	*	*	*	*
1899-S	13.	25.	50.	100.	150.	250.	375.	400.	600.	650.	1400.	2300.	1500.	6750.	*	*	*	*
1900	11.	15.	17.	40.	100.	225.	425.	500.	500.	550.	675.	1000.	1500.	3900.	1250.	2000.	4250.	5500.
1900-O	11.	20.	25.	60.	175.	300.	400.	400.	700.	900.	1700.	3500.	6900.	15000.	*	*	*	*
1900-S	11.	16.	20.	50.	110.	225.	400.	475.	550.	650.	1200.	2600.	4500.	9500.	*	*	*	*

—— = Insufficient pricing data   * = None issued

BARBER HALF DOLLAR (CONTINUED)

	AG-3	G-4	VG-8	F-12	VF-20	EF-40	AU-50	AU-55	AU-58	MS-60	MS-62	MS-63	MS-64	MS-65	PF-63	PF-64	PF-65	PF-66
1901	11.	15.	18.	40.	100.	200.	375.	400.	500.	550.	675.	1000.	1500.	4500.	1250.	2000.	4250.	5500.
1901-O	11.	20.	35.	80.	225.	400.	560.	875.	1100.	1300.	2750.	5250.	9500.	15000.	*	*	*	*
1901-S	20.	35.	60.	175.	375.	700.	1200.	1400.	1600.	2000.	3500.	8000.	12500.	16250.	*	*	*	*
1902	11.	13.	15.	40.	100.	225.	400.	450.	500.	550.	675.	1000.	1500.	4500.	1250.	2000.	4250.	5500.
1902-O	11.	15.	20.	65.	110.	225.	400.	450.	550.	750.	1500.	3750.	6000.	10000.	*	*	*	*
1902-S	11.	20.	25.	70.	160.	275.	450.	550.	700.	800.	1300.	2600.	6250.	8000.	*	*	*	*
1903	11.	16.	18.	45.	110.	225.	400.	450.	600.	550.	700.	1700.	3250.	8000.	1250.	2000.	4250.	5500.
1903-O	11.	16.	20.	60.	135.	225.	400.	500.	600.	660.	1100.	1600.	2250.	10000.	*	*	*	*
1903-S	11.	16.	20.	60.	135.	250.	400.	500.	600.	660.	1100.	1850.	3250.	5500.	*	*	*	*
1904	11.	14.	16.	40.	100.	225.	400.	450.	500.	550.	700.	1250.	1650.	4750.	1250.	2000.	4250.	5500.
1904-O	11.	20.	35.	85.	225.	400.	600.	775.	950.	1150.	1700.	3900.	7500.	13000.	*	*	*	*
1904-S	25.	40.	75.	275.	600.	1200.	2500.	7000.	9000.	10000.	17000.	25000.	27000.	45000.	*	*	*	*
1905	11.	22.	35.	100.	200.	275.	450.	450.	600.	660.	1000.	1600.	3250.	6500.	1250.	2000.	4250.	5500.
1905-O	19.	25.	50.	135.	225.	335.	600.	600.	700.	800.	1200.	1800.	2400.	4750.	*	*	*	*
1905-S	11.	14.	20.	55.	125.	225.	400.	475.	550.	660.	1000.	2100.	3900.	9250.	*	*	*	*
1906	11.	13.	16.	40.	100.	200.	400.	425.	450.	500.	600.	1000.	1500.	3500.	1250.	2000.	4250.	5500.
1906-D	11.	14.	16.	40.	100.	200.	400.	425.	450.	500.	600.	1000.	1700.	3900.	*	*	*	*
1906-O	11.	14.	20.	50.	110.	215.	400.	425.	525.	600.	1100.	1600.	3000.	6250.	*	*	*	*
1906-S	11.	15.	20.	60.	125.	225.	400.	425.	600.	660.	1000.	1500.	3250.	5500.	*	*	*	*
1907	11.	13.	16.	40.	100.	200.	400.	425.	450.	500.	600.	1000.	1500.	3500.	1250.	2000.	4250.	5500.
1907-D	11.	14.	16.	40.	100.	200.	400.	425.	450.	500.	600.	1000.	1500.	3500.	*	*	*	*
1907-O	11.	14.	16.	40.	100.	210.	400.	425.	450.	500.	600.	1000.	1500.	3500.	*	*	*	*
1907-S	11.	17.	25.	85.	175.	325.	625.	860.	1000.	1250.	2500.	6250.	11000.	12750.	*	*	*	*
1907-S/S	18.	30.	50.	150.	300.	600.	850.	950.	1100.	1400.	3000.	7000.	12000.	—	*	*	*	*
1908	11.	13.	16.	40.	100.	200.	400.	425.	450.	500.	600.	1000.	1500.	3500.	1250.	2000.	4250.	5500.
1908-D	11.	14.	16.	40.	100.	200.	400.	425.	450.	500.	600.	1000.	1500.	3500.	*	*	*	*
1908-S	11.	14.	16.	35.	100.	200.	400.	425.	450.	525.	675.	1000.	1500.	3500.	*	*	*	*
1909	11.	20.	25.	75.	170.	275.	450.	660.	450.	900.	1500.	2600.	4750.	6600.	1250.	2000.	4250.	5500.
1909-O	11.	16.	18.	60.	150.	350.	550.	675.	800.	825.	1200.	1700.	3500.	5000.	*	*	*	*

—— = Insufficient pricing data   * = None issued

BARBER HALF DOLLAR (CONTINUED)

	AG-3	G-4	VG-8	F-12	VF-20	EF-40	AU-50	AU-55	AU-58	MS-60	MS-62	MS-63	MS-64	MS-65	PF-63	PF-64	PF-65	PF-66
1909-S	11.	12.	16.	40.	100.	200.	400.	450.	600.	625.	800.	1300.	2900.	4250.	*	*	*	*
1910	11.	20.	35.	100.	200.	350.	450.	500.	550.	600.	800.	1100.	1500.	3000.	1250.	2000.	4250.	5500.
1910-S	11.	13.	18.	40.	100.	225.	400.	450.	550.	750.	1500.	2400.	3250.	6600.	*	*	*	*
1911	11.	12.	16.	35.	100.	200.	375.	400.	500.	525.	660.	1000.	1500.	3400.	1250.	2000.	4250.	5500.
1911-D	11.	12.	17.	45.	100.	225.	375.	400.	500.	550.	660.	1000.	1750.	4000.	*	*	*	*
1911-S	11.	13.	20.	45.	100.	200.	400.	425.	575.	625.	1000.	1500.	3000.	5900.	*	*	*	*
1912	11.	12.	16.	40.	100.	200.	375.	400.	500.	525.	660.	1000.	1500.	3400.	1250.	2000.	4250.	5500.
1912-D	11.	16.	20.	40.	100.	200.	375.	400.	500.	525.	660.	1000.	1500.	3400.	*	*	*	*
1912-S	11.	16.	25.	45.	100.	225.	375.	425.	525.	575.	800.	1100.	2600.	4500.	*	*	*	*
1913	55.	75.	100.	225.	450.	660.	860.	950.	1100.	1150.	1400.	2000.	3250.	5000.	1250.	2000.	4250.	5500.
1913-D	11.	18.	25.	50.	100.	200.	400.	425.	500.	550.	700.	1300.	1500.	4500.	*	*	*	*
1913-S	11.	20.	28.	60.	110.	250.	400.	450.	575.	700.	800.	1300.	3100.	9600.	*	*	*	*
1914	125.	150.	175.	325.	600.	800.	1000.	1100.	1400.	1500.	1600.	1900.	3500.	4750.	1350.	2200.	4750.	6500.
1914-S	11.	20.	25.	45.	100.	200.	400.	450.	550.	600.	900.	1250.	2300.	6250.	*	*	*	*
1915	75.	120.	175.	300.	400.	600.	850.	1200.	1375.	1400.	1600.	2250.	4500.	3400.	1350.	2200.	4750.	6500.
1915-D	11.	12.	16.	40.	100.	225.	400.	450.	500.	525.	660.	1000.	1500.	3400.	*	*	*	*
1915-S	11.	15.	25.	50.	100.	225.	400.	450.	500.	525.	650.	1000.	1500.	3400.	*	*	*	*

—— = Insufficient pricing data   * = None issued

Walking Liberty half dollar

Date of authorization: April 2, 1792
Dates of issue: 1916-1947
Designer: Adolph Weinman
Engraver: Charles Barber
Diameter: 30.61 mm/1.21 inches
Weight: 12.50 grams/0.40 ounce
Metallic Content: 90% silver, 10% copper
Specific gravity: 10.34
Weight of pure silver: 11.25 grams/0.36 ounce
Edge: Reeded
Mint mark: (1916): Obverse below IN GOD WE TRUST
(1917): Obverse below IN GOD WE TRUST
or reverse lower left

Obverse Mint mark

Reverse Mint mark

WALKING LIBERTY HALF DOLLAR (CONTINUED)

	G-4	VG-8	F-12	VF-20	EF-40	AU-50	AU-55	AU-58	MS-60	MS-63	MS-64	MS-65	MS-66	PF-63	PF-64	PF-65	PF-66
1916	50.	60.	125.	225.	275.	325.	340.	355.	360.	550.	800.	2000.	3750.	*	*	*	*
1916-D	50.	60.	100.	175.	275.	325.	340.	375.	400.	625.	1000.	2600.	5000.	*	*	*	*
1916-S	125.	150.	325.	575.	800.	900.	1000.	1400.	1450.	2200.	3500.	7000.	15000.	*	*	*	*
1917	12.	15.	18.	25.	55.	90.	110.	135.	150.	200.	350.	1100.	2700.	*	*	*	*
1917-D Obverse Mint mark	30.	40.	100.	200.	275.	400.	500.	590.	600.	1400.	2500.	8000.	25000.	*	*	*	*
1917-D Reverse Mint mark	18.	20.	55.	200.	325.	675.	700.	850.	900.	2000.	3800.	18000.	40000.	*	*	*	*
1917-S Obverse Mint mark	30.	50.	200.	450.	750.	1400.	1750.	2200.	2350.	4750.	9000.	22000.	45000.	*	*	*	*
1917-S Reverse Mint mark	12.	15.	20.	40.	80.	200.	250.	325.	350.	1900.	3000.	13000.	25000.	*	*	*	*
1918	12.	15.	20.	80.	175.	275.	325.	450.	550.	1000.	1500.	3500.	10000.	*	*	*	*
1918-D	12.	15.	40.	125.	275.	525.	750.	1000.	1200.	3000.	6325.	25000.	50000.	*	*	*	*
1918-S	12.	15.	20.	40.	75.	225.	300.	400.	500.	1750.	3200.	19000.	50000.	*	*	*	*
1919	30.	37.	95.	350.	650.	900.	1000.	1200.	1500.	3500.	4250.	7500.	18000.	*	*	*	*
1919-D	25.	42.	115.	400.	1000.	2000.	3000.	4000.	6000.	16500.	35000.	150000.	250000.	*	*	*	*
1919-S	13.	15.	90.	400.	900.	1900.	2500.	3000.	3750.	9000.	12500.	25000.	30000.	*	*	*	*
1920	12.	15.	20.	50.	100.	150.	200.	300.	350.	750.	1300.	4500.	13000.	*	*	*	*
1920-D	13.	20.	85.	275.	575.	900.	1200.	1400.	1500.	3500.	6500.	15000.	25000.	*	*	*	*
1920-S	12.	15.	30.	100.	325.	500.	600.	800.	900.	3000.	4600.	14000.	35000.	*	*	*	*
1921	200.	275.	450.	1000.	2000.	3000.	3500.	4950.	5000.	8000.	12000.	19000.	30000.	*	*	*	*
1921-D	350.	400.	500.	1100.	2000.	3500.	5175.	5750.	6000.	14000.	22000.	28000.	40000.	*	*	*	*
1921-S	55.	75.	300.	1000.	4000.	8500.	10000.	12000.	15000.	27500.	47000.	125000.	175000.	*	*	*	*
1923-S	13.	15.	40.	150.	400.	750.	1000.	1380.	1450.	3500.	4500.	15000.	30000.	*	*	*	*
1927-S	12.	15.	20.	60.	225.	575.	625.	1100.	1200.	2000.	3500.	10000.	30000.	*	*	*	*
1928-S	12.	15.	20.	100.	350.	500.	700.	900.	1200.	2800.	4000.	11000.	25000.	*	*	*	*
1929-D	12.	15.	20.	35.	125.	220.	250.	300.	400.	650.	1200.	3000.	5000.	*	*	*	*
1929-S	12.	15.	20.	35.	140.	240.	275.	440.	450.	1000.	1300.	3200.	5000.	*	*	*	*

—— = Insufficient pricing data   * = None issued

	G-4	VG-8	F-12	VF-20	EF-40	AU-50	AU-55	AU-58	MS-60	MS-63	MS-64	MS-65	MS-66	PF-63	PF-64	PF-65	PF-66
1933-S	13.	14.	18.	25.	60.	250.	350.	550.	600.	1250.	1500.	4000.	5750.	*	*	*	*
1934	12.	13.	15.	18.	18.	40.	55.	55.	75.	100.	135.	525.	750.	*	*	*	*
1934-D	13.	14.	15.	20.	45.	100.	125.	130.	150.	225.	400.	1300.	3000.	*	*	*	*
1934-S	13.	15.	18.	18.	40.	110.	175.	345.	350.	800.	1500.	4000.	5000.	*	*	*	*
1935	12.	13.	15.	18.	18.	25.	30.	40.	45.	75.	125.	325.	550.	*	*	*	*
1935-D	13.	15.	18.	18.	40.	75.	85.	125.	135.	275.	500.	2000.	5000.	*	*	*	*
1935-S	13.	15.	18.	18.	35.	100.	125.	230.	250.	425.	650.	3000.	5000.	*	*	*	*
1936	12.	13.	15.	18.	18.	25.	30.	35.	40.	70.	100.	250.	500.	2500.	3000.	4500.	5000.
1936-D	13.	13.	15.	18.	25.	60.	70.	75.	80.	115.	150.	500.	1000.	*	*	*	*
1936-S	13.	15.	18.	18.	25.	65.	75.	90.	135.	225.	250.	800.	1250.	*	*	*	*
1937	12.	13.	15.	18.	18.	25.	30.	35.	45.	70.	100.	300.	550.	600.	800.	1200.	1800.
1937-D	13.	15.	18.	20.	40.	110.	125.	175.	200.	275.	325.	800.	1500.	*	*	*	*
1937-S	13.	15.	18.	18.	30.	75.	85.	125.	150.	200.	275.	750.	1500.	*	*	*	*
1938	13.	18.	18.	18.	20.	45.	50.	55.	70.	140.	175.	425.	550.	550.	750.	1000.	1200.
1938-D	75.	100.	125.	150.	175.	250.	300.	425.	450.	600.	725.	1650.	2750.	*	*	*	*
1939	12.	13.	15.	18.	18.	25.	30.	37.	45.	75.	90.	175.	300.	500.	700.	900.	1100.
1939-D	12.	13.	18.	18.	18.	30.	35.	40.	55.	80.	100.	200.	500.	*	*	*	*
1939-S	13.	16.	18.	18.	35.	85.	95.	125.	150.	200.	275.	350.	525.	*	*	*	*
1940	12.	13.	14.	18.	18.	20.	22.	30.	35.	50.	75.	165.	350.	450.	600.	700.	950.
1940-S	12.	13.	15.	18.	18.	25.	32.	40.	55.	75.	200.	375.	1200.	*	*	*	*
1941	12.	13.	14.	15.	18.	18.	20.	25.	35.	50.	70.	150.	325.	400.	500.	600.	700.
1941 No "AW"	*	*	*	*	*	*	*	*	*	*	*	*	*	450.	600.	700.	800.
1941-D	12.	13.	14.	15.	18.	18.	20.	30.	40.	65.	90.	175.	325.	*	*	*	*
1941-S	12.	13.	14.	15.	18.	25.	50.	65.	75.	125.	250.	1000.	2750.	*	*	*	*
1942	12.	13.	14.	15.	18.	18.	20.	30.	35.	45.	75.	150.	300.	400.	500.	600.	650.
1942 Doubled Die Reverse	—	—	—	—	40.	50.	60.	75.	100.	150.	250.	600.	1400.	*	*	*	*
1942-D	12.	13.	14.	15.	18.	18.	25.	30.	40.	75.	100.	250.	375.	*	*	*	*

— = Insufficient pricing data   * = None issued

WALKING LIBERTY HALF DOLLAR (CONTINUED)

	G-4	VG-8	F-12	VF-20	EF-40	AU-50	AU-55	AU-58	MS-60	MS-63	MS-64	MS-65	MS-66	PF-63	PF-64	PF-65	PF-66
1942-S	12.	13.	14.	15.	18.	18.	25.	35.	40.	75.	100.	500.	1800.	*	*	*	*
1943	12.	13.	14.	15.	18.	18.	20.	25.	35.	75.	65.	150.	300.	*	*	*	*
1943-D	12.	13.	14.	15.	18.	22.	30.	40.	45.	70.	90.	225.	350.	*	*	*	*
1943-S	12.	13.	14.	15.	18.	20.	30.	40.	45.	65.	100.	350.	700.	*	*	*	*
1944	12.	13.	14.	15.	18.	18.	20.	25.	35.	45.	75.	165.	300.	*	*	*	*
1944-D	12.	13.	14.	15.	18.	18.	25.	30.	40.	65.	85.	165.	350.	*	*	*	*
1944-S	12.	13.	14.	15.	18.	18.	25.	30.	40.	70.	100.	500.	1495.	*	*	*	*
1945	12.	13.	14.	15.	18.	18.	20.	25.	35.	50.	75.	165.	300.	*	*	*	*
1945-D	12.	13.	14.	15.	18.	18.	25.	30.	40.	60.	75.	155.	300.	*	*	*	*
1945-S	12.	13.	14.	15.	18.	18.	25.	30.	40.	55.	80.	175.	700.	*	*	*	*
1946	12.	13.	14.	15.	18.	18.	20.	25.	35.	45.	75.	160.	375.	*	*	*	*
1946 Doubled Die Reverse	—	—	—	—	200.	250.	275.	295.	300.	800.	1200.	2500.	5000.	*	*	*	*
1946-D	12.	13.	14.	15.	18.	35.	40.	45.	50.	70.	75.	175.	300.	*	*	*	*
1946-S	12.	13.	14.	15.	18.	18.	25.	35.	45.	75.	85.	175.	350.	*	*	*	*
1947	12.	13.	14.	15.	18.	23.	30.	40.	50.	65.	80.	225.	600.	*	*	*	*
1947-D	12.	13.	14.	15.	18.	32.	40.	45.	50.	70.	80.	175.	400.	*	*	*	*

—— = Insufficient pricing data   * = None issued

Franklin half dollar

Date of authorization:	April 2, 1792
Dates of issue:	1948-1963
Designer:	John Sinnock
Engraver:	Gilroy Roberts
Diameter:	30.61 mm/1.21 inches
Weight:	12.50 grams/0.40 ounce
Metallic Content:	90% silver, 10% copper
Specific gravity:	10.34
Weight of pure silver:	11.25 grams/0.36 ounce
Edge:	Reeded
Mint mark:	Reverse above bell beam

NOTE: The "F" with MS-64F and MS-65F refers to Full Bell Lines. Also, the letter C following a numerical grade for a Proof coin stands for "cameo," while the letters DC stand for "deep cameo." Cameo coins have contrasting surface finishes: mirror fields and frosted devices (raised areas). Deep cameo coins are the ultimate level of cameo, with deeply frosted devices. Cameo and deep cameo coins bring premiums.

FRANKLIN HALF DOLLAR (CONTINUED)

	EF-40	AU-50	MS-60	MS-63	MS-65	MS-65F	MS-66	MS-66F	PF-63	PF-65	PF-65DC	PF-67C	PF-67DC
1948	9.75	14.	20.	25.	85.	150.	300.	400.	*	*	*	*	*
1948-D	9.75	14.	20.	25.	110.	200.	600.	1150.	*	*	*	*	*
1949	9.75	14.	35.	50.	120.	225.	450.	—	*	*	*	*	*
1949-D	20.	30.	40.	60.	500.	1500.	2000.	9000.	*	*	*	*	*
1949-S	20.	35.	70.	100.	160.	500.	400.	800.	*	*	*	*	*
1950	9.75	14.	25.	35.	125.	250.	400.	900.	375.	500.	—	—	—
1950-D	9.75	14.	22.	35.	300.	600.	1000.	1500.	*	*	*	*	*
1951	9.75	14.	20.	20.	75.	350.	300.	1000.	300.	400.	—	—	—
1951-D	9.75	20.	30.	45.	175.	500.	1000.	1500.	*	*	*	*	*
1951-S	9.75	18.	30.	35.	100.	750.	350.	1500.	*	*	*	*	*
1952	9.75	14.	18.	20.	60.	150.	200.	400.	200.	290.	—	1750.	—
1952-D	9.75	14.	18.	20.	150.	200.	500.	1500.	*	*	*	*	*
1952-S	20.	30.	70.	85.	125.	1000.	250.	4600.	*	*	*	*	*
1953	9.75	14.	25.	30.	100.	700.	400.	2000.	150.	220.	—	1500.	—
1953-D	9.75	14.	18.	20.	120.	200.	750.	1000.	*	*	*	*	*
1953-S	9.75	14.	30.	40.	100.	25000.	400.	—	*	*	*	*	*
1954	9.75	14.	18.	25.	50.	225.	400.	1100.	65.	100.	—	450.	—
1954-D	9.75	14.	18.	18.	125.	250.	500.	1000.	*	*	*	*	*
1954-S	9.75	14.	30.	35.	55.	300.	250.	1500.	*	*	*	*	*
1955	9.75	20.	30.	40.	65.	200.	200.	500.	45.	80.	—	300.	1750.
1956	9.75	14.	18.	20.	40.	100.	95.	300.	15.	30.	—	125.	300.
1956 Reverse of 1950-1955	*	*	*	*	*	*	*	*	25.	50.	—	1000.	12500.
1956 Reverse of 1957-1963	*	*	*	*	*	*	*	*	15.	30.	—	125.	300.
1957	9.75	14.	18.	18.	50.	125.	95.	200.	20.	30.	—	200.	850.
1957-D	9.75	14.	18.	19.	60.	85.	125.	250.	*	*	*	*	*
1958	9.75	14.	18.	18.	40.	125.	100.	150.	20.	40.	—	300.	1800.
1958-D	9.75	14.	18.	18.	40.	100.	100.	150.	*	*	*	*	*
1959	9.75	14.	18.	18.	65.	200.	500.	2200.	15.	30.	—	700.	*
1959-D	9.75	14.	18.	18.	85.	150.	1000.	2000.	*	*	*	*	*
1960	9.75	14.	18.	18.	95.	300.	600.	2000.	15.	28.	—	120.	350.
1960-D	9.75	14.	18.	18.	200.	500.	700.	3200.	*	*	*	*	*
1961	9.75	14.	18.	18.	65.	800.	575.	—	15.	28.	—	100.	400.
1961 Doubled Die Reverse	*	*	*	*	*	*	*	*	—	3000.	—	—	—
1961-D	9.75	14.	18.	18.	150.	600.	1000.	2300.	*	*	*	*	*
1962	9.75	14.	18.	18.	125.	3500.	900.	8500.	15.	28.	—	80.	300.
1962-D	9.75	14.	18.	18.	175.	500.	850.	2500.	*	*	*	*	*
1963	9.75	14.	18.	18.	60.	1500.	775.	—	15.	30.	—	80.	300.
1963-D	9.75	14.	18.	20.	75.	200.	500.	1500.	*	*	*	*	*

—— = Insufficient pricing data   * = None issued

Kennedy half dollar

Date of authorization: Dec. 30, 1963; July 23, 1965;
Oct. 18, 1973

Dates of issue: 1964-present

Designer: Obverse: Gilroy Roberts
Reverse: Frank Gasparro
(Bicentennial reverse): Seth G. Huntington

Engraver: Gilroy Roberts
(Bicentennial reverse): Frank Gasparro

Diameter: 30.61 mm/1.21 inches

Weight: (1964, 1992-present silver Proof only):
12.50 grams/0.40 ounce
(1965-1970): 11.50 grams/0.37 ounce
(1971-present): 11.34 grams/0.36 ounce
(1976 Bicentennial): 11.50 grams/
0.37 ounce

Metallic Content: (1964, 1992-present silver Proofs only):
90% silver, 10% copper
(1965-1970): 80% silver, 20% copper
bonded to a core of 21.5% silver,
78.5% copper
(1971-present): 75% copper, 25% nickel
bonded to pure copper core
(1976 Bicentennial Proof and
Uncirculated sets only): 80% silver,
20% copper bonded to a core of
21.5% silver, 78.5% copper

Specific gravity: 90% silver. 10.34; 40% silver, 9.53;
copper-nickel clad, 8.92

Weight of pure silver: (1964, 1992-present silver Proofs only)
11.25 grams/0.36 ounce
(1965-1970): 4.60 grams/0.15 ounce
(1976 Bicentennial Proof and
Uncirculated sets only):
4.60 grams/0.15 ounce

Edge: Reeded
Mint mark: (1964): Reverse left near claw and
laurel
(1968-present): Obverse below Kennedy

Bicentennial date, reverse

Also, the letter C following a numerical grade for a Proof coin stands for "cameo," while the letters DC stand for "deep cameo." Cameo coins have contrasting surface finishes: mirror fields and frosted devices (raised areas). Deep cameo coins are the ultimate level of cameo, with deeply frosted devices. Cameo and deep cameo coins bring premiums.

	AU-50	AU-58	MS-60	MS-63	MS-65	MS-67	PF-65	PF-67	PF-68DC	PF-69DC
SILVER										
1964	10.	12.	13.	18.	30.	450.	18.	50.	300.	2000.
1964 Heavily Accented Hair										
	*	*	*	*	*	*	50.	75.	—	—
1964 Special Mint Set	—	—	—	—	—	—	*	*	*	*
1964-D	10.	12.	13.	18.	30.	1000.	*	*	*	*
40 PERCENT SILVER CLAD										
1965	5.50	6.00	6.00	7.00	22.	500.	*	*	*	*
1965 Special Mint Set	—	—	—	—	—	—	11.	35.	—	—
1966	5.50	6.00	6.00	7.00	18.	725.	*	*	*	*
1966 Special Mint Set	—	—	—	—	—	—	11.	35.	—	—
1967	5.50	6.00	6.00	7.00	22.	650.	*	*	*	*
1967 Special Mint Set	—	—	—	—	—	—	12.	40.	—	—
1968-D	5.50	6.00	6.00	7.00	20.	300.	*	*	*	*
1968-S	*	*	*	*	*	*	9.00	18.	110.	250.
1969-D	5.50	6.00	6.00	7.00	25.	1500.	*	*	*	*
1969-S	*	*	*	*	*	*	9.00	15.	100.	250.
1970-D	—	9.00	11.	20.	60.	700.	*	*	*	*
1970-S	*	*	*	*	*	*	25.	35.	125.	500.
COPPER-NICKEL CLAD										
1971	1.00	1.00	2.00	3.00	16.	175.	*	*	*	*
1971-D	1.00	1.00	2.00	3.00	12.	70.	*	*	*	*

—— = Insufficient pricing data   * = None issued

KENNEDY HALF DOLLAR (CONTINUED)

	AU-50	AU-58	MS-60	MS-63	MS-65	MS-67	PF-65	PF-67	PF-68DC	PF-69DC
1971-S	*	*	*	*	*	*	5.00	8.00	200.	1500.
1972	1.00	1.00	2.00	3.00	15.	190.	*	*	*	*
1972-D	1.00	1.00	2.00	3.00	12.	75.	*	*	*	*
1972-S	*	*	*	*	*	*	5.00	9.00	40.	80.
1973	1.00	1.00	2.00	3.00	20.	150.	*	*	*	*
1973-D	1.00	1.00	2.00	3.00	14.	140.	*	*	*	*
1973-S	*	*	*	*	*	*	5.00	8.00	30.	35.
1974	1.00	1.00	2.00	3.00	23.	150.	*	*	*	*
1974-D	1.00	1.00	2.00	3.00	15.	180.	*	*	*	*
1974-D Doubled Die Obverse										
	45.	50.	60.	75.	150.	—	*	*	*	*
1974-S	*	*	*	*	*	*	5.00	7.00	25.	35.

DUAL DATE, BICENTENNIAL REVERSE

	AU-50	AU-58	MS-60	MS-63	MS-65	MS-67	PF-65	PF-67	PF-68DC	PF-69DC
1776-1976	2.75	3.50	4.00	5.00	20.	125.	*	*	*	*
1776-1976-D	2.75	3.50	4.00	4.50	20.	175.	*	*	*	*
1776-1976-S	*	*	*	*	*	*	7.00	12.	40.	90.
1776-1976-S 40% silver										
	6.00	6.00	7.00	7.00	15.	35.	8.00	15.	45.	100.

PRESIDENTIAL SEAL/EAGLE REVERSE RESUMED

	AU-50	AU-58	MS-60	MS-63	MS-65	MS-67	PF-65	PF-67	PF-68DC	PF-69DC
1977	1.00	1.00	2.25	3.00	14.	130.	*	*	*	*
1977-D	1.00	1.00	2.25	3.00	16.	90.	*	*	*	*
1977-S	*	*	*	*	*	*	5.00	7.00	20.	25.
1978	1.00	1.00	2.25	3.00	11.	95.	*	*	*	*
1978-D	1.00	1.00	2.25	3.50	14.	150.	*	*	*	*
1978-S	*	*	*	*	*	*	5.00	8.00	25.	45.
1979	1.00	1.00	2.00	3.00	14.	160.	*	*	*	*
1979-D	1.00	1.00	2.00	3.00	14.	185.	*	*	*	*
1979-S Filled S	*	*	*	*	*	*	5.00	9.00	25.	45.
1979-S Clear S	*	*	*	*	*	*	8.00	18.	60.	75.
1980-P	1.00	1.00	2.00	3.00	12.	45.	*	*	*	*
1980-D	1.00	1.00	2.00	3.00	16.	130.	*	*	*	*
1980-S	*	*	*	*	*	*	5.00	7.00	17.	35.
1981-P	1.00	1.00	2.00	3.00	10.	275.	*	*	*	*
1981-D	1.00	1.00	2.00	3.00	12.	400.	*	*	*	*
1981-S	*	*	*	*	*	*	10.	18.	40.	45.
1981-S Filled S	*	*	*	*	*	*	5.00	10.	17.	35.
1982-P	1.00	1.00	3.00	4.00	17.	—	*	*	*	*
1982-P No FG	—	—	—	10.	30.	—	*	*	*	*
1982-D	1.00	2.00	3.00	4.00	18.	425.	*	*	*	*
1982-S	*	*	*	*	*	*	5.00	7.00	17.	35.
1983-P	1.00	2.00	3.00	5.00	20.	175.	*	*	*	*
1983-D	1.00	2.00	3.00	4.00	12.	380.	*	*	*	*
1983-S	*	*	*	*	*	*	5.00	7.00	17.	35.
1984-P	1.00	1.00	2.00	3.00	11.	250.	*	*	*	*
1984-D	1.00	1.00	2.00	3.00	18.	240.	*	*	*	*
1984-S	*	*	*	*	*	*	5.00	7.00	17.	40.
1985-P	1.00	1.00	2.00	6.00	16.	85.	*	*	*	*
1985-D	1.00	1.00	3.50	4.00	12.	47.	*	*	*	*
1985-S	*	*	*	*	*	*	6.00	8.00	17.	35.
1986-P	1.00	1.00	5.00	7.00	15.	65.	*	*	*	*
1986-D	1.00	1.00	4.00	5.50	12.	48.	*	*	*	*
1986-S	*	*	*	*	*	*	7.00	9.00	20.	40.
1987-P	1.00	1.00	4.00	5.00	15.	85.	*	*	*	*

—— = Insufficient pricing data   * = None issued

KENNEDY HALF DOLLAR (CONTINUED)

	AU-50	AU-58	MS-60	MS-63	MS-65	MS-67	PF-65	PF-67	PF-68DC	PF-69DC
1987-D	1.00	1.00	4.00	5.00	12.	42.	*	*	*	*
1987-S	*	*	*	*	*	*	5.00	7.00	17.	35.
1988-P	1.00	1.00	3.50	4.00	15.	45.	*	*	*	*
1988-D	1.00	1.00	2.50	3.50	10.	37.	*	*	*	*
1988-S	*	*	*	*	*	*	5.00	7.00	17.	40.
1989-P	1.00	1.00	2.50	3.50	12.	110.	*	*	*	*
1989-D	1.00	1.00	2.00	3.00	12.	50.	*	*	*	*
1989-S	*	*	*	*	*	*	5.00	7.00	20.	35.
1990-P	1.00	1.00	2.00	3.50	17.	125.	*	*	*	*
1990-D	1.00	1.00	2.00	3.00	19.	190.	*	*	*	*
1990-S	*	*	*	*	*	*	5.00	7.00	17.	35.
1991-P	1.00	1.00	3.00	3.50	13.	160.	*	*	*	*
1991-D	1.00	1.00	4.00	5.00	14.	175.	*	*	*	*
1991-S	*	*	*	*	*	*	5.00	7.00	35.	45.
1992-P	1.00	1.00	2.00	3.00	11.	30.	*	*	*	*
1992-D	1.00	1.00	3.00	4.00	10.	40.	*	*	*	*
1992-S Clad	*	*	*	*	*	*	5.00	7.00	17.	35.
1992-S Silver	*	*	*	*	*	*	17.	20.	35.	40.
1993-P	1.00	1.00	3.00	5.00	12.	30.	*	*	*	*
1993-D	1.00	1.00	3.00	4.00	10.	35.	*	*	*	*
1993-S Clad	*	*	*	*	*	*	5.00	7.00	20.	38.
1993-S Silver	*	*	*	*	*	*	30.	40.	55.	60.
1994-P	1.00	1.00	3.00	3.50	11.	35.	*	*	*	*
1994-D	1.00	1.00	3.00	3.50	9.00	50.	*	*	*	*
1994-S Clad	*	*	*	*	*	*	5.00	7.00	30.	40.
1994-S Silver	*	*	*	*	*	*	35.	45.	60.	70.
1995-P	1.00	1.00	2.50	3.00	10.	35.	*	*	*	*
1995-D	1.00	1.00	2.50	3.00	8.50	30.	*	*	*	*
1995-S Clad	*	*	*	*	*	*	5.00	9.00	40.	55.
1995-S Silver	*	*	*	*	*	*	45.	55.	75.	100.
1996-P	1.00	1.00	2.50	3.00	11.	30.	*	*	*	*
1996-D	1.00	1.00	2.50	3.00	10.	30.	*	*	*	*
1996-S Clad	*	*	*	*	*	*	7.00	8.00	20.	50.
1996-S Silver	*	*	*	*	*	*	50.	65.	85.	90.
1997-P	1.00	1.00	2.50	3.00	13.	45.	*	*	*	*
1997-D	1.00	1.00	2.50	3.00	10.	60.	*	*	*	*
1997-S Clad	*	*	*	*	*	*	5.00	7.00	60.	70.
1997-S Silver	*	*	*	*	*	*	35.	45.	65.	75.
1998-P	1.00	1.00	2.50	3.00	12.	45.	*	*	*	*
1998-D	1.00	1.00	2.50	3.00	12.	60.	*	*	*	*
1998-S Clad	*	*	*	*	*	*	5.00	7.00	35.	45.
1998-S Silver	*	*	*	*	*	*	35.	45.	65.	70.
1998-S Silver, Matte Finish										
	—	—	—	150.	160.	200.	*	*	*	*
1999-P	1.00	1.00	2.50	3.00	12.	35.	*	*	*	*
1999-D	1.00	1.00	2.50	3.00	12.	30.	*	*	*	*
1999-S Clad	*	*	*	*	*	*	5.00	9.00	35.	45.
1999-S Silver	*	*	*	*	*	*	30.	40.	65.	65.
2000-P	1.00	1.00	3.00	3.00	12.	30.	*	*	*	*
2000-D	1.00	1.00	3.00	3.00	12.	40.	*	*	*	*
2000-S Clad	*	*	*	*	*	*	5.00	7.00	20.	35.
2000-S Silver	*	*	*	*	*	*	20.	24.	45.	50.
2001-P	1.00	1.00	3.00	4.00	10.	23.	*	*	*	*
2001-D	1.00	1.00	3.00	4.00	10.	25.	*	*	*	*
2001-S Clad	*	*	*	*	*	*	5.00	8.00	22.	35.

—— = Insufficient pricing data   * = None issued

KENNEDY HALF DOLLAR (CONTINUED)

	AU-50	AU-58	MS-60	MS-63	MS-65	MS-67	PF-65	PF-67	PF-68DC	PF-69DC
2001-S Silver	*	*	*	*	*	*	22.	28.	35.	45.
2002-P	1.00	1.00	4.00	5.00	9.00	23.	*	*	*	*
2002-D	1.00	1.00	4.00	5.00	10.	40.	*	*	*	*
2002-S Clad	*	*	*	*	*	*	5.00	7.00	20.	35.
2002-S Silver	*	*	*	*	*	*	20.	30.	40.	55.
2003-P	1.00	1.00	4.00	5.00	10.	25.	*	*	*	*
2003-D	1.00	1.00	4.00	5.00	10.	25.	*	*	*	*
2003-S Clad	*	*	*	*	*	*	5.00	7.00	20.	30.
2003-S Silver	*	*	*	*	*	*	17.	18.	30.	45.
2004-P	1.00	1.00	4.00	5.00	10.	25.	*	*	*	*
2004-D	1.00	1.00	4.00	5.00	10.	25.	*	*	*	*
2004-S Clad	*	*	*	*	*	*	5.00	7.00	30.	35.
2004-S Silver	*	*	*	*	*	*	17.	18.	30.	45.
2005-P	1.00	1.00	4.50	5.00	8.00	12.	*	*	*	*
2005-P Satin Finish	—	—	—	5.00	8.00	12.	*	*	*	*
2005-D	1.00	1.00	4.50	5.00	8.00	12.	*	*	*	*
2005-D Satin Finish	—	—	—	5.00	8.00	12.	*	*	*	*
2005-S Clad	*	*	*	*	*	*	5.00	7.00	15.	20.
2005-S Silver	*	*	*	*	*	*	17.	18.	30.	45.
2006-P	1.00	1.00	3.50	4.00	6.00	23.	*	*	*	*
2006-P Satin Finish	—	—	—	6.00	10.	20.	*	*	*	*
2006-D	1.00	1.00	3.50	4.00	6.00	23.	*	*	*	*
2006-D Satin Finish	—	—	—	6.00	10.	20.	*	*	*	*
2006-S Clad	*	*	*	*	*	*	5.00	7.00	15.	25.
2006-S Silver	*	*	*	*	*	*	17.	18.	30.	45.
2007-P	1.00	1.00	3.50	4.00	6.00	16.	*	*	*	*
2007-P Satin Finish	—	—	—	6.00	10.	20.	*	*	*	*
2007-D	1.00	1.00	3.50	4.00	6.00	35.	*	*	*	*
2007-D Satin Finish	—	—	—	6.00	10.	20.	*	*	*	*
2007-S Clad	*	*	*	*	*	*	5.00	7.00	15.	25.
2007-S Silver	*	*	*	*	*	*	17.	18.	30.	45.
2008-P	1.00	1.00	1.50	2.00	5.00	15.	*	*	*	*
2008-P Satin Finish	—	—	—	7.00	12.	25.	*	*	*	*
2008-D	1.00	1.00	1.50	2.00	5.00	15.	*	*	*	*
2008-D Satin Finish	—	—	—	7.00	12.	25.	*	*	*	*
2008-S Clad	*	*	*	*	*	*	5.00	8.00	20.	35.
2008-S Silver	*	*	*	*	*	*	17.	18.	30.	45.
2009-P	1.00	1.00	1.50	2.00	5.00	15.	*	*	*	*
2009-P Satin Finish	—	—	—	6.00	10.	19.	*	*	*	*
2009-D	1.00	1.00	1.50	2.00	5.00	15.	*	*	*	*
2009-D Satin Finish	—	—	—	6.00	10.	19.	*	*	*	*
2009-S Clad	*	*	*	*	*	*	5.00	7.00	15.	25.
2009-S Silver	*	*	*	*	*	*	17.	18.	30.	45.
2010-P	1.00	1.00	1.50	2.00	5.00	15.	*	*	*	*
2010-P Satin Finish	—	—	—	6.00	10.	19.	*	*	*	*
2010-D	1.00	1.00	1.50	2.00	5.00	15.	*	*	*	*
2010-D Satin Finish	—	—	—	6.00	10.	19.	*	*	*	*
2010-S Clad	*	*	*	*	*	*	5.00	8.00	15.	22.
2010-S Silver	*	*	*	*	*	*	17.	18.	30.	50.
2011-P	1.00	1.00	1.50	2.00	5.00	15.	*	*	*	*
2011-D	1.00	1.00	1.50	2.00	5.00	15.	*	*	*	*
2011-S Clad	*	*	*	*	*	*	5.00	8.00	15.	24.
2011-S Silver	*	*	*	*	*	*	17.	18.	25.	50.
2012-P	—	—	—	—	—	—	*	*	*	*
2012-D	—	—	—	—	—	—	*	*	*	*
2012-S Clad	*	*	*	*	*	*	—	—	—	—
2012-S Silver	*	*	*	*	*	*	—	—	—	—

—— = Insufficient pricing data   * = None issued

Flowing Hair dollar

Date of authorization: April 2, 1792
Dates of issue: 1794-1795
Designer/Engraver: Robert Scot
Diameter: 39.50 mm/1.56 inches
Weight: 26.96 grams/0.87 ounce
Metallic Content: 90% silver, 10% copper
Specific gravity: 10.34
Weight of pure silver: 24.26 grams/0.78 ounce
Edge: Lettered (HUNDRED CENTS ONE DOLLAR OR UNIT)
Mint mark: None

	AG-3	G-4	VG-8	F-12	VF-20	EF-40	AU-50	AU-58	MS-60	MS-63
1794	40000.	60000.	100000.	125000.	150000.	175000.	350000.	575000.	650000.	—
1794 Silver Plug, Unique	*	*	*	*	*	*	*	*	*	*
1795 2 Leaves, Head of 1794	1000.	2000.	2500.	4000.	6000.	13500.	17500.	75000.	90000.	225000.
1795 3 Leaves, Head of 1795	900.	1750.	2000.	3750.	6000.	12500.	16500.	50000.	85000.	200000.
1795 Silver Plug	3500.	7500.	15000.	17500.	20000.	32500.	57500.	—	—	—

—— = Insufficient pricing data   * = None issued

Draped Bust dollar

Small Eagle

Heraldic Eagle

Date of authorization: April 2, 1792
Dates of issue: 1795-1803
Designers: Obverse: Gilbert Stuart-Robert Scot
Reverse: (1795-1798):
Scot-John Eckstein
(1798-1803): Robert Scot
Engraver: Robert Scot
Diameter: 39.50 mm/1.56 inches
Weight: 26.96 grams/0.87 ounce
Metallic Content: 89.25% silver, 10.75% copper
Specific gravity: 10.32
Weight of pure silver: 24.06 grams/0.77 ounce
Edge: Lettered (HUNDRED CENTS ONE DOLLAR OR
UNIT)
Mint mark: None

DRAPED BUST DOLLAR (CONTINUED)
SMALL EAGLE

	AG-3	G-4	VG-8	F-12	VF-20	EF-40	AU-50	MS-60	MS-63
1795 Centered Bust	1000.	1500.	2000.	4000.	5250.	10000.	20000.	50000.	125000.
1795 Off-center Bust	1000.	1500.	2000.	4000.	5250.	10000.	20000.	55000.	200000.
1796 Small Date, Small Letters									
	1000.	1500.	2000.	4000.	5000.	10000.	17500.	60000.	—
1796 Large Date, Small Letters									
	1000.	1500.	2000.	4000.	5000.	10000.	15000.	60000.	—
1796 Small Date, Large Letters									
	1000.	1500.	2000.	4000.	5000.	10000.	17500.	70000.	—
1797 9X7 Obverse Stars, Small Letters									
	1250.	2000.	3500.	5500.	12500.	17500.	35000.	—	—
1797 9X7 Obverse Stars, Large Letters									
	1000.	1750.	3000.	4000.	6000.	12500.	17500.	—	—
1797 10X6 Obverse Stars									
	1000.	1500.	2000.	3500.	5500.	11500.	17500.	50000.	120000.
1798 13 Obverse Stars	1000.	1500.	2000.	4000.	6000.	15000.	25000.	—	—
1798 15 Obverse Stars	2000.	2250.	3000.	4500.	6500.	15000.	35000.	100000.	—

DRAPED BUST, HERALDIC EAGLE DOLLAR

	AG-3	G-4	VG-8	F-12	VF-20	EF-40	AU-50	AU-58	MS-60	MS-63
1798	750.	900.	1000.	1600.	2750.	4500.	8000.	22500.	30000.	55000.
1798 Knob 9, 5 Vertical Lines in Shield										
	750.	900.	1000.	1600.	2750.	4500.	9000.	25000.	40000.	100000.
1798 Knob 9, 4 Vertical Lines in Shield										
	750.	900.	1000.	1600.	2750.	4500.	8000.	22500.	30000.	55000.
1798 Knob 9, 10 Arrows										
	750.	900.	1000.	1600.	2750.	4500.	8000.	22500.	30000.	55000.
1798 Pointed 9, Close Date										
	750.	900.	1000.	1600.	2750.	4500.	8000.	22500.	30000.	55000.
1798 Pointed 9, Wide Date										
	750.	900.	1000.	1600.	2750.	4500.	8000.	22500.	30000.	55000.
1798 Pointed 9, 5 Vertical Lines in Shield										
	750.	900.	1000.	1600.	2750.	4500.	9000.	25000.	40000.	100000.
1798 Pointed 9, 10 Arrows										
	750.	900.	1000.	1600.	2750.	4500.	8000.	22500.	30000.	55000.
1798 Pointed 9, 4 Berries										
	750.	900.	1000.	1600.	2750.	4500.	8000.	22500.	30000.	55000.
1799	750.	900.	1000.	1500.	2500.	4500.	8000.	15000.	25000.	60000.
1799/8 15 Reverse Stars										
	850.	1000.	1250.	1750.	2750.	4500.	8000.	15000.	25000.	60000.
1799/8 13 Reverse Stars										
	850.	1000.	1250.	1750.	2750.	4500.	8000.	15000.	25000.	70000.
1799 8x5 Obverse Stars										
	900.	1100.	1500.	2000.	3500.	5500.	12500.	20000.	—	—
1799 Irregular Date, 15 Reverse Stars										
	750.	900.	1000.	1500.	2500.	4500.	8000.	15000.	25000.	60000.
1799 Irregular Date, 13 Reverse Stars										
	900.	1100.	1500.	2500.	3500.	6000.	9000.	17500.	25000.	60000.
1800	750.	900.	1000.	1500.	2500.	4500.	8000.	15000.	25000.	75000.
1800 AMERICAI	850.	1250.	1500.	2000.	3500.	4750.	10000.	25000.	50000.	100000.
1800 AMERICAI, Wide Date, Low 8										
	850.	1250.	1500.	2000.	3500.	4750.	10000.	25000.	50000.	100000.
1800 Wide Date, Low 8										
	750.	900.	1000.	1500.	2500.	4500.	8000.	15000.	25000.	75000.
1800 Dotted Date	800.	1000.	1250.	1750.	3000.	4500.	8500.	20000.	25000.	75000.

—— = Insufficient pricing data

DRAPED BUST DOLLAR (CONTINUED)

	AG-3	G-4	VG-8	F-12	VF-20	EF-40	AU-50	AU-58	MS-60	MS-63
1800 12 Arrows	850.	1250.	1500.	2000.	3500.	5000.	8500.	20000.	25000.	75000.
1801	850.	1250.	1500.	2000.	3750.	5500.	7500.	25000.	50000.	100000.
1802/1 Narrow Date	750.	1100.	1250.	2000.	3000.	5000.	12500.	17500.	35000.	75000.
1802/1 Wide Date	1000.	1250.	1500.	2250.	3250.	5500.	15000.	25000.	40000.	—
1802 Narrow Date	750.	1100.	1250.	1750.	2500.	5000.	7000.	15000.	25000.	65000.
1802 Wide Date	850.	1250.	1750.	2000.	3500.	5000.	10000.	25000.	—	—
1802 Curl Top 2	*	*	*	*	*	*	*	*	*	*
1803 Large 3	700.	900.	1200.	1500.	3000.	4500.	12500.	27500.	37500.	—
1803 Small 3	650.	800.	1100.	1400.	2500.	4250.	10000.	20000.	25000.	55000.
1804 Original, struck circa 1834	—	—	—	—	—	—	—	—	—	—
1804 Restrike, Plain Edge, Unique, struck circa 1858	*	*	*	*	*	*	*	*	*	*
1804 Restrike, Lettered Edge, struck circa 1858	—	—	—	—	—	—	— 2750000.		—	—

Seated Liberty dollar

Date of authorization:		Jan. 18, 1837										
Dates of issue:		1840-1873										
Designers:		Obverse: Robert Hughes-Christian Gobrecht-Thomas Sully										
		Reverse: John Reich-Christian Gobrecht										
Engraver:		Christian Gobrecht										
Diameter:		38.10 mm/1.5 inches										
Weight:		26.73 grams/0.86 ounce										
Metallic Content:		90% silver, 10% copper										
Specific gravity:		10.34										
Weight of pure silver:		24.06 grams/0.77 ounce										
Edge:		Reeded										
Mint mark:		Reverse below eagle										

	G-4	VG-8	F-12	VF-20	EF-40	AU-50	AU-58	MS-60	MS-65	PF-63	PF-64	PF-65
1840	300.	325.	375.	450.	850.	1250.	2750.	4000.	—	27500.	42500.	75000.
1841	275.	325.	350.	450.	750.	1000.	2000.	3000.	100000.	100000.	150000.	—
1842	275.	325.	350.	425.	750.	1000.	1500.	2750.	—	50000.	—	100000.
1843	275.	325.	350.	400.	550.	1000.	2000.	2750.	—	—	60000.	—
1844	275.	325.	375.	500.	1000.	1500.	5000.	6500.	—	—	75000.	100000.
1845	300.	350.	400.	500.	1000.	1750.	5000.	10000.	—	35000.	40000.	55000.
1846	275.	325.	350.	400.	650.	1000.	1750.	2750.	125000.	25000.	35000.	150000.
1846-O	275.	325.	400.	450.	1000.	1500.	4000.	8500.	—	*	*	*
1847	275.	325.	350.	450.	650.	1000.	1500.	3000.	—	25000.	35000.	60000.
1848	325.	400.	550.	700.	1250.	2000.	3750.	5000.	—	—	35000.	—
1849	275.	325.	350.	425.	700.	1000.	2000.	3000.	—	—	50000.	75000.
1850	400.	550.	750.	1000.	2000.	3000.	5000.	7500.	—	30000.	35000.	65000.
1850-O	325.	375.	525.	750.	1600.	3500.	6000.	12500.	—	*	*	*
1851	—	—	—	—	—	40000.	45000.	—	—	—	—	—
1851 Restrike												
	—	—	—	—	—	—	—	*	*	40000.	50000.	—
1852	—	—	—	—	25000.	30000.	35000.	37500.	—	60000.	75000.	100000.
1852 Restrike												
	—	—	—	—	—	—	—	*	*	60000.	75000.	100000.
1853	350.	400.	500.	700.	1100.	2000.	3000.	4000.	—	—	—	125000.

—— = Insufficient pricing data   * = None issued

SEATED LIBERTY DOLLAR (CONTINUED)

	G-4	VG-8	F-12	VF-20	EF-40	AU-50	AU-58	MS-60	MS-65	PF-63	PF-64	PF-65
1853 Restrike								*	*	—	—	125000.
1854	1200.	1500.	2000.	3000.	4250.	5750.	8000.	9000.	—	17500.	25000.	55000.
1855	850.	1250.	1500.	2250.	3750.	4500.	7500.	8500.	—	15000.	25000.	40000.
1856	400.	500.	650.	1000.	1750.	2500.	5000.	5500.	—	12500.	17500.	40000.
1857	450.	550.	700.	850.	1500.	2000.	3000.	4000.	—	15000.	17500.	32500.
1858 Proof Only									—	15000.	20000.	40000.
1859	300.	350.	450.	600.	800.	1250.	2250.	3000.	—	4750.	6500.	17500.
1859-O	275.	350.	400.	500.	700.	850.	1250.	2500.	—	*	*	*
1859-S	400.	500.	850.	1000.	1750.	3500.	8500.	12500.	—	*	*	*
1860	275.	350.	400.	525.	700.	1250.	2000.	3000.	85000.	5000.	6500.	15000.
1860-O	275.	300.	350.	400.	500.	850.	1500.	2000.	60000.	*	*	*
1861	550.	750.	1250.	1500.	3000.	3500.	4500.	5000.	95000.	5000.	7500.	15000.
1862	600.	750.	900.	1250.	2500.	2750.	3500.	3750.	—	5000.	7000.	15000.
1863	400.	500.	600.	700.	1250.	1500.	3000.	3750.	57500.	5000.	7500.	22500.
1864	325.	375.	550.	650.	1500.	2500.	3500.	3750.	80000.	5000.	6500.	17500.
1865	300.	350.	425.	750.	1500.	2000.	3000.	3500.	85000.	5000.	6500.	15000.
1866 Proof Only	*	*	*	*	*	*	*	*	*	1500000.	—	—

MOTTO ABOVE EAGLE

	G-4	VG-8	F-12	VF-20	EF-40	AU-50	AU-58	MS-60	MS-65	PF-63	PF-64	PF-65
1866	325.	350.	450.	650.	850.	1250.	2500.	2750.	75000.	4000.	7500.	15000.
1867	300.	350.	400.	600.	1000.	1500.	2000.	2500.	75000.	4000.	7500.	17500.
1868	300.	350.	400.	600.	800.	1250.	2500.	3000.	75000.	4500.	7500.	20000.
1869	300.	350.	400.	500.	750.	1000.	1750.	2500.	75000.	4000.	7500.	17500.
1870	300.	350.	400.	500.	700.	1100.	1750.	2500.	—	4000.	7500.	15000.
1870-CC	750.	1000.	1250.	2250.	4000.	8500.	15000.	27500.	—	*	*	*
1870-S	—	—	—	700000.	850000.	—	—	—	—	*	*	*
1871	275.	325.	350.	400.	575.	1000.	1500.	2500.	—	4000.	7500.	15000.
1871-CC	1750.	4000.	5000.	8000.	15000.	25000.	50000.	—	—	*	*	*
1872	275.	325.	350.	450.	550.	1000.	1500.	2250.	70000.	4000.	7500.	15000.
1872-CC	2000.	3000.	4000.	5000.	7500.	12500.	20000.	27500.	—	*	*	*
1872-S	350.	500.	1000.	1250.	2000.	3250.	10000.	12500.	—	*	*	*
1873	275.	350.	375.	500.	550.	1000.	1750.	2500.	65000.	4000.	7500.	15000.
1873-CC	6500.	7750.	12500.	19000.	32500.	45000.	75000.	—	—	*	*	*
1873-S Unknown	*	*	*	*	*	*	*	*	*	*	*	*

—— = Insufficient pricing data   * = None issued

Trade dollar

Date of authorization: Feb. 12, 1873
Dates of issue: 1873-1885
Designer/Engraver: William Barber
Diameter: 38.10 mm/1.5 inches
Weight: 27.22 grams/0.88 ounce
Metallic Content: 90% silver, 10% copper
Specific gravity: 10.34
Weight of pure silver: 24.49 grams/0.79 ounce
Edge: Reeded
Mint mark: Reverse below eagle

	G-4	VG-8	F-12	VF-20	EF-40	AU-50	AU-58	MS-60	MS-65	PF-63
1873	125.	150.	200.	250.	300.	500.	1000.	1250.	17000.	4000.
1873-CC	300.	400.	500.	750.	1500.	3500.	8500.	11000.	—	*
1873-S	125.	150.	200.	250.	300.	500.	1500.	2000.	25000.	*
1874	125.	150.	200.	250.	300.	500.	900.	1250.	18000.	4000.
1874-CC	300.	350.	400.	500.	750.	1000.	2000.	3250.	50000.	*
1874-S	125.	150.	200.	250.	300.	400.	850.	1200.	20000.	*
1875	175.	250.	400.	500.	700.	1000.	1500.	2750.	30000.	4000.
1875-CC	250.	300.	350.	400.	600.	850.	1500.	2750.	40000.	*
1875-S	100.	150.	200.	250.	300.	350.	750.	1200.	14000.	*
1875-S/CC	250.	300.	400.	600.	1100.	1500.	3500.	5000.	65000.	*
1876	100.	150.	200.	250.	300.	400.	850.	1150.	17500.	4000.
1876-CC	300.	350.	400.	500.	750.	1500.	5000.	7500.	—	*
1876-CC Doubled Die Reverse	—	—	—	750.	1750.	3000.	5000.	10000.	—	*
1876-S	100.	150.	200.	250.	300.	350.	750.	1200.	25000.	*
1877	100.	150.	200.	250.	300.	350.	750.	1100.	20000.	4000.
1877-CC	300.	350.	400.	500.	750.	1000.	2000.	3000.	75000.	*
1877-S	100.	150.	200.	250.	300.	350.	750.	1200.	15000.	*
1878 Proof Only	700.	850.	1000.	1250.	1500.	1600.	2000.	*	*	4000.
1878-CC	500.	750.	1250.	2500.	5000.	6000.	15000.	17500.	150000.	*
1878-S	100.	150.	200.	250.	300.	350.	750.	1200.	15000.	*
1879 Proof Only	900.	1000.	1200.	1500.	1600.	1750.	2000.	*	*	4000.
1880 Proof Only	900.	1000.	1200.	1500.	1600.	1750.	2000.	*	*	4000.
1881 Proof Only	900.	1000.	1200.	1500.	1600.	1750.	2000.	*	*	4000.
1882 Proof Only	900.	1000.	1200.	1500.	1600.	1750.	2000.	*	*	4000.
1883 Proof Only	900.	1000.	1200.	1500.	1600.	1750.	2000.	*	*	4000.
1884 Proof Only	*	*	*	*	*	*	*	*	*	215000.
1885 Proof Only	*	*	*	*	*	*	*	*	*	1250000.

Morgan dollar

Date of authorization:	Feb. 28, 1878
Dates of issue:	1878-1921
Designer/Engraver:	George T. Morgan
Diameter:	38.10 mm/1.5 inches
Weight:	26.73 grams/0.86 ounce
Metallic Content:	90% silver, 10% copper
Specific gravity:	10.34
Weight of pure silver:	24.06 grams/0.77 ounce
Edge:	Reeded
Mint mark:	Reverse below eagle

Note: MS-63D, MS-64D, MS-65D refer to Deep Mirror Prooflike

MORGAN DOLLAR (CONTINUED)

	G-4	VG-8	F-12	VF-20	EF-40	AU-50	AU-58	MS-60	MS-62	MS-63	MS-63D	MS-64	MS-64D	MS-65	MS-65D	MS-66	PF-63	PF-64	PF-65	PF-66
1878 8 Tail Feathers	35.	38.	42	45.	55.	90.	125.	150.	200.	250.	900.	600.	4500.	1600.	20000.	9500.	3500.	6000.	10000.	20000.
1878 7 Tail Feathers, Reverse of 1878	28.	29.	32.	38.	48.	60.	70.	80.	100.	150.	400.	275.	2200.	1200.	10000.	7000.	4000.	7000.	15000.	25000.
1878 7 Tail Feathers, Reverse of 1879	32.	38.	42	44.	50.	60.	75.	90.	125.	200.	1000.	525.	5000.	2500.	20000.	15000.	35000.	110000.	200000.	—
1878 Strongly Doubled Tail Feathers	32.	38.	42	44.	50.	90.	125.	150.	250.	400.	1200.	550.	5000.	2400.	15000.	18000.	*	*	*	*
1878 7/8TF Triple Blossoms, VAM-44			500.	1000.					18000.								*	*	*	*
1878-CC	85.	100.	125.	140.	150.	175.	190.	225.	275.	450.	1500.	600.	2600.	2000.	9600.	6000.	*	*	*	*
1878-CC GSA	—	100.	—	—	—	—	—	350.	400.	500.	—	800.	—	4000.	—	6000.	*	*	*	*
1878-S	28.	38.	42	44.	45.	48.	50.	75.	80.	125.	250.	140.	200.	325.	—	800.	*	*	*	*
1878-S Long Nock varieties	100.	120.	160.	300.	700.	1500.	2500.	—	—	—	—	—	—	—	—	—	*	*	*	*
1879	28.	29.	30.	31.	35.	38.	40.	45.	60.	100.	400.	165.	2400.	900.	15000.	3500.	3500.	5500.	10000.	15000.
1879 GSA	—	—	—	—	—	—	—	200.	210.	225.	400.	300.	—	400.	—	—	*	*	*	*
1879-CC	150.	200.	275.	350.	800.	2000.	2600.	4000.	5100.	6500.	14000.	10000.	25000.	30000.	40000.	75000.	*	*	*	*
1879-CC Large CC/Small CC, VAM-3	150.	200.	250.	350.	750.	1900.	2800.	4000.	5300.	6500.	13000.	10500.	40000.	45000.	60000.	65000.	*	*	*	*
1879-CC GSA	—	—	—	—	—	—	—	6000.	7000.	9000.	—	12500.	—	—	—	—	*	*	*	*
1879-O	28.	29.	30.	31.	35.	40.	55.	90.	150.	250.	1700.	575.	4000.	4000.	20000.	17000.	*	*	*	*
1879-S Reverse of 1878 varieties	30.	33.	35.	38.	40.	65.	100.	150.	200.	500.	4000.	1800.	9000.	7000.	25000.	60000.	*	*	*	*
1879-S Reverse of 1878 GSA	—	—	—	—	—	—	—	200.	—	—	—	—	—	—	—	—	*	*	*	*
1879-S	28.	29.	30.	31.	35.	38.	40.	50.	55.	70.	100.	85.	400.	200.	1200.	500.	*	*	*	*
1879-S GSA	—	—	—	—	—	—	—	190.	200.	425.	—	500.	—	750.	—	1250.	*	*	*	*
1880	28.	29.	30.	31.	35.	38.	40.	50.	55.	70.	225.	160.	1100.	750.	5750.	3500.	3500.	5500.	10000.	15000.
1880 Knobbed 8, VAM-1A	—	—	125.	150.	300.	400.	600.	—	—	—	—	—	—	—	—	—	*	*	*	*
1880/79-CC Reverse of 1878, VAM-4	120.	160.	180.	215.	250.	300.	500.	550.	600.	700.	1800.	1200.	5000.	2400.	18000.	6500.	*	*	*	*

—— = Insufficient pricing data   * = None issued

MORGAN DOLLAR (CONTINUED)

	G-4	VG-8	F-12	VF-20	EF-40	AU-50	AU-58	MS-60	MS-62	MS-63	MS-63D	MS-64	MS-64D	MS-65	MS-65D	MS-66	PF-63	PF-64	PF-65	PF-66
1880/79-CC Reverse of 1878 GSA	—	—	—	—	—	—	—	—	—	—	—	—	—	—	—	—	*	*	*	*
1880-CC	130.	175.	200.	250.	—	—	—	700.	—	800.	—	1800.	—	3500.	—	10000.	*	*	*	*
1880-CC GSA	—	—	—	—	300.	350.	425.	475.	525.	600.	900.	700.	250.	1300.	8250.	2700.	*	*	*	*
1880-O	28.	29.	30.	31.	35.	38.	40.	75.	175.	750.	1400.	1200.	7000.	30000.	70000.	5000.	*	*	*	*
1880-S	28.	29.	30.	31.	35.	38.	40.	50.	55.	70.	175.	90.	400.	200.	900.	500.	*	*	*	*
1880-S GSA	28.	29.	30.	31.	35.	38.	40.	225.	300.	450.	—	—	—	750.	—	1250.	*	*	*	*
1881	28.	29.	30.	31.	35.	38.	40.	50.	60.	400.	500.	175.	1500.	350.	20000.	—	3500.	5500.	10000.	15000.
1881 GSA	—	—	—	—	—	—	—	200.	—	250.	—	300.	—	350.	—	—	*	*	*	*
1881-CC	325.	350.	375.	400.	425.	450.	475.	500.	525.	550.	800.	600.	1300.	950.	3000.	1500.	*	*	*	*
1881-CC GSA	—	—	—	—	—	—	—	550.	600.	675.	—	725.	—	1400.	—	1700.	*	*	*	*
1881-O	28.	29.	30.	31.	35.	38.	40.	50.	55.	85.	350.	225.	1200.	2500.	25000.	15000.	*	*	*	*
1881-S	28.	29.	30.	31.	35.	38.	40.	50.	55.	250.	175.	90.	325.	200.	850.	500.	*	*	*	*
1881-S GSA	—	—	—	—	—	—	—	190.	200.	70.	—	225.	—	200.	—	—	*	*	*	*
1882	28.	29.	30.	31.	35.	38.	40.	50.	55.	75.	300.	140.	1200.	600.	6000.	2100.	3500.	5500.	10000.	15000.
1882 GSA	—	—	—	—	—	—	—	190.	200.	225.	—	250.	—	360.	—	—	*	*	*	*
1882-CC	75.	90.	100.	125.	135.	150.	175.	200.	225.	250.	450.	300.	700.	500.	2000.	1500.	*	*	*	*
1882-CC GSA	—	—	—	—	—	—	—	200.	225.	250.	—	300.	—	500.	—	1800.	*	*	*	*
1882-O	28.	29.	30.	31.	35.	38.	40.	50.	55.	75.	175.	140.	1300.	1250.	5000.	8500.	*	*	*	*
1882-O GSA	—	—	—	—	—	—	—	190.	200.	225.	—	350.	—	700.	—	—	*	*	*	*
1882-O/S varieties	32.	42.	43.	50.	70.	125.	175.	300.	400.	1600.	4000.	5750.	11000.	60000.	58000.	60000.	*	*	*	*
1882-S	28.	29.	30.	31.	35.	38.	40.	50.	55.	75.	150.	100.	900.	210.	3500.	500.	*	*	*	*
1882-S GSA	—	—	—	—	—	—	—	190.	200.	210.	—	300.	—	350.	—	—	*	*	*	*
1883	28.	29.	30.	31.	35.	38.	40.	50.	55.	75.	175.	140.	600.	275.	1500.	600.	3500.	5500.	10000.	15000.
1883 GSA	—	—	—	—	—	—	—	190.	200.	225.	—	300.	—	500.	—	—	*	*	*	*
1883 Sextupled Stars, VAM-10	—	50.	50.	100.	250.	350.	500.	700.	1200.	2000.	—	—	—	—	—	2100.	*	*	*	*
1883-CC	75.	90.	100.	115.	125.	140.	150.	185.	200.	225.	400.	300.	600.	500.	1500.	900.	*	*	*	*
1883-CC GSA	—	—	—	—	—	—	—	185.	200.	250.	—	300.	—	500.	—	1000.	*	*	*	*

—— = Insufficient pricing data   * = None issued

MORGAN DOLLAR (CONTINUED)

	G-4	VG-8	F-12	VF-20	EF-40	AU-50	AU-58	MS-60	MS-62	MS-63	MS-63D	MS-64	MS-64D	MS-65	MS-65D	MS-66	PF-63	PF-64	PF-65	PF-66
1883-O	28.	29.	30.	31.	35.	38.	40.	50.	55.	75.	175.	85.	500.	200.	1500.	575.	—	35000.	—	—
1883-O GSA	—	—	—	—	—	—	—	—	200.	210.	—	300.	—	800.	—	—	*	*	*	*
1883-S	28.	33.	35.	40.	50.	150.	300.	700.	1500.	2750.	13000.	5000.	50000.	55000.	90000.	100000.	*	*	*	*
1884	28.	29.	30.	31.	35.	38.	40.	50.	55.	75.	250.	140.	900.	350.	4200.	900.	3500.	5500.	10000.	15000.
1884 GSA	—	—	—	—	—	—	—	—	—	210.	—	225.	—	350.	—	—	*	*	*	*
1884-CC	75.	120.	125.	145.	155.	175.	185.	190.	195.	200.	500.	300.	550.	500.	1500.	1000.	*	*	*	*
1884-CC GSA	—	—	—	—	—	—	—	—	—	250.	—	375.	525.	500.	2250.	1200.	*	*	*	*
1884-O	28.	29.	30.	31.	35.	38.	40.	50.	55.	75.	175.	85.	300.	225.	900.	550.	*	*	*	*
1884-O GSA	—	—	—	—	—	—	—	—	—	325.	—	350.	—	—	—	—	*	*	*	*
1884-S	28.	29.	31.	38.	50.	500.	1500.	8000.	12000.	40000.	110000.	—	—	250000.	—	—	*	*	*	*
1885	28.	29.	30.	31.	35.	38.	40.	50.	55.	75.	175.	85.	300.	225.	1000.	500.	3500.	5500.	10000.	15000.
1885 GSA	—	—	—	—	—	—	—	—	—	210.	—	250.	—	—	—	—	*	*	*	*
1885-CC	425.	500.	525.	575.	625.	675.	700.	725.	750.	800.	900.	900.	1500.	1200.	2500.	2000.	*	*	*	*
1885-CC GSA	—	—	—	—	—	—	—	—	—	750.	—	900.	—	1500.	—	3500.	*	*	*	*
1885-O	28.	29.	30.	31.	35.	38.	40.	50.	55.	75.	150.	100.	300.	250.	900.	500.	*	*	*	*
1885-O GSA	—	—	—	—	—	—	—	—	—	210.	—	225.	—	475.	—	—	*	*	*	*
1885-S	30.	35.	40.	50.	75.	150.	195.	225.	275.	350.	2000.	700.	5500.	2200.	40000.	8000.	*	*	*	*
1886	28.	29.	30.	31.	35.	38.	40.	50.	55.	75.	175.	85.	400.	225.	1200.	500.	3500.	5500.	10000.	15000.
1886 GSA	—	—	—	—	—	—	—	—	—	210.	—	225.	—	—	—	—	*	*	*	*
1886-O	28.	30.	32.	38.	38.	100.	300.	700.	2000.	3750.	17500.	10000.	65000.	3100.	27500.	10000.	*	*	*	*
1886-S	40.	50.	70.	90.	125.	175.	250.	325.	400.	525.	2300.	900.	8000.	3100.	20000.	16000.	*	*	*	*
1887/6 VAM-2	40.	47.	48.	50.	60.	150.	250.	350.	450.	600.	2400.	1000.	5000.	250.	20000.	500.	*	*	*	*
1887	28.	29.	30.	31.	35.	38.	40.	50.	55.	65.	175.	85.	300.	215.	1000.	500.	3500.	5500.	10000.	15000.
1887 GSA	—	—	—	—	—	—	—	—	—	250.	—	500.	—	—	—	—	*	*	*	*
1887 Donkey Tail VAM-1A	—	—	225.	300.	400.	650.	900.	1600.	1600.	2000.	12000.	5500.	—	28000.	—	45000.	*	*	*	*
1887/6-O VAM-3	45.	48.	50.	60.	70.	180.	320.	400.	90.	125.	400.	400.	2000.	2600.	—	50000.	*	*	*	*
1887-O	28.	29.	30.	31.	35.	38.	45.	55.	175.	300.	3000.	750.	7000.	2800.	12500.	10000.	*	*	*	*
1887-S	28.	33.	30.	37.	40.	50.	75.	125.	175.	300.	3000.	750.	7000.	2800.	28000.	625.	*	*	*	*
1888	28.	30.	35.	37.	38.	39.	40.	50.	55.	75.	190.	100.	450.	275.	2500.	625.	3500.	5500.	10000.	15000.
1888-O	28.	30.	35.	37.	38.	39.	40.	50.	60.	85.	180.	115.	500.	660.	4500.	2500.	*	*	*	*

—— = Insufficient pricing data   * = None issued

MORGAN DOLLAR (CONTINUED)

	G-4	VG-8	F-12	VF-20	EF-40	AU-50	AU-58	MS-60	MS-62	MS-63	MS-63D	MS-64	MS-64D	MS-65	MS-65D	MS-66	PF-63	PF-64	PF-65	PF-66
1888-O Scarface, VAM-1B	—	—	—	—	—	—	—	—	—	—	—	—	—	—	—	—	*	*	*	*
1888-O Hot Lips, VAM-4	—	—	100.	150.	600.	700.	1800.	2000.	4800.	7000.	—	—	—	—	—	—	*	*	*	*
1888-S	80.	150.	180.	200.	265.	280.	300.	325.	375.	600.	1000.	900.	3250.	3200.	15000.	12000.	*	*	*	*
1889	28.	29.	30.	31.	35.	38.	40.	50.	55.	80.	190.	115.	700.	375.	3500.	1400.	3500.	5500.	10000.	15000.
1889 GSA	—	—	—	—	—	—	—	190.	200.	225.	—	300.	—	350.	—	—	*	*	*	*
1889 IN on Obverse, VAM-23A	—	—	—	7000.	12000.	18000.	25000.	—	—	—	—	—	—	—	—	—	*	*	*	*
1889-CC	600.	700.	1000.	1500.	3000.	6000.	20000.	27000.	35000.	45000.	50000.	67000.	75000.	350000.	400000.	—	*	*	*	*
1889-CC GSA	—	—	—	—	—	—	—	—	—	—	—	—	—	—	—	—	*	*	*	*
1889-O	28.	29.	30.	35.	38.	40.	75.	150.	250.	400.	1200.	800.	6000.	7500.	17000.	19000.	*	*	*	*
1889-O E on Reverse, VAM-1A	—	—	—	—	—	—	—	1000.	—	—	—	—	—	—	—	—	*	*	*	*
1889-S	45.	50.	65.	75.	100.	125.	175.	250.	250.	400.	1700.	700.	5000.	2000.	3500.	5500.	*	*	*	*
1890	28.	29.	30.	31.	35.	38.	45.	75.	90.	125.	250.	285.	1500.	2200.	9000.	10000.	3500.	5500.	10000.	15000.
1890-CC	75.	90.	100.	125.	175.	250.	350.	450.	550.	750.	1500.	1500.	2600.	5000.	14000.	24000.	*	*	*	*
1890-CC GSA	—	—	—	—	—	—	—	—	3500.	4500.	—	6000.	—	8500.	—	30000.	*	*	*	*
1890-CC Tailbar, VAM-4	100.	120.	150.	250.	400.	800.	1200.	1500.	2000.	3000.	6000.	6500.	25000.	14000.	—	10000.	*	*	*	*
1890-O	28.	29.	30.	35.	42.	60.	70.	70.	100.	200.	600.	285.	1000.	1000.	9000.	5000.	*	*	*	*
1890-S	28.	29.	30.	31.	35.	38.	55.	60.	90.	125.	600.	285.	3500.	1000.	9000.	5000.	*	*	*	*
1891	28.	29.	30.	31.	35.	38.	55.	60.	100.	200.	600.	1000.	7000.	9000.	30000.	15000.	3500.	5500.	10000.	15000.
1891-CC	90.	95.	115.	125.	175.	225.	325.	400.	500.	750.	2400.	1200.	6000.	5000.	30000.	14000.	*	*	*	*
1891-CC GSA	—	—	—	—	—	—	—	—	3000.	4000.	—	6000.	—	9000.	—	17000.	*	*	*	*
1891-O	28.	29.	30.	31.	35.	38.	125.	150.	250.	400.	3000.	800.	7000.	9000.	35000.	17000.	*	*	*	*
1891-O E on Reverse, VAM-1A	45.	50.	60.	80.	140.	250.	400.	500.	800.	1500.	—	—	—	—	—	—	*	*	*	*
1891-S	28.	29.	31.	38.	45.	75.	125.	75.	100.	175.	500.	325.	3000.	1500.	20000.	6000.	*	*	*	*
1892	28.	33.	35.	38.	50.	90.	125.	175.	300.	550.	1250.	1000.	3500.	5000.	18000.	40000.	3500.	5500.	10000.	20000.
1892-CC	150.	200.	250.	350.	600.	750.	1100.	1500.	1750.	2000.	5500.	2750.	10000.	8500.	40000.	30000.	*	*	*	*

—— = Insufficient pricing data   * = None issued

MORGAN DOLLAR (CONTINUED)

Date	G-4	VG-8	F-12	VF-20	EF-40	AU-50	AU-58	MS-60	MS-62	MS-63	MS-63D	MS-64	MS-64D	MS-65	MS-65D	MS-66	PF-63	PF-64	PF-65	PF-66
1892-O	28.	33.	35.	38.	42.	75.	100.	200.	250.	400.	—	1200.	18500.	7200.	42000.	48000.	*	*	*	*
1892-S	28.	35.	45.	175.	500.	1800.	13000.	35000.	50000.	65000.	85000.	125000.	125000.	190000.	225000.	300000.	*	*	*	*
1893	200.	225.	250.	375.	500.	450.	600.	800.	1100.	7000.	23000.	9900.	30000.	7000.	70000.	50000.	3500.	5500.	10000.	18000.
1893-CC	175.	250.	300.	500.	1000.	1000.	1600.	2500.	4500.	8000.	23000.	9900.	30000.	70000.	225000.	85000.	*	*	*	*
1893-S	2000.	3000.	4250.	6000.	8250.	20000.	50000.	103600.	110000.	190000.	175000.	350000.	100000.	650000.	750000.	325000.	*	*	*	*
1894	1000.	1400.	1600.	1800.	2500.	3000.	5000.	4000.	4500.	6000.	10000.	50000.	50000.	50000.	50000.	800000.	6000.	8000.	12000.	20000.
1894-O	40.	60.	70.	100.	150.	300.	500.	600.	2000.	2000.	12000.	12000.	25000.	65000.	65000.	62000.	*	*	*	*
1894-S	50.	75.	85.	135.	175.	500.	600.	700.	1000.	1200.	7000.	2000.	20000.	6000.	65000.	95000.	*	*	*	*
1895 Proof only	20000.	25000.	35000.	40000.	45000.	50000.	55000.	*	*	*	*	100000.	*	200000.	*	15000.	60000.	70000.	100000.	135000.
1895-S	400.	500.	575.	900.	1250.	2200.	3000.	4000.	6000.	7000.	11000.	9900.	20000.	27000.	40000.	100000.	*	*	*	*
1896	28.	29.	30.	31.	35.	38.	—	55.	75.	175.	175.	100.	300.	225.	1500.	575.	3500.	5500.	10000.	15000.
1896 GSA	—	—	—	—	—	—	—	190.	210.	500.	—	300.	—	1500.	—	—	—	—	—	—
1896-S	30.	35.	40.	35.	70.	200.	625.	140.	3300.	2700.	25000.	5000.	60000.	20000.	75000.	75000.	*	*	*	*
1897	28.	29.	30.	31.	35.	38.	—	50.	55.	175.	175.	115.	425.	335.	3500.	1100.	3500.	5500.	10000.	15000.
1897 GSA	—	—	—	—	—	—	—	190.	210.	225.	—	225.	—	125000.	—	125000.	—	—	—	—
1897-O	28.	32.	35.	38.	40.	150.	300.	800.	2000.	17000.	17000.	15000.	37500.	65000.	65000.	675.	*	*	*	*
1897-S	28.	31.	32.	33.	35.	38.	45.	70.	90.	500.	500.	200.	1000.	600.	1500.	500.	*	*	*	*
1898	28.	29.	31.	31.	35.	38.	40.	50.	55.	500.	175.	100.	400.	260.	1400.	6000.	3500.	5500.	10000.	15000.
1898-O	28.	29.	31.	31.	38.	38.	40.	50.	55.	500.	175.	85.	400.	225.	1000.	2250.	*	*	*	*
1898-S	28.	35.	38.	40.	70.	125.	200.	250.	300.	900.	900.	700.	2500.	1000.	15000.	500.	*	*	*	*
1899	135.	160.	175.	200.	225.	250.	275.	300.	325.	700.	700.	425.	1250.	1000.	2750.	3500.	3500.	5500.	10000.	15000.
1899-O	28.	29.	30.	31.	75.	125.	200.	55.	55.	500.	175.	800.	450.	225.	1300.	600.	*	*	*	*
1899-S	28.	35.	40.	45.	35.	38.	40.	275.	375.	1000.	1000.	115.	8000.	36000.	22500.	500.	*	*	*	*
1900	28.	29.	30.	31.	35.	38.	40.	50.	55.	500.	2800.	115.	825.	225.	36000.	—	3500.	5500.	10000.	15000.
1900-O	28.	29.	30.	31.	38.	38.	40.	50.	210.	210.	475.	300.	—	350.	5000.	500.	*	*	*	*
1900-O GSA	—	—	—	—	—	—	—	—	—	—	—	—	—	—	—	—	—	—	—	—
1900-O Die break through date, VAM-29A	—	175.	250.	375.	500.	1000.	1500.	—	—	—	—	—	—	—	—	—	—	—	—	—

—— = Insufficient pricing data

* = None issued

MORGAN DOLLAR (CONTINUED)

	G-4	VG-8	F-12	VF-20	EF-40	AU-50	AU-58	MS-60	MS-62	MS-63	MS-63DO	MS-64	MS-64DO	MS-65	MS-65DO	MS-66	PF-63	PF-64	PF-65	PF-66
1900-O/CC varieties	35.	45.	60.	75.	125.	200.	250.	375.	600.	800.		1000.	11000.	2100.	23000.	6500.	*	*	*	*
1900-S	32.	37.	38.	40.	45.	100.	200.	325.	400.	450.		625.	1500.	1900.	40000.	3750.	*	*	*	*
1901	32.	38.	50.	65.	125.	400.	1000.	3000.	6000.	20000.		50000.	60000.	475000.	—	—	4000.	6000.	11000.	17000.
1901 Shifted Eagle, VAM-3			200.	800.	1800.	3500.	6000.	15000.												
1901-O	28.	33.	34.	35.	36.	38.	40.	50.	55.	75.		125.	1200.	250.	8500.	650.	*	*	*	*
1901-S	35.	37.	38.	39.	75.	225.	325.	500.	650.	750.		1200.	19000.	3250.	22000.	13000.	*	*	*	*
1902	28.	29.	30.	31.	35.	38.	40.	55.	75.	125.		175.	10000.	550.	16000.	1000.	3500.	5500.	10000.	15000.
1902 Doubled Ear, VAM-4			75.	125.	225.	320.	400.	600.	1000.	2500.										
1902-O	28.	29.	30.	31.	35.	38.	40.	50.	55.	75.		115.	3000.	250.	12500.	525.	*	*	*	*
1902-O GSA									200.	225.		300.		350.			*	*	*	*
1902-S	75.	90.	110.	175.	250.	350.	400.	500.	550.	700.		950.	9000.	3000.	15000.	8000.	*	*	*	*
1903	40.	50.	60.	65.	75.	80.	85.	90.	100.	150.		165.	7000.	400.	30000.	600.	3500.	5500.	10000.	15000.
1903-O	275.	300.	325.	350.	375.	400.	440.	450.	475.	525.		625.		650.		900.	*	*	*	*
1903-O GSA										550.		1250.					*	*	*	*
1903-S	70.	100.	125.	250.	425.	1800.	3000.	4000.	5000.	6000.		8000.	15000.	12000.	40000.	18000.	*	*	*	*
1904	28.	33.	34.	38.	48.	65.	65.	100.	200.	300.		625.	50000.	3200.	65000.	10000.	3500.	5500.	10000.	15000.
1904-O	28.	29.	30.	31.	35.	38.	40.	50.	55.	70.		90.	400.	225.	1200.	500.	*	*	*	*
1904-O GSA												300.		350.			*	*	*	*
1904-S	28.	32.	44.	125.	275.	700.	1000.	1500.	2400.	4000.		5000.	6000.	10000.	18000.	22500.	*	*	*	*
1921	28.	29.	30.	31.	35.	38.	40.	50.	60.	75.		120.		450.		1100.	*	*	*	*
1921 Chapman, Proof Only																*	25000.	35000.	60000.	—
1921 Zerbe, Special Striking Only																*	7000.	8500.	16000.	—
1921 Pitted Reverse, VAM-41			38.	50.	60.	70.	80.	100.	120.	180.		250.								
1921-D	28.	29.	30.	31.	35.	60.	70.	80.	100.	150.		250.	7000.	450.	10000.	1100.	*	*	*	*
1921-D TRU-T, VAM-1A									600.	1000.		2200.		3200.			*	*	*	*
1921-S	28.	29.	30.	31.	35.	40.	40.	50.	60.	75.		180.	12000.	1500.	30000.	11000.	*	*	*	*

——— = Insufficient pricing data   * = None issued

Peace dollar

Date of authorization:	Feb. 28, 1878
Dates of issue:	1921-1935
Designer:	Anthony deFrancisci
Engraver:	George T. Morgan
Diameter:	38.10 mm/1.5 inches
Weight:	26.73 grams/0.86 ounce
Metallic Content:	90% silver, 10% copper
Specific gravity:	10.34
Weight of pure silver:	24.06 grams/0.77 ounce
Edge:	Reeded
Mint mark:	Reverse at lower tip of eagle's wing

PEACE DOLLAR (CONTINUED)

	F-12	VF-20	EF-40	AU-50	AU-58	MS-60	MS-63	MS-64	MS-65	MS-66
1921	130.	140.	150.	160.	225.	250.	500.	900.	2000.	7000.
1921 Ray Over L, VAM-3										
	140.	150.	165.	180.	250.	280.	700.	1200.	3000.	—
1921 Matte Proof	*	*	*	*	*	*	*	*	*	*
1921 Satin Proof	*	*	*	*	*	*	*	*	*	*
1922	30.	31.	32.	33.	38.	45.	60.	75.	175.	700.
1922 Ear Ring, VAM-2A										
	100.	120.	200.	400.	500.	600.	2000.	3800.	—	—
1922 Matte Proof, High Relief										
	*	*	*	*	*	*	*	*	*	*
1922 Matte Proof, Low Relief										
	*	*	*	*	*	*	*	*	*	*
1922 Satin Proof, Low Relief										
	*	*	*	*	*	*	*	*	*	*
1922-D	30.	31.	32.	33.	40.	45.	80.	150.	725.	2250.
1922-S	30.	31.	32.	33.	40.	45.	90.	300.	2800.	17000.
1923	30.	31.	32.	33.	38.	45.	60.	75.	175.	650.
1923 Tail O, VAM-1c	165.	225.	300.	500.	700.	1000.	2000.	4000.	—	—
1923-D	30.	31.	32.	33.	40.	60.	175.	400.	1300.	6000.
1923-S	30.	31.	32.	33.	38.	50.	125.	400.	7000.	18000.
1924	30.	31.	32.	33.	38.	45.	60.	75.	175.	700.
1924 Broken Wing, VAM-5A										
	75.	85.	100.	160.	200.	250.	575.	800.	—	—
1924-S	40.	45.	50.	70.	165.	200.	550.	1625.	10000.	45000.
1925	30.	31.	32.	33.	38.	45.	60.	75.	175.	675.
1925-S	32.	35.	38.	45.	75.	90.	225.	1000.	23000.	35000.
1926	30.	35.	37.	38.	40.	55.	80.	150.	500.	2000.
1926-D	30.	35.	37.	38.	60.	75.	200.	350.	900.	2500.
1926-S	30.	35.	37.	38.	40.	55.	150.	300.	1300.	6000.
1927	35.	40.	50.	55.	70.	75.	200.	500.	3000.	20000.
1927-D	35.	40.	50.	80.	110.	175.	400.	1000.	5000.	25000.
1927-S	35.	40.	50.	75.	125.	175.	500.	1300.	11000.	40000.
1928	410.	425.	450.	475.	525.	550.	1000.	1250.	5000.	25000.
1928-S	35.	40.	50.	75.	125.	185.	550.	1200.	25000.	35000.
1934	42.	44.	45.	50.	100.	125.	225.	450.	750.	3200.
1934-D	42.	44.	45.	50.	100.	165.	500.	600.	2000.	6000.
1934-D Doubled Die Obverse, Micro D, VAM-4										
	300.	350.	450.	525.	750.	1000.	2250.	3000.	—	—
1934-S	75.	100.	200.	500.	1265.	2000.	3200.	4500.	9000.	35000.
1935	42.	43.	44.	45.	60.	70.	150.	250.	725.	2500.
1935-S	42.	43.	44.	80.	200.	250.	400.	550.	1300.	3500.

—— = Insufficient pricing data   * = None issued

Eisenhower dollar

Date of authorization: Dec. 31, 1970; Oct. 18, 1973
Dates of issue: 1971-1978
Designers: Frank Gasparro
(Bicentennial reverse): Dennis R. Williams
Engraver: Frank Gasparro
Diameter: 38.10 mm/1.5 inches
Weight: (1971-1978): 22.68 grams/0.73 ounce
(1971-1976 Bicentennial Proof and Uncirculated sets only): 24.59 grams/0.79 ounce
Metallic Content: (1971-1978): 75% copper, 25% nickel bonded to a core of pure copper
(1971-1976 Bicentennial Proof and Uncirculated sets only): 80% silver, 20% copper, bonded to a core of 21.5% silver, 78.5% copper
Specific gravity: 40% silver, 9.53; copper-nickel clad, 8.92
Weight of pure silver: (1971-1976 Bicentennial Proof and Uncirculated sets only): 9.84 grams/0.32 ounce
Edge: Reeded
Mint mark: Obverse above date

	AU-50	MS-60	MS-63	MS-65	MS-66	MS-67	PF-65	PF-67	PF-68DC	PF-69DC
MOON LANDING REVERSE										
1971	1.25	5.00	10.	175.	650.	—	*	*	*	*
1971-D	1.25	4.00	5.00	50.	100.	650.	*	*	*	*
1971-S 40% silver	10.	12.	15.	25.	50.	300.	15.	18.	30.	75.
1972 High Relief Earth	—	—	100.	1250.	—	—	*	*	*	*

—— = Insufficient pricing data   * = None issued

EISENHOWER DOLLAR (CONTINUED)

	AU-50	MS-60	MS-63	MS-65	MS-66	MS-67	PF-65	PF-67	PF-68DC	PF-69DC
1972 Low Relief Earth	1.25	4.00	5.00	200.	—		*	*	*	*
1972 Improved High Relief Reverse										
	1.25	4.00	20.	200.	—		*	*	*	*
1972-D	1.25	4.00	5.00	50.	150.	9775.	*	*	*	*
1972-S 40% silver	10.	12.	15.	20.	30.	40.	15.	18.	30.	45.
1973	—	13.	15.	100.	1000.	—	*	*	*	*
1973-D	—	13.	15.	50.	250.	—	*	*	*	*
1973-S copper-nickel clad										
	*	*	*	*	*	*	14.	25.	45.	60.
1973-S 40% silver	10.	12.	15.	25.	35.	50.	27.	33.	45.	75.
1974	1.25	4.00	5.00	50.	700.	3000.	*	*	*	*
1974-D	1.25	4.00	5.00	40.	125.	4000.	*	*	*	*
1974-S copper-nickel clad										
	*	*	*	*	*	*	10.	15.	35.	60.
1974-S 40% silver	10.	12.	15.	20.	30.	50.	16.	20.	40.	60.

DUAL DATE, BICENTENNIAL REVERSE

	AU-50	MS-60	MS-63	MS-65	MS-66	MS-67	PF-65	PF-67	PF-68DC	PF-69DC
1776-1976 Bold Reverse Letters										
	1.25	5.00	8.00	200.	—		*	*	*	*
1776-1976 Thin Reverse Letters										
	1.25	4.00	5.00	65.	200.	—	*	*	*	*
1776-1976-D Bold Reverse Letters										
	1.25	4.00	5.00	100.	200.	—	*	*	*	*
1776-1976-D Thin Reverse Letters										
	1.25	4.00	5.00	40.	75.	3000.	*	*	*	*
1776-1976-S Bold Reverse Letters, copper-nickel clad										
	*	*	*	*	*	*	13.	25.	40.	75.
1776-1976-S Thin Reverse Letters, copper-nickel clad										
	*	*	*	*	*	*	9.00	15.	40.	60.
1776-1976-S 40% silver										
	10.	12.	15.	25.	40.	100.	18.	25.	45.	60.

MOON LANDING REVERSE

	AU-50	MS-60	MS-63	MS-65	MS-66	MS-67	PF-65	PF-67	PF-68DC	PF-69DC
1977	1.25	5.00	6.00	50.	150.	—	*	*	*	*
1977-D	1.25	4.00	5.00	50.	150.	—	*	*	*	*
1977-S copper-nickel clad										
	*	*	*	*	*	*	10.	20.	30.	45.
1978	1.25	4.00	5.00	50.	250.	4500.	*	*	*	*
1978-D	1.25	4.00	5.00	50.	200.	5000.	*	*	*	*
1978-S copper-nickel clad										
	*	*	*	*	*	*	11.	20.	30.	45.

Bicentennial date, reverse

—— = Insufficient pricing data   * = None issued

Anthony dollar

Date of authorization: Oct. 10, 1978
Dates of issue: 1979-1981, 1999
Designer/Engraver: Frank Gasparro
Diameter: 26.50 mm/1.05 inches
Weight: 8.10 grams/0.26 ounce
Metallic Content: 75% copper, 25% nickel bonded to a core of pure copper
Specific gravity: 8.92
Edge: Reeded
Mint mark: Obverse left of bust

	MS-65	MS-67	PF-65	PF-69DC
1979-P Far Date, Narrow Rim	15.	125.	*	*
1979-P Near Date, Wide Rim	75.	1000.	*	*
1979-D	15.	125.	*	*
1979-S Filled S	12.	100.	10.	25.
1979-S Clear S	*	*	75.	150.
1980-P	12.	100.	*	*
1980-D	12.	100.	*	*
1980-S	20.	200.	10.	25.
1981-P	20.	—	*	*
1981-D	20.	400.	*	*
1981-S Filled S	75.	—	10.	25.
1981-S Clear S	*	*	75.	200.
1999-P	12.	50.	*	*
1999-D	12.	40.	*	*
1999-P Proof	*	*	10.	25.

—— = Insufficient pricing data   * = None issued

Sacagawea and Native American dollars

Date of authorization: Dec. 1, 1997; Sept. 20, 2007
Dates of issue: 2000-present
Designer/Engraver: Obverse: Glenna Goodacre
Reverse: Thomas Rogers (to 2008);
2009 to date, various
Diameter: 26.50 mm/1.05 inches
Weight: 8.1 grams/0.20 ounce
Metallic Content: 77% copper, 12% zinc, 7% manganese,
4% nickel, bonded to a core of
pure copper
Specific gravity: 8.78
Edge: 2000-2008: Plain
2009-: date Mint mark ★ ★ ★ E PLURIBUS
UNUM ★ ★ ★ ★ ★ ★ ★ ★ ★ ★
Mint mark: Obverse below date

	MS-65	MS-68	PF-65	PF-69DC
2000-P "Cheerios" Reverse	2750.	7000.	*	*
2000-P	9.00	75.	*	*
2000-P Goodacre Presentation Finish	500.	800.	*	*
2000-D	12.	125.	*	*
2000-S	*	*	10.	50.
2001-P	4.00	40.	*	*
2001-D	4.00	500.	*	*
2001-S	*	*	10.	50.
2002-P	5.00	50.	*	*
2002-D	5.00	300.	*	*
2002-S	*	*	6.00	20.
2003-P	5.00	75.	*	*
2003-D	5.00	800.	*	*
2003-S	*	*	6.00	20.
2004-P	5.00	85.	*	*
2004-D	5.00	85.	*	*
2004-S	*	*	6.00	20.
2005-P	5.00	150.	*	*
2005-P Satin Finish	8.00	25.	*	*
2005-D	5.00	1300.	*	*
2005-D Satin Finish	8.00	75.	*	*
2005-S	*	*	6.00	20.

—— = Insufficient pricing data   * = None issued

SACAGAWEA DOLLAR (CONTINUED)

	MS-65	MS-68	PF-65	PF-69DC
2006-P	4.00	—	*	*
2006-P Satin Finish	8.00	25.	*	*
2006-D	4.00	—	*	*
2006-D Satin Finish	8.00	25.	*	*
2006-S	*	*	6.00	20.
2007-P	5.00	—	*	*
2007-P Satin Finish	8.00	25.	*	*
2007-D	5.00	—	*	*
2007-D Satin Finish	8.00	25.	*	*
2007-S	*	*	6.00	20.
2008-P	5.00	—	*	*
2008-P Satin Finish	8.00	25.	*	*
2008-D	5.00	—	*	*
2008-D Satin Finish	8.00	25.	*	*
2008-S	*	*	6.00	20.

2009 Native American reverse   2012 reverse

NATIVE AMERICAN DOLLAR

	MS-65	MS-68	PF-65	PF-69DC
2009-P Three Sisters	5.00	700.	*	*
2009-P Three Sisters Satin Finish	8.00	25.	*	*
2009-D Three Sisters	5.00	—	*	*
2009-D Three Sisters Satin Finish	8.00	25.	*	*
2009-S Three Sisters	*	*	6.00	20.
2010-P Iroquois Confederacy	5.00	—	*	*
2010-P Iroquois Confederacy Satin Finish	8.00	25.	*	*
2010-D Iroquois Confederacy	5.00	—	*	*
2010-D Iroquois Confederacy Satin Finish	8.00	25.	*	*
2010-S Iroquois Confederacy	*	*	6.00	20.
2011-P Wampanoag Treaty	5.00	50.	*	*
2011-D Wampanoag Treaty	5.00	50.	*	*
2011-S Wampanoag Treaty	*	*	6.00	20.
2012-P Trade Routes	5.00	50.	*	*
2012-D Trade Routes	5.00	50.	*	*
2012-S Trade Routes	*	*	6.00	25.

2002 to 2012 Circulation-quality coins, collector sales only

—— = Insufficient pricing data   * = None issued

Presidential dollars

Common Reverse

Date of authorization: December 22, 2005
Dates of issue: 2007-present
Designer/Engraver: Obverse: Many different designers
Reverse: Donald C. Everhart II
Diameter: 26.50 mm/1.05 inches
Weight: 8.1 grams/0.20 ounce
Metallic Content: 77% copper, 12% zinc, 7% manganese,
4% nickel, bonded to a core of
pure copper
Specific gravity: 8.78
Edge: 2007: date Mint mark E PLURIBUS UNUM
• IN GOD WE TRUST •
2008: date Mint mark • E PLURIBUS UNUM
• IN GOD WE TRUST •
2009-: date Mint mark ★ ★ ★
E PLURIBUS UNUM
★ ★ ★ ★ ★ ★ ★ ★ ★ ★
Mint mark: On edge

2007   2008   2009

2010   2011   2012

PRESIDENTIAL DOLLARS (CONTINUED)

	MS-65	MS-68	PF-65	PF-69DC
2007-P G. Washington	2.00	—	*	*
2007-P G. Washington Satin Finish	—	10.	*	*
2007-D G. Washington	2.00	—	*	*
2007-D G. Washington Satin Finish	—	10.	*	*
(2007) G. Washington Plain Edge	75.	—	*	*
2007-S G. Washington	*	*	2.00	15.
2007-P J. Adams	2.00	—	*	*
2007-P J. Adams Satin Finish	—	10.	*	*
2007-D J. Adams	2.00	—	*	*
2007-D J. Adams Satin Finish	—	10.	*	*
(2007) J. Adams Plain Edge	600.	—	*	*
2007-S J. Adams	*	*	2.00	15.
2007-P T. Jefferson	2.00	—	*	*
2007-P T. Jefferson Satin Finish	—	10.	*	*
2007-D T. Jefferson	2.00	—	*	*
2007-D T. Jefferson Satin Finish	—	10.	*	*
(2007) T. Jefferson Plain Edge	800.	—	*	*
2007-S T. Jefferson	*	*	2.00	15.
2007-P J. Madison	2.00	—	*	*
2007-P J. Madison Satin Finish	—	10.	*	*
2007-D J. Madison	2.00	—	*	*
2007-D J. Madison Satin Finish	—	10.	*	*
2007-S J. Madison	*	*	2.00	15.
2008-P J. Monroe	2.00	—	*	*
2008-P J. Monroe Satin Finish	—	10.	*	*
2008-D J. Monroe	2.00	—	*	*
2008-D J. Monroe Satin Finish	—	10.	*	*
2008-S J. Monroe	*	*	2.00	15.
2008-P J.Q. Adams	2.00	—	*	*
2008-P J.Q. Adams Satin Finish	—	10.	*	*
2008-D J.Q. Adams	2.00	—	*	*
2008-D J.Q. Adams Satin Finish	—	10.	*	*
2008-S J.Q. Adams	*	*	2.00	15.
2008-P A. Jackson	2.00	—	*	*
2008-P A. Jackson Satin Finish	—	10.	*	*
2008-D A. Jackson	2.00	—	*	*
2008-D A. Jackson Satin Finish	—	10.	*	*
2008-S A. Jackson	*	*	2.00	15.
2008-P M. Van Buren	2.00	—	*	*
2008-P M. Van Buren Satin Finish	—	10.	*	*
2008-D M. Van Buren	2.00	—	*	*
2008-D M. Van Buren Satin Finish	—	10.	*	*
2008-S M. Van Buren	*	*	2.00	15.
2009-P W.H. Harrison	2.00	—	*	*
2009-P W.H. Harrison Satin Finish	—	10.	*	*
2009-D W.H. Harrison	2.00	—	*	*
2009-D W.H. Harrison Satin Finish	—	10.	*	*
2009-S W.H. Harrison	*	*	2.00	15.
2009-P J. Tyler	2.00	—	*	*
2009-P J. Tyler Satin Finish	—	10.	*	*
2009-D J. Tyler	2.00	—	*	*
2009-D J. Tyler Satin Finish	—	10.	*	*
2009-S J. Tyler	*	*	2.00	15.
2009-P J. Polk	2.00	—	*	*
2009-P J. Polk Satin Finish	—	10.	*	*
2009-D J. Polk	2.00	—	*	*

—— = Insufficient pricing data   * = None issued

PRESIDENTIAL DOLLARS (CONTINUED)

	MS-65	MS-68	PF-65	PF-69DC
2009-D J. Polk Satin Finish	—	10.	*	*
2009-S J. Polk	*	*	2.00	15.
2009-P Z. Taylor	2.00	—	*	*
2009-P Z. Taylor Satin Finish	—	10.	*	*
2009-D Z. Taylor	2.00	—	*	*
2009-D Z. Taylor Satin Finish	—	10.	*	*
2009-S Z. Taylor	*	*	2.00	15.
2010-P M. Fillmore	2.00	—	*	*
2010-P M. Fillmore Satin Finish	—	15.	*	*
2010-D M. Fillmore	2.00	—	*	*
2010-D M. Fillmore Satin Finish	—	15.	*	*
2010-S M. Fillmore	*	*	2.00	15.
2010-P F. Pierce	2.00	—	*	*
2010-P F. Pierce Satin Finish	—	15.	*	*
2010-D F. Pierce	2.00	—	*	*
2010-D F. Pierce Satin Finish	—	15.	*	*
2010-S F. Pierce	*	*	2.00	15.
2010-P J. Buchanan	2.00	—	*	*
2010-P J. Buchanan Satin Finish	—	15.	*	*
2010-D J. Buchanan	2.00	—	*	*
2010-D J. Buchanan Satin Finish	—	15.	*	*
2010-S J. Buchanan	*	*	2.00	15.
2010-P A. Lincoln	8.00	—	*	*
2010-P A. Lincoln Satin Finish	—	40.	*	*
2010-D A. Lincoln	8.00	—	*	*
2010-D A. Lincoln Satin Finish	—	40.	*	*
2010-S A. Lincoln	*	*	2.00	15.
2011-P A. Johnson	2.00	25.	*	*
2011-D A. Johnson	2.00	25.	*	*
2011-S A. Johnson	*	*	2.00	15.
2011-P U.S. Grant	2.00	25.	*	*
2011-D U.S. Grant	2.00	25.	*	*
2011-S U.S. Grant	*	*	2.00	15.
2011-P R.B. Hayes	2.00	25.	*	*
2011-D R.B. Hayes	2.00	25.	*	*
2011-S R.B. Hayes	*	*	2.00	15.
2011-P J. Garfield	2.00	25.	*	*
2011-D J. Garfield	2.00	25.	*	*
2011-S J. Garfield	*	*	2.00	15.
2012-P C. Arthur	—	75.	*	*
2012-D C. Arthur	—	75.	*	*
2012-S C. Arthur	*	*	2.00	15.
2012-P G. Cleveland (First Term)	—	75.	*	*
2012-D G. Cleveland (First Term)	—	75.	*	*
2012-S G. Cleveland (First Term)	*	*	2.00	15.
2012-P B. Harrison	—	75.	*	*
2012-D B. Harrison	—	75.	*	*
2012-S B. Harrison	*	*	2.00	15.
2012-P G. Cleveland (Second Term)	—	75.	*	*
2012-D G. Cleveland (Second Term)	—	75.	*	*
2012-S G. Cleveland (Second Term)	*	*	2.00	15.

2012 and later circulation-quality coins, collector sales only

—— = Insufficient pricing data   * = None issued

Coronet gold dollars

Enlarged to show detail

Date of authorization: March 3, 1849
Dates of issue: 1849-1854
Designer/Engraver: James B. Longacre
Diameter: 13.00 mm/0.51 inch
Weight: 1.67 grams/0.05 ounce
Metallic Content: 90% gold, 10% copper and silver
Specific gravity: 17.16
Weight of pure gold: 1.50 grams/0.048 ounce
Edge: Reeded
Mint mark: Reverse below wreath

	VF-20	EF-40	AU-50	AU-58	MS-60	MS-62	MS-63	MS-65	MS-66
1849 Open Wreath, L, Small Head									
	220.	250.	300.	375.	800.	975.	1350.	5500.	11500.
1849 Open Wreath, No L, Small Head									
	220.	250.	375.	800.	975.	1500.	2000.	7000.	15000.
1849 Open Wreath, Large Head									
	220.	250.	300.	360.	750.	975.	1700.	5000.	12500.
1849 Closed Wreath	220.	250.	300.	350.	500.	675.	1350.	5250.	12500.
1849-C Closed Wreath	1100.	1500.	2500.	5000.	9500.	12500.	17500.	—	—
1849-C Open Wreath	—	235000.	—	525000.	—	—	—	—	—
1849-D	1400.	2250.	3000.	4000.	5000.	9000.	14000.	52500.	—
1849-O	225.	300.	380.	675.	850.	2250.	4250.	—	—
1850	220.	250.	300.	350.	400.	625.	1250.	5500.	12500.
1850-C	1100.	1500.	2750.	5000.	7500.	13500.	35000.	—	—
1850-D	1250.	1750.	3250.	6500.	12500.	21000.	28500.	—	—
1850-O	275.	450.	850.	2000.	3250.	5000.	7000.	—	—
1851	210.	250.	300.	350.	400.	625.	1250.	5250.	6750.
1851-C	1000.	1500.	2350.	3100.	3750.	4750.	7500.	26500.	32500.
1851-D	1350.	1750.	2500.	4000.	5750.	10000.	16500.	45000.	—
1851-O	220.	250.	300.	425.	850.	1050.	2500.	10000.	—
1852	220.	250.	280.	360.	400.	625.	1300.	5500.	11000.
1852-C	1200.	1500.	1850.	3750.	5000.	6000.	12500.	30000.	50000.
1852-D	1300.	1750.	2500.	6000.	10000.	17500.	32500.	—	—
1852-O	220.	250.	325.	650.	1250.	2650.	4500.	22500.	—
1853	220.	250.	275.	350.	400.	550.	1250.	6000.	7500.
1853-C	1250.	1650.	2100.	3750.	5250.	8000.	12500.	—	—
1853-D	1300.	1750.	2650.	5000.	9000.	14000.	27500.	—	—
1853-O	220.	250.	280.	375.	650.	1600.	2350.	8500.	—
1854	220.	250.	275.	350.	400.	575.	1350.	5500.	9500.
1854-D	1250.	2250.	5500.	9000.	11500.	17500.	—	—	—
1854-S	290.	425.	700.	1750.	2500.	3500.	5250.	22500.	—

—— = Insufficient pricing data   * = None issued

Indian Head gold dollar

Date of authorization: March 3, 1849
Dates of issue: 1854-1889
Designer/Engraver: James B. Longacre
Diameter: 14.86 mm/0.59 inch
Weight: 1.67 grams/0.05 ounce
Metallic Content: 90% gold, 10% copper and silver
Specific gravity: 17.16
Weight of pure gold: 1.50 grams/0.048 ounce
Edge: Reeded
Mint mark: Reverse below wreath

Small Head

Large Head

SMALL HEAD

	VF-20	EF-40	AU-50	AU-58	MS-60	MS-62	MS-63	MS-65	MS-66
1854	375.	450.	625.	975.	1950.	5250.	9500.	32500.	45000.
1855	375.	450.	625.	975.	1950.	5250.	9500.	32500.	45000.
1855-C	3000.	6000.	9500.	20000.	32500.	—	—	—	—
1855-D	5500.	10000.	22500.	32500.	50000.	62500.	90000.	—	—
1855-O	500.	1000.	1850.	5000.	8750.	18500.	32500.	—	—
1856-S	875.	1500.	2350.	4500.	8500.	17500.	35000.	—	—

LARGE HEAD

	VF-20	EF-40	AU-50	AU-58	MS-60	MS-62	MS-63	MS-65	MS-66
1856 Upright 5	250.	275.	325.	400.	550.	750.	1500.	6000.	—
1856 Slant 5	250.	300.	310.	340.	425.	675.	900.	3250.	—
1856-D	4000.	6500.	9500.	15000.	32500.	50000.	—	—	—
1857	250.	275.	310.	340.	425.	625.	900.	3350.	6000.
1857-C	1100.	1750.	3000.	7250.	10500.	19000.	27500.	—	—
1857-D	1350.	2350.	3750.	7000.	10500.	16000.	—	—	—
1857-S	525.	650.	1200.	2500.	5500.	8000.	20000.	—	—
1858	250.	275.	310.	340.	425.	625.	900.	5000.	10000.
1858-D	1300.	2000.	3250.	5750.	10000.	15000.	25000.	65000.	—
1858-S	400.	550.	1500.	2250.	6750.	12500.	22500.	—	—
1859	250.	275.	310.	340.	425.	575.	900.	2750.	5250.
1859-C	1000.	2000.	3500.	7250.	9500.	16500.	25000.	—	—
1859-D	1250.	1650.	3250.	6000.	9250.	13000.	18500.	—	—
1859-S	300.	525.	1050.	2250.	5000.	9000.	16000.	—	—

—— = Insufficient pricing data

INDIAN HEAD GOLD DOLLAR (CONTINUED)

	VF-20	EF-40	AU-50	AU-58	MS-60	MS-62	MS-63	MS-65	MS-66
1860	250.	275.	325.	400.	425.	725.	1000.	8000.	—
1860-D	3850.	4000.	6750.	15000.	18500.	36500.	55000.	—	—
1860-S	350.	475.	725.	1450.	3250.	4750.	7250.	27500.	—
1861	250.	275.	325.	400.	425.	700.	1000.	2900.	6000.
1861-D	7750.	17000.	32500.	50000.	55000.	67500.	77500.	142500.	—
1862	250.	275.	325.	400.	425.	725.	1150.	2850.	4500.
1863	675.	1100.	2850.	5000.	6500.	8000.	10000.	23500.	—
1864	375.	550.	775.	1100.	1200.	1650.	2850.	7500.	12500.
1865	375.	575.	700.	1100.	1600.	2250.	3250.	8500.	15000.
1866	375.	475.	675.	775.	1000.	1500.	2000.	5250.	11500.
1867	400.	525.	650.	800.	1150.	1450.	1900.	5500.	—
1868	300.	350.	475.	625.	1000.	1350.	1950.	5250.	—
1869	350.	525.	650.	800.	1250.	1500.	2000.	5250.	—
1870	300.	425.	475.	550.	850.	1150.	1750.	5250.	—
1870-S	500.	750.	1000.	1850.	2650.	3650.	7000.	23500.	—
1871	300.	400.	475.	525.	700.	1050.	1650.	4750.	—
1872	300.	375.	450.	500.	875.	1350.	2250.	5000.	—
1873 Closed 3	425.	800.	875.	1500.	1750.	2650.	3500.	17500.	—
1873 Open 3	250.	275.	325.	375.	400.	625.	800.	2000.	—
1874	250.	275.	325.	375.	400.	550.	1000.	2500.	4250.
1875	2500.	4250.	5250.	7500.	11000.	16500.	19500.	30000.	50000.
1876	350.	400.	450.	525.	700.	900.	1500.	4500.	—
1877	300.	325.	425.	500.	675.	1000.	1350.	4250.	6000.
1878	250.	290.	425.	500.	600.	725.	850.	3000.	—
1879	250.	275.	350.	425.	550.	725.	850.	2500.	4000.
1880	250.	275.	350.	425.	475.	700.	800.	2350.	4000.
1881	250.	275.	325.	375.	475.	700.	775.	2350.	4000.
1882	250.	275.	325.	375.	475.	700.	750.	2350.	4000.
1883	250.	275.	325.	375.	475.	700.	750.	2350.	4000.
1884	250.	275.	325.	375.	475.	700.	750.	2350.	4000.
1885	250.	275.	325.	375.	475.	700.	750.	2350.	4000.
1886	250.	275.	325.	375.	475.	700.	750.	2350.	4000.
1887	250.	275.	325.	375.	475.	700.	750.	2350.	4000.
1888	250.	275.	325.	375.	475.	700.	750.	2250.	3750.
1889	250.	275.	325.	375.	475.	700.	750.	2250.	3000.

—— = Insufficient pricing data

Capped Bust $2.50 quarter eagle

No Stars obverse

With Stars obverse

Date of authorization: April 2, 1792
Dates of issue: 1796-1807
Designer/Engraver: Robert Scot
Diameter: 20.00 mm/0.79 inch
Weight: 4.37 grams/0.14 ounce
Metallic Content: 91.67% gold, 8.33% copper and silver
Specific gravity: 17.45
Weight of pure gold: 4.01 grams/0.13 ounce
Edge: Reeded
Mint mark: None

	F-12	VF-20	EF-40	EF-45	AU-50	AU-58	MS-60	MS-62	MS-63
1796 No Stars	55000.	72500.	90000.	100000.	125000.	195000.	250000.	300000.	375000.
1796 Stars	40000.	52500.	75000.	85000.	100000.	155000.	185000.	275000.	350000.
1797	15000.	22500.	40000.	50000.	62500.	90000.	125000.	175000.	250000.
1798	5000.	8000.	16500.	18500.	30000.	52500.	80000.	145000.	185000.
1802/1	5000.	8000.	16500.	18500.	20000.	30000.	37500.	47500.	85000.
1804 13 Stars on Reverse	35000.	50000.	80000.	125000.	150000.	240000.	—	—	—
1804 14 Stars on Reverse	5000.	8000.	16500.	18500.	22500.	37500.	45000.	57500.	115000.
1805	5500.	8000.	16500.	18500.	20000.	27500.	40000.	50000.	—
1806/4	6000.	8000.	16500.	18500.	22500.	37500.	42500.	55000.	110000.
1806/5	7500.	10000.	20000.	30000.	47500.	75000.	95000.	130000.	—
1807	5000.	8000.	16500.	18500.	20000.	30000.	35000.	45000.	65000.

—— = Insufficient pricing data

Capped Draped Bust
$2.50 quarter eagle

Date of authorization: April 2, 1792
Dates of issue: 1808
Designer/Engraver: John Reich
Diameter: 20.00 mm/0.79 inch
Weight: 4.37 grams/0.14 ounce
Metallic Content: 91.67% gold, 8.33% copper and silver
Specific gravity: 17.45
Weight of pure gold: 4.01 grams/0.13 ounce
Edge: Reeded
Mint mark: None

	F-12	VF-20	EF-40	EF-45	AU-50	AU-58	MS-60	MS-62	MS-63
1808	25000.	35000.	52500.	62500.	95000.	115000.	140000.	220000.	310000.

—— = Insufficient pricing data

Capped Head $2.50 quarter eagle

Date of authorization: April 2, 1792
Dates of issue: 1821-1834
Designers: Obverse: John Reich-Robert Scot
Reverse: John Reich
Engravers: Obverse: Robert Scot
Reverse: John Reich
Diameter: (1821-1827): 18.50 mm/0.73 inch
(1829-1834): 18.20 mm/0.72 inch
Weight: 4.37 grams/0.14 ounce
Metallic Content: 91.67% gold, 8.33% copper and silver
Specific gravity: 17.45
Weight of pure gold: 4.01 grams/0.13 ounce
Edge: Reeded
Mint mark: None

	F-12	VF-20	EF-40	EF-45	AU-50	AU-58	MS-60	MS-62	MS-63
CAPPED HEAD LEFT									
1821	7000.	9000.	14500.	17500.	20000.	30000.	38500.	55000.	75000.
1824/1	7000.	9000.	14500.	17500.	20000.	30000.	38500.	55000.	65000.
1825	7000.	9000.	14500.	17500.	20000.	30000.	38500.	55000.	65000.
1826	8500.	10000.	17500.	22500.	30000.	50000.	57500.	—	—
1827	7000.	9000.	14500.	18500.	20000.	32500.	38500.	50000.	62500.
REDUCED DIAMETER									
1829	6250.	7500.	11500.	15000.	18500.	24500.	28500.	45000.	50000.
1830	6250.	7500.	11500.	15000.	17500.	24500.	28500.	45000.	47500.
1831	6250.	7500.	11500.	15500.	18500.	25000.	30000.	46500.	50000.
1832	6250.	7500.	11500.	15000.	17500.	24500.	28500.	42500.	46500.
1833	6750.	8750.	11500.	15000.	17500.	24500.	28500.	42500.	46500.
1834	10000.	13500.	19500.	26500.	32500.	48500.	60000.	—	—

——— = Insufficient pricing data

Classic Head $2.50 quarter eagle

Date of authorization: June 28, 1834; Jan. 18, 1837
Dates of issue: 1834-1839
Designers: Obverse: William Kneass
Reverse: John Reich-William Kneass
Engraver: William Kneass
Diameter: 18.20 mm/0.72 inch
Weight: 4.18 grams/0.13 ounce
Metallic Content: (1834-1836): 89.92% gold,
10.08% copper and silver
(1837-1839): 90% gold,
10% copper and silver
Specific gravity: 89.92% gold, 17.14; 90% gold, 17.16
Weight of pure gold: (1834-1836): 3.758 grams/0.12 ounce
(1837-1839): 3.762 grams/0.12 ounce
Edge: Reeded
Mint mark: 1838-1839 only, obverse above

	F-12	VF-20	EF-40	EF-45	AU-50	AU-58	MS-60	MS-62	MS-63
1834	350.	550.	825.	14500.	1750.	3000.	4250.	6500.	12000.
1835	350.	550.	825.	1450.	1750.	3000.	4500.	6750.	13000.
1836 Script 8	350.	550.	825.	1500.	1850.	2850.	4500.	6500.	12000.
1836 Block 8	350.	550.	825.	1500.	1850.	2850.	4500.	6500.	13500.
1837	600.	850.	1250.	1950.	2500.	3500.	5750.	8500.	18500.
1838	350.	675.	925.	1650.	2000.	3250.	4750.	7250.	12500.
1838-C	1000.	2650.	4750.	8000.	10000.	20000.	28500.	35000.	50000.
1839	700.	900.	1750.	2850.	3500.	5750.	8500.	19000.	28500.
1839-C	1150.	2250.	4250.	5250.	6000.	13500.	28500.	40000.	55000.
1839-D	1300.	2250.	5000.	7250.	9500.	20000.	32500.	38500.	52500.
1839-O	475.	900.	1850.	2850.	4000.	8750.	12500.	25000.	32500.

—— = Insufficient pricing data

Coronet $2.50 quarter eagle

Date of authorization: Jan. 18, 1837
Dates of issue: 1840-1907
Designers: Obverse: Christian Gobrecht
Reverse: Christian Gobrecht-John
Reich-William Kneass
Engraver: Christian Gobrecht
Diameter: 18.20 mm/0.72 inch
Weight: 4.18 grams/0.13 ounce
Metallic Content: 90% gold, 10% copper
Specific gravity: 17.16
Weight of pure gold: 3.76 grams/0.12 ounce
Edge: Reeded
Mint mark: Reverse below eagle

	F-12	VF-20	EF-40	EF-45	AU-50	AU-58	MS-60	MS-62	MS-63
1840	375.	425.	1000.	1850.	2750.	3500.	6500.	9000.	12500.
1840-C	1500.	1950.	2850.	4500.	5250.	8500.	11000.	18500.	22500.
1840-D	2750.	3500.	7500.	9000.	11500.	22500.	35000.	80000.	—
1840-O	375.	400.	850.	1250.	2000.	4750.	11000.	18000.	—
1841 Proof Only	—	65000.	—	—	—	185000.	*	*	*
1841-C	1300.	1750.	2500.	3250.	3750.	8750.	17500.	25000.	—
1841-D	1600.	2250.	4750.	6250.	8250.	15000.	26500.	42500.	52500.
1842	1350.	1850.	3250.	4250.	6750.	—	—	—	—
1842-C	1450.	2250.	3500.	4750.	5500.	9000.	20000.	—	—
1842-D	1500.	2250.	4500.	6000.	8500.	21000.	35000.	52500.	—
1842-O	375.	450.	1000.	1250.	2350.	6250.	10500.	17500.	32500.
1843	375.	400.	475.	575.	750.	1250.	2500.	5000.	9000.
1843-C Large Date	1250.	1900.	2500.	2850.	3250.	5000.	7500.	12500.	16000.
1843-C Small Date	2000.	3000.	5250.	6250.	8000.	15000.	22500.	30000.	—
1843-D Sm Date, Sm D	1100.	1750.	2250.	2750.	3250.	5000.	7500.	15000.	—
1843-D Sm Date, Lg D	2000.	3000.	3500.	4000.	5000.	9000.	15000.	25000.	—
1843-O Large Date	375.	425.	850.	1300.	2250.	4750.	7000.	11500.	—
1843-O Small Date	375.	400.	425.	500.	600.	1250.	1750.	3250.	6500.
1844	425.	600.	950.	1450.	2350.	4750.	11000.	14500.	—
1844-C	1250.	1750.	3000.	4500.	6250.	10000.	15000.	20000.	—
1844-D	1300.	2000.	3000.	3500.	4000.	6000.	7500.	15500.	28500.
1845	375.	400.	425.	475.	500.	600.	1350.	3000.	5250.
1845-D	1250.	2100.	2850.	3350.	3750.	5500.	9500.	20000.	39000.
1845-O	700.	1250.	2750.	3750.	8250.	17500.	22500.	—	—
1846	375.	400.	525.	650.	1000.	3000.	6750.	—	—
1846-C	1250.	1900.	3000.	3500.	6000.	13000.	18500.	25000.	42500.
1846-D	1200.	1900.	2850.	3350.	3850.	6000.	10500.	16500.	32500.
1846-D/D	2000.	2700.	3000.	3650.	4750.	11500.	—	—	—

——— = Insufficient pricing data   * = None issued

CORONET $2.50 QUARTER EAGLE (CONTINUED)

	F-12	VF-20	EF-40	EF-45	AU-50	AU-58	MS-60	MS-62	MS-63
1846-O	360.	375.	425.	525.	1150.	2850.	4500.	7500.	20000.
1847	360.	375.	400.	500.	800.	1350.	3750.	5000.	8500.
1847-C	1000.	1850.	2500.	3250.	3750.	5500.	7250.	9000.	14500.
1847-D	1100.	1850.	2350.	2750.	3500.	5750.	8500.	12500.	23500.
1847-O	375.	400.	450.	625.	1150.	2750.	4500.	9500.	—
1848	375.	525.	875.	1150.	2200.	4000.	5500.	9000.	17500.
1848 CAL.	40000.	45000.	50000.	55000.	60000.	70000.	80000.	105000.	130000.
1848-C	1100.	1700.	2250.	2500.	3500.	6500.	9500.	15000.	—
1848-D	1250.	1950.	2500.	3000.	3500.	5500.	10000.	14500.	—
1849	360.	375.	475.	550.	950.	2000.	3350.	5500.	—
1849-C	1100.	1750.	2500.	3500.	5000.	9250.	17500.	35000.	—
1849-D	1200.	1750.	2250.	3000.	3750.	7000.	13500.	25000.	—
1850	360.	365.	375.	400.	425.	650.	1100.	1850.	3750.
1850-C	1100.	1750.	2350.	3000.	3650.	7500.	12500.	16500.	—
1850-D	1150.	1650.	2250.	3000.	3850.	8000.	15000.		—
1850-O	360.	375.	475.	575.	1300.	2750.	4250.	7000.	15000.
1851	360.	365.	375.	400.	425.	500.	575.	850.	1350.
1851-C	1100.	1750.	2650.	3000.	3500.	5000.	8250.	14000.	—
1851-D	1150.	1650.	2400.	3000.	3900.	7250.	12000.		—
1851-O	360.	365.	375.	500.	850.	2250.	4250.	5750.	14500.
1852	360.	365.	375.	400.	425.	500.	575.	850.	1500.
1852-C	1000.	1500.	2250.	2750.	4250.	8250.	13500.	18000.	
1852-D	1100.	1800.	3250.	4000.	6750.	9750.	17500.	27500.	
1852-O	350.	360.	400.	500.	850.	2250.	4750.	9000.	14000.
1853	350.	360.	360.	400.	450.	500.	525.	850.	1250.
1853-D	1350.	2150.	3750.	4250.	5250.	8500.	17500.		—
1854	350.	375.	400.	425.	450.	750.	975.	1050.	1450.
1854-C	1000.	1600.	2500.	3500.	4750.	8000.	12500.	17500.	
1854-D	2500.	3500.	7250.	9500.	13500.	21000.	37500.	42500.	95000.
1854-O	375.	400.	425.	475.	550.	1250.	1850.	5500.	10000.
1854-S	150000.	290000.	375000.	425000.	—	—	—	—	—
1855	350.	375.	400.	425.	450.	500.	550.	850.	1400.
1855-C	1200.	1800.	3500.	4250.	5500.	11500.	20000.		—
1855-D	2000.	4500.	8000.	11000.	18500.	36500.	52500.		—
1856	350.	375.	400.	425.	450.	500.	500.	875.	1400.
1856-C	1250.	1800.	3250.	4000.	5500.	10000.	14500.	18500.	23500.
1856-D	5000.	7500.	15000.	22500.	36500.	57500.	75000.	—	—
1856-O	350.	475.	700.	850.	1450.	3250.	8500.	40000.	—
1856-S	350.	425.	500.	575.	750.	2650.	4000.	7500.	11500.
1857	350.	375.	360.	400.	450.	500.	550.	850.	1500.
1857-D	1200.	1800.	3150.	3750.	4250.	7500.	13500.	22500.	—
1857-O	350.	450.	525.	700.	1700.	2850.	4500.	10500.	16500.
1857-S	350.	400.	450.	550.	975.	3000.	5500.	8500.	—
1858	350.	375.	400.	425.	450.	525.	1300.	2000.	3350.
1858-C	1250.	1750.	2500.	3250.	4000.	6500.	9000.	15000.	20000.
1859 Reverse of 1858	350.	375.	425.	475.	850.	1650.	2850.	4250.	9500.
1859 Reverse of 1859-1907	350.	375.	400.	425.	500.	800.	1100.	2000.	3250.
1859-D	1300.	2000.	3250.	3750.	4750.	7500.	15000.	42500.	—
1859-S	350.	400.	900.	1000.	1850.	3250.	5500.	10000.	18500.
1860 Reverse of 1858	1250.	1750.	2000.	2500.	2750.	4250.	6000.	8500.	—
1860 Small Letters & Arrowhead, Reverse of 1859-1907									
	350.	375.	400.	425.	450.	625.	1200.	1750.	2250.
1860-C	1100.	1750.	2350.	3250.	5750.	9500.	13500.	17500.	32500.
1860-S	375.	450.	650.	750.	1250.	2500.	4000.	9000.	18500.

—— = Insufficient pricing data

CORONET $2.50 QUARTER EAGLE (CONTINUED)

	F-12	VF-20	EF-40	EF-45	AU-50	AU-58	MS-60	MS-62	MS-63
1861 Reverse of 1858	550.	750.	1250.	1500.	1850.	3000.	4000.	6250.	10000.
1861 Reverse of 1859-1907	350.	375.	400.	425.	450.	575.	1000.	1600.	2000.
1861-S	350.	475.	950.	1500.	3250.	6500.	—	—	—
1862	375.	475.	675.	1150.	1800.	3850.	5500.	8000.	16500.
1862/1	600.	1000.	2000.	2650.	3500.	5500.	9000.	14500.	—
1862-S	1250.	1750.	2500.	3000.	4250.	8500.	20000.	33500.	—
1863 Proof Only	—	—	—	—	—	—	*	*	*
1863-S	400.	750.	1500.	2000.	3250.	8000.	16500.	—	—
1864	3750.	6250.	14500.	23500.	35000.	62500.			
1865	2750.	5750.	12000.	17500.	23500.	32500.	—	—	—
1865-S	425.	500.	825.	1150.	1650.	4000.	8000.	15000.	—
1866	800.	1600.	3350.	4250.	5250.	7750.	12500.	21500.	—
1866-S	350.	375.	675.	1000.	1650.	3350.	6250.	14000.	21000.
1867	350.	425.	775.	900.	1350.	3000.	4750.	6250.	8750.
1867-S	350.	375.	625.	800.	1500.	2750.	4250.	6500.	16500.
1868	350.	375.	450.	500.	700.	1850.	2500.	4750.	8750.
1868-S	375.	400.	475.	775.	1250.	2500.	3750.	6000.	11500.
1869	350.	375.	425.	525.	750.	2250.	3850.	6350.	10000.
1869-S	350.	375.	475.	650.	1000.	2250.	3750.	6250.	8500.
1870	350.	375.	425.	525.	750.	2100.	3850.	5750.	9500.
1870-S	350.	375.	450.	525.	800.	2650.	4250.	6250.	—
1871	340.	350.	375.	400.	525.	1350.	2000.	3500.	6000.
1871-S	340.	350.	375.	400.	550.	1350.	2250.	3000.	4500.
1872	350.	425.	775.	850.	1250.	3650.	5250.	11000.	—
1872-S	340.	350.	400.	500.	1000.	2450.	4350.	6750.	12500.
1873 Closed 3	350.	360.	375.	400.	425.	500.	700.	925.	1500.
1873 Open 3	340.	350.	360.	380.	400.	450.	600.	850.	1300.
1873-S	350.	375.	425.	525.	725.	1350.	3000.	5750.	8500.
1874	340.	350.	400.	425.	675.	1350.	2500.	5250.	7500.
1875	3250.	4500.	6500.	10000.	17500.	25000.	35000.		
1875-S	340.	350.	375.	425.	800.	1900.	3850.	5500.	8250.
1876	350.	425.	700.	875.	1250.	2500.	3250.	4000.	6250.
1876-S	340.	350.	525.	650.	900.	2250.	2750.	3250.	9250.
1877	375.	400.	750.	875.	1150.	2500.	3350.	4500.	10000.
1877-S	340.	350.	360.	380.	400.	425.	650.	1500.	2600.
1878	340.	350.	360.	380.	400.	425.	525.	850.	1250.
1878-S	340.	350.	360.	380.	400.	425.	525.	900.	2000.
1879	340.	350.	360.	380.	400.	425.	525.	850.	1250.
1879-S	340.	360.	375.	450.	650.	1500.	2250.	3500.	5000.
1880	340.	350.	375.	400.	575.	900.	1250.	2250.	3750.
1881	1650.	2650.	3750.	4250.	5500.	8500.	12500.	16500.	—
1882	350.	375.	400.	450.	475.	675.	1250.	3000.	4750.
1883	350.	360.	425.	475.	950.	1650.	2750.	4750.	6750.
1884	340.	350.	400.	425.	600.	900.	1750.	2350.	3500.
1885	500.	700.	1850.	2500.	3000.	4500.	5250.	6500.	8500.
1886	340.	350.	360.	380.	425.	550.	1100.	2000.	3250.
1887	340.	350.	360.	380.	400.	500.	850.	1650.	3250.
1888	340.	350.	360.	380.	400.	425.	550.	975.	1500.
1889	340.	350.	360.	380.	400.	425.	550.	950.	1450.
1890	340.	350.	360.	380.	400.	450.	575.	1000.	2000.
1891	340.	350.	360.	380.	400.	425.	525.	975.	1650.
1892	340.	400.	450.	475.	500.	575.	850.	1350.	3250.
1893	340.	350.	360.	380.	400.	425.	525.	900.	1500.
1894	350.	375.	400.	425.	450.	525.	850.	1650.	2250.

—— = Insufficient pricing data   * = None issued

CORONET $2.50 QUARTER EAGLE (CONTINUED)

	F-12	VF-20	EF-40	EF-45	AU-50	AU-58	MS-60	MS-62	MS-63
1895	340.	350.	360.	380.	400.	450.	550.	975.	1500.
1896	340.	350.	360.	380.	400.	425.	525.	850.	1050.
1897	340.	350.	360.	380.	400.	425.	525.	850.	1250.
1898	340.	350.	360.	380.	400.	425.	525.	850.	1250.
1899	340.	350.	360.	380.	400.	425.	525.	850.	1250.
1900	340.	350.	360.	380.	400.	425.	525.	850.	1250.
1901	340.	350.	360.	380.	400.	425.	525.	850.	1250.
1902	340.	350.	360.	380.	400.	425.	525.	850.	1250.
1903	340.	350.	360.	380.	400.	425.	525.	850.	1250.
1904	340.	350.	360.	380.	400.	425.	525.	850.	1250.
1905	340.	350.	360.	380.	400.	425.	525.	850.	1250.
1906	340.	350.	360.	380.	400.	425.	525.	850.	1250.
1907	340.	350.	360.	380.	400.	425.	525.	850.	1250.

—— = Insufficient pricing data

Indian Head $2.50 quarter eagle

Date of authorization: Jan. 18, 1837
Dates of issue: 1908-1929
Designer: Bela Lyon Pratt
Engraver: Charles Barber
Diameter: 17.78 mm/0.70 inch
Weight: 4.18 grams/0.13 ounce
Metallic Content: 90% gold, 10% copper
Specific gravity: 17.16
Weight of pure gold: 3.76 grams/0.12 ounce
Edge: Reeded
Mint mark: Reverse lower left

	VF-20	EF-40	EF-45	AU-50	AU-58	MS-60	MS-62	MS-63	MS-64
1908	325.	335.	340.	350.	375.	450.	625.	1250.	1750.
1909	325.	335.	340.	350.	375.	450.	625.	1650.	3500.
1910	325.	335.	340.	350.	375.	450.	600.	1650.	3250.
1911	325.	335.	340.	350.	375.	450.	575.	1350.	2350.
1911-D	3000.	3850.	4500.	5500.	8000.	9750.	13500.	23500.	28500.
1912	325.	335.	340.	350.	375.	450.	700.	1750.	3350.
1913	325.	335.	340.	350.	375.	450.	600.	1350.	2100.
1914	325.	335.	340.	350.	400.	625.	2500.	5250.	11000.
1914-D	325.	335.	340.	350.	375.	450.	800.	2000.	5500.
1915	325.	335.	340.	350.	375.	450.	575.	1150.	1750.
1925-D	325.	335.	340.	350.	375.	450.	575.	900.	1600.
1926	325.	335.	340.	350.	375.	450.	575.	900.	1600.
1927	325.	335.	340.	350.	375.	450.	575.	900.	1600.
1928	325.	335.	340.	350.	375.	450.	575.	900.	1600.
1929	330.	335.	350.	360.	400.	500.	600.	1150.	1750.

—— = Insufficient pricing data

Indian Head gold $3 coin

Date of authorization: Feb. 21, 1853
Dates of issue: 1854-1889
Designer/Engraver: James B. Longacre
Diameter: 20.63 mm/0.81 inch
Weight: 5.02 grams/0.16 ounce
Metallic Content: (1854-1873): 90% gold,
10% copper and silver
(1873-1889): 90% gold, 10% copper
Specific gravity: 17.16
Weight of pure gold: 4.51 grams/0.15 ounce
Edge: Reeded
Mint mark: Reverse below wreath

	F-12	VF-20	EF-40	AU-50	AU-58	MS-60	MS-62	MS-63	MS-65	PF-65
1854	825.	950.	1250.	1750.	2250.	2750.	3750.	6500.	20000.	175000.
1854-D	9250.	12500.	19500.	40000.	57500.	65000.	135000.	—	—	*
1854-O	1350.	1850.	3250.	7000.	17500.	30000.	60000.	—	—	*
1855	825.	950.	1300.	1850.	3000.	3500.	4250.	8500.	42500.	—
1855-S	1250.	2250.	3000.	7750.	22500.	28500.	55000.	—	—	*
1856	825.	950.	1200.	1500.	2750.	3500.	6000.	9500.	35000.	—
1856-S	825.	1150.	2000.	3500.	7500.	14000.	20000.	35000.	—	*
1857	825.	975.	1200.	1500.	3000.	3500.	7000.	13000.	45000.	—
1857-S	950.	1750.	3000.	6500.	16500.	21000.	47500.	—	—	*
1858	825.	1000.	2100.	4750.	8750.	11500.	19500.	27500.	—	—
1859	825.	975.	1500.	2500.	4000.	4500.	7750.	10000.	30000.	72500.
1860	825.	975.	1650.	2250.	3850.	4500.	8000.	11500.	30000.	70000.
1860-S	950.	1450.	3350.	8250.	18500.	28500.	50000.	—	—	*
1861	850.	1100.	3750.	4500.	7000.	8250.	13000.	16500.	42500.	70000.
1862	850.	1150.	2850.	3750.	6000.	7750.	12500.	16000.	46500.	70000.
1863	850.	1150.	2750.	4500.	7000.	7750.	12000.	14000.	33500.	70000.
1864	850.	1100.	2750.	4250.	6500.	7500.	12500.	17500.	42500.	70000.
1865	1100.	1400.	3100.	6500.	13000.	15000.	20000.	30000.	65000.	70000.
1866	825.	950.	1600.	2350.	4000.	5250.	9500.	15000.	32500.	70000.
1867	825.	975.	1600.	2500.	4250.	6250.	11500.	15000.	38500.	67500.
1868	825.	975.	1500.	2250.	4000.	5000.	8750.	11500.	35000.	65000.
1869	825.	1000.	1500.	2350.	4250.	5000.	11000.	16500.	47500.	70000.
1870	825.	1000.	1850.	2350.	4350.	5250.	12000.	19000.	50000.	65000.
1870-S Unique	*	*	*	*	*	*	*	*	*	*
1871	825.	950.	1750.	2500.	4500.	5250.	9500.	14500.	38500.	67500.
1872	825.	950.	1750.	2650.	4750.	5750.	9000.	12000.	42500.	65000.

——— = Insufficient pricing data   * = None issued

INDIAN HEAD $3 GOLD (CONTINUED)

	F-12	VF-20	EF-40	AU-50	AU-58	MS-60	MS-62	MS-63	MS-65	PF-65
1873 Open 3 Proof Only										
	—	11500.	16500.	22000.	—	*	*	*		* 110000.
1873 Closed 3 Original										
	3000.	4500.	6000.	16500.	26500.	32500.	46500.	62500.	—	—
1874	825.	950.	1050.	1300.	1900.	3000.	4350.	6000.	18500.	67500.
1875 Proof Only	20000.	30000.	42500.	62500.	—	*	*	*		* 300000.
1876 Proof Only	7500.	12500.	17500.	30000.	—	*	*	*		* 110000.
1877	2250.	3250.	6500.	12500.	23500.	30000.	40000.	80000.	—	60000.
1878	825.	950.	1350.	1650.	1950.	3000.	4000.	6000.	16000.	57500.
1879	825.	950.	1400.	2250.	3000.	3500.	6000.	9000.	23500.	47500.
1880	825.	950.	2250.	3500.	4500.	6500.	8000.	10000.	25000.	40000.
1881	1350.	1850.	3750.	7250.	12500.	16500.	18000.	20000.	45000.	37500.
1882	825.	950.	1750.	3100.	4250.	5000.	8000.	12500.	28500.	37500.
1883	825.	950.	1900.	3250.	4500.	5500.	8750.	13500.	30000.	40000.
1884	1150.	1450.	2150.	3000.	4000.	5000.	9000.	14500.	30000.	45000.
1885	1000.	1350.	2250.	3750.	5500.	7500.	10750.	15000.	42500.	42500.
1886	975.	1250.	2000.	3000.	4350.	6250.	8500.	16500.	47500.	38500.
1887	825.	900.	1450.	2250.	3500.	4500.	6000.	8000.	17500.	35000.
1888	825.	900.	1450.	2350.	3500.	4500.	5000.	7000.	20000.	33500.
1889	825.	900.	1450.	2250.	3250.	4250.	5000.	7000.	18500.	33500.

Capped Bust $5 half eagle

Small Eagle   Heraldic Eagle

Date of authorization: April 2, 1792
Dates of issue: 1795-1807
Designer/Engraver: Robert Scot
Diameter: 25.00 mm/0.99 inch
Weight: 8.75 grams/0.28 ounce
Metallic Content: 91.67% gold, 8.33% copper and silver
Specific gravity: 17.45
Weight of pure gold: 8.02 grams/0.26 ounce
Edge: Reeded
Mint mark: None

SMALL EAGLE

	F-12	VF-20	EF-40	AU-50	AU-58	MS-60	MS-62	MS-63
1795	20000.	25000.	35000.	40000.	75000.	85000.	100000.	140000.
1795 Second S/D in STATES	—	—	—	—	—	—	—	—
1796/5	22500.	27500.	35000.	50000.	—	95000.	150000.	225000.	—
1797 15 Stars	25000.	32500.	45000.	92500.	150000.	225000.	—	—
1797 16 Stars	22500.	28500.	40000.	82500.	135000.	—	—	—
1798	—	—	500000.	—	—	—	—	—

CAPPED BUST, HERALDIC EAGLE $5 HALF EAGLE

	F-12	VF-20	EF-40	AU-50	AU-58	MS-60	MS-62	MS-63
1795	11000.	18000.	25000.	42500.	70000.	85000.	135000.	180000.
1797/5	10500.	17500.	23500.	60000.	125000.	160000.	—	—
1797 16 Stars Unique	—	—	—	—	—	—	—	—
1797 15 Stars Unique	—	—	—	—	—	—	—	—
1798 Small 8	5250.	7250.	11000.	18500.	23500.	30000.	45000.	75000.
1798 Large 8, 13 Stars	4000.	6000.	15000.	20000.	28000.	35000.	47500.	65000.
1798 Large 8, 14 Stars	4250.	6000.	15500.	30000.	45000.	—	—	—
1799 Small Stars	4000.	5250.	7500.	13000.	22500.	32500.	40000.	60000.
1799 Large Stars	4500.	5750.	9000.	13000.	21000.	33500.	47500.	75000.
1800	4000.	5250.	8000.	12000.	16000.	17500.	23500.	33500.
1802/1	4000.	5250.	8000.	11500.	16500.	18000.	25000.	32500.
1803/2	4000.	5250.	8250.	12000.	14000.	15000.	17500.	30000.
1804 Small 8	4000.	5250.	7500.	10500.	16000.	17500.	25000.	43500.
1804 Small 8/Large 8	4000.	5250.	8000.	11500.	17500.	20000.	26500.	47500.
1805	4000.	5250.	8000.	11500.	16500.	18500.	22500.	47500.
1806 Pointed 6, 8X5 Stars	4250.	5250.	7500.	10500.	15500.	17500.	28500.	40000.
1806 Round 6, 7X6 Stars	4000.	5250.	7250.	10500.	16000.	17000.	25000.	30000.
1807	4000.	5250.	7500.	10500.	13500.	17500.	20000.	30000.

—— = Insufficient pricing data

Capped Draped Bust $5 half eagle

Date of authorization: April 2, 1792
Dates of issue: 1807-1812
Designer/Engraver: John Reich
Diameter: 25.00 mm/0.99 inch
Weight: 8.75 grams/0.28 ounce
Metallic Content: 91.67% gold, 8.33% copper and silver
Specific gravity: 17.45
Weight of pure gold: 8.02 grams/0.26 ounce
Edge: Reeded
Mint mark: None

	F-12	VF-20	EF-40	AU-50	AU-58	MS-60	MS-62	MS-63
1807	3250.	4000.	6000.	9000.	13000.	15000.	20000.	33500.
1808/7	3350.	5000.	6250.	12500.	15000.	20000.	28500.	35000.
1808	3250.	4000.	6000.	9000.	13000.	15000.	20000.	30000.
1809/8	3350.	4250.	9250.	10500.	13000.	15500.	20000.	30000.
1810 Small Date, Small 5	15000.	27500.	40000.	52500.	95000.	110000.	125000.	—
1810 Small Date, Tall 5	3250.	5250.	6250.	10000.	13500.	15000.	19000.	30000.
1810 Large Date, Small 5	18500.	30000.	42500.	65000.	—	—	—	—
1810 Large Date, Large 5	3250.	5000.	6000.	9500.	13000.	16000.	18500.	26500.
1811 Small 5	3000.	4000.	6250.	9000.	14000.	15000.	18500.	23500.
1811 Tall 5	3000.	4000.	6500.	9000.	14000.	15000.	16500.	25000.
1812	3000.	4000.	6500.	9250.	14000.	15000.	18000.	28500.

Capped Head $5 half eagle

Date of authorization: April 2, 1792
Dates of issue: 1813-1834
Designer/Engraver: John Reich
Diameter: (1813-1829): 25.00 mm/0.99 inch
(1829-1834): 22.50 mm/0.89 inch
Weight: 8.75 grams/0.28 ounce
Metallic Content: 91.67% gold, 8.33% copper and silver
Specific gravity: 17.45
Weight of pure gold: 8.02 grams/0.26 ounce
Edge: Reeded
Mint mark: None

	F-12	VF-20	EF-40	AU-50	AU-58	MS-60	MS-62	MS-63
1813	4750.	6000.	8500.	11500.	15000.	17500.	22500.	28500.
1814/3	5250.	7250.	9250.	14000.	19500.	22500.	30000.	50000.
1815	—	100000.	190000.	210000.	240000.	—	—	—
1818	5750.	8500.	15000.	17500.	22500.	25000.	30000.	42500.
1818 STATESOF	5750.	8500.	15500.	17500.	19000.	22500.	28500.	42500.
1818 5D/50	5750.	8500.	14000.	17500.	27500.	32500.	42500.	60000.
1819 Wide Date	20000.	27500.	57500.	87500.	—	—	—	—
1819 Close Date	20000.	27500.	57500.	87500.	—	—	—	—
1819 5D/50	15000.	25000.	38500.	60000.	90000.	120000.	185000.	—
1820 Curl Base 2, Small Letters	6500.	10000.	16500.	20000.	30000.	35000.	50000.	95000.
1820 Curl Base 2, Large Letters	5500.	9000.	15000.	19500.	27500.	30000.	40000.	50000.
1820 Square Base 2, Large Letters								
	5500.	8250.	15000.	19500.	27500.	32500.	37500.	42500.
1821	17500.	37500.	57500.	100000.	155000.	—	—	—
1822	*	*	*	*	*	*	*	*
1823	6250.	9250.	15000.	19500.	27500.	30000.	37500.	52500.
1824	6750.	18500.	30000.	40000.	52500.	60000.	80000.	115000.
1825/1	7000.	17500.	25000.	30000.	40000.	60000.	85000.	110000.
1825/4	—	—	—	600000.	—	—	—	—
1826	7500.	12000.	19500.	25000.	33500.	42500.	65000.	85000.
1827	8000.	15000.	27500.	35000.	47500.	57500.	72500.	97500.
1828/7	—	—	—	110000.	185000.	210000.	300000.	400000.
1828	12500.	18500.	32500.	40000.	57500.	95000.	120000.	200000.
1829 Large Planchet	20000.	37500.	90000.	—	—	—	—	—
SMALL PLANCHET								
1829 Small Planchet	55000.	65000.	90000.	135000.	—	380000.	450000.	—
1830 Small 5D	16000.	27500.	42500.	52500.	57500.	65000.	72500.	87500.

—— = Insufficient pricing data   * = None issued

	F-12	VF-20	EF-40	AU-50	AU-58	MS-60	MS-62	MS-63	MS-64
1830 Large 5D	17500.	28500.	42500.	52500.	57500.	67500.	72500.	87500.	
1831 Small 5D	17500.	28500.	42500.	50000.	60000.	75000.	100000.	—	
1831 Large 5D	17500.	28500.	42500.	50000.	60000.	75000.	100000.	—	
1832 Curl Base 2, 12 Stars	—	—	275000.						
1832 Square Base 2, 13 Stars	20000.	30000.	42500.	52500.	65000.	77500.	97500.	110000.	
1833 Large Date	20000.	28500.	42500.	50000.	60000.	65000.	77500.	90000.	
1833 Small Date	20000.	28500.	42500.	50000.	60000.	85000.	—	—	
1834 Plain 4	19000.	27500.	30000.	37500.	43500.	47500.	60000.	80000.	
1834 Crosslet 4	19500.	29000.	32500.	40000.	46500.	50000.	62500.	85000.	

Classic Head $5 half eagle

Date of authorization:	April 2, 1792
Dates of issue:	1834-1838
Designer:	Obverse: William Kneass
	Reverse: John Reich-William Kneass
Engraver:	William Kneass
Diameter:	22.50 mm/0.89 inch
Weight:	8.36 grams/0.27 ounce
Metallic Content:	(1834-1836): 89.92% gold,
	10.8% copper and silver
	(1837-1838): 90% gold,
	10% copper and silver
Specific gravity:	89.92% gold, 17.14; 90% gold, 17.16
Weight of pure gold:	(1834-1836): 7.516 grams/0.24 ounce
	(1837-1838): 7.523 grams/0.24 ounce
Edge:	Reeded
Mint mark:	1838 only, obverse above date

	F-12	VF-20	EF-40	AU-50	AU-58	MS-60	MS-62	MS-63
1834 Plain 4	500.	625.	925.	1500.	2750.	4500.	7250.	12500.
1834 Crosslet 4	1950.	3750.	5000.	9750.	17500.	22500.	30000.	45000.
1835	500.	625.	950.	1500.	2500.	4500.	7500.	12500.
1836	500.	625.	950.	1500.	2500.	4500.	7500.	13000.
1837	525.	625.	1000.	2000.	3500.	5000.	9500.	17500.
1838	525.	625.	1000.	2000.	3400.	5250.	8000.	10500.
1838-C	1500.	2600.	5750.	15000.	25000.	42500.	65000.	82500.
1838-D	1350.	2100.	5000.	11500.	23500.	32500.	42500.	72500.

——— = Insufficient pricing data

Coronet $5 half eagle

Date of authorization: Jan. 18, 1837
Dates of issue: 1839-1908
Designer: Obverse: Christian Gobrecht
Reverse: John Reich-William Kneass-
Christian Gobrecht
Engraver: Christian Gobrecht
Diameter: (1839-1840): 22.50 mm/0.89 inch
(1840-1908): 21.54 mm/0.85 inch
Weight: 8.36 grams/0.27 ounce
Metallic Content: (1839-1849): 89.92% gold,
10.8% copper and silver
(1849-1908): 90% gold, 10% copper
Specific gravity: 89.92% gold, 17.14; 90% gold, 17.16
Weight of pure gold: 7.52 grams/0.24 ounce
Edge: Reeded
Mint mark: Reverse below eagle

	F-12	VF-20	EF-40	AU-50	AU-58	MS-60	MS-62	MS-63	PF-65
NO MOTTO									
1839	550.	575.	600.	1350.	3350.	4750.	18500.	25000.	—
1839-C	1250.	2000.	3000.	6500.	15000.	20000.	40000.	50000.	*
1839-D	1500.	2850.	4750.	8500.	18500.	25000.	42500.	—	*
1840 Broad Mill	525.	600.	825.	2000.	3750.	6500.			—
1840 Narrow Mill	525.	600.	750.	1450.	2250.	3750.	5750.	11000.	—
1840-C	1250.	2000.	3250.	6750.	10500.	17500.	30000.	50000.	*
1840-D Tall D	1250.	2100.	3400.	6500.	9500.	13500.	25000.	—	*
1840-D Small D	—	—	—	—	—	—	—	—	*
1840-O Broad Mill	525.	625.	1250.	2250.	—	—	—	—	*
1840-O Narrow Mill	550.	625.	850.	1850.	3000.	10000.	—	—	*
1841	525.	575.	925.	1650.	3000.	4750.	6750.	10500.	—
1841-C	1500.	2000.	2500.	4000.	8250.	12500.	27500.	40000.	*
1841-D Small D	1500.	2000.	2500.	4000.	8500.	11000.	20000.	28000.	*
1841-D Tall D	—	—	—	3250.	6000.				*
1841-O Unknown	*	*	*	*	*	*	*	*	*
1842 Small Letters	525.	575.	1050.	2250.					—
1842 Large Letters	525.	800.	2000.	3250.	8750.	10000.			—
1842-C Large Date	1500.	2000.	2500.	3650.	10000.	17500.	22500.	28500.	*
1842-C Small Date	8500.	12500.	22500.	42500.	57500.	70000.	80000.	—	*
1842-D Large Date, Large Letters									
	2000.	2750.	7000.	13500.	26000.	52500.	—	—	*

—— = Insufficient pricing data   * = None issued

CORONET $5 HALF EAGLE (CONTINUED)

	F-12	VF-20	EF-40	AU-50	AU-58	MS-60	MS-62	MS-63	PF-65
1842-D Small Date, Small Letters									
	1500.	1950.	2650.	3350.	7250.	15000.	19500.	—	*
1842-O	525.	950.	3250.	9750.	16500.	—	—	42500.	*
1843	525.	550.	575.	700.	800.	2150.	4750.	10000.	—
1843-C	1300.	1750.	2250.	4000.	5500.	9500.	12500.	27500.	*
1843-D Medium D	1350.	1850.	2250.	3250.	7500.	11000.	15000.	30000.	*
1843-D Small D	—								*
1843-O Small Letters	525.	550.	1400.	2250.	7250.	20000.	30000.	—	*
1843-O Large Letters	525.	550.	1100.	2000.	6000.	11000.	15000.	—	*
1844	525.	550.	575.	700.	850.	2500.	4500.	12500.	—
1844-C	1400.	1850.	3250.	5750.	10000.	13500.	25000.	37500.	*
1844-D	1400.	1850.	2500.	3650.	7000.	10500.	13000.	26500.	*
1844-O	525.	550.	575.	800.	3000.	4750.	6500.	17500.	*
1845	525.	550.	575.	700.	800.	2000.	4000.	10000.	—
1845-D	1500.	2000.	2500.	3500.	7000.	11000.	16500.	26000.	*
1845-O	525.	550.	800.	3500.	7000.	10000.	14000.	26500.	*
1846 Large Date	525.	530.	540.	600.	800.	3000.	9250.	15000.	—
1846 Small Date	525.	530.	540.	575.	750.	2450.	4250.	13500.	—
1846-C	1500.	2000.	2850.	6000.	10000.	20000.	32500.	65000.	*
1846-D	1300.	1950.	2650.	3850.	7750.	11500.	17500.	—	*
1846-D/D	1750.	2650.	3250.	4750.	9500.	13500.	22500.	—	*
1846-O	525.	550.	950.	3500.	6000.	12000.	17500.	28500.	*
1847	525.	530.	540.	575.	725.	2000.	3250.	7500.	—
1847/7	550.	600.	700.	975.	1500.	3000.	6000.	12500.	*
1847-C	1750.	2250.	2850.	3850.	8000.	11000.	15000.	27500.	*
1847-D	1450.	2100.	2450.	3500.	6250.	9500.	12000.	19500.	*
1847-O	1250.	1950.	6250.	10000.	18500.	—	—	—	*
1848	525.	530.	540.	575.	1000.	2000.	3750.	11000.	—
1848-C	1500.	2250.	2650.	3500.	10000.	16500.	26000.	47500.	*
1848-D	1400.	1850.	2250.	3750.	7500.	14000.	19000.	—	*
1848-D/D	—			—					*
1849	525.	530.	540.	625.	1250.	2500.	5000.	14000.	—
1849-C	1400.	2000.	2400.	4000.	6750.	9500.	13500.	26500.	*
1849-D	1400.	1950.	2350.	3750.	7750.	13500.	18500.	—	*
1850	525.	530.	550.	1000.	1450.	3500.	5500.	18500.	—
1850-C	1400.	1850.	2250.	3000.	5250.	11000.	15000.	18500.	*
1850-D	1400.	2000.	2850.	4000.	9500.	25000.	—	—	*
1851	525.	530.	540.	575.	1050.	2750.	4500.	10000.	—
1851-C	1600.	1900.	2250.	3250.	7500.	12500.	27500.	50000.	*
1851-D	1600.	2100.	2500.	3750.	7500.	13500.	18500.	27500.	*
1851-O	550.	700.	1650.	4000.	8750.	14500.	25000.	—	*
1852	525.	530.	540.	560.	650.	1250.	3000.	8250.	—
1852-C	1650.	1800.	2100.	3000.	4250.	7250.	11500.	25000.	*
1852-D	1800.	2000.	2350.	3500.	6750.	11500.	13500.	27500.	*
1853	525.	530.	540.	560.	650.	1650.	3000.	8250.	—
1853-C	1450.	2000.	2500.	3250.	4750.	8000.	10500.	25000.	*
1853-D	1400.	1950.	2350.	3750.	5500.	8250.	12500.	17500.	*
1854	525.	530.	540.	560.	1100.	1850.	3000.	7500.	—
1854-C	1600.	1900.	2450.	3750.	6000.	13500.	25000.	37500.	*
1854-D	2000.	2500.	3000.	4000.	6750.	9000.	13500.	27500.	*
1854-O	525.	530.	540.	1350.	2750.	8000.	14500.	23500.	*
1854-S	—								*
1855	525.	530.	540.	560.	650.	2000.	3750.	8500.	—
1855-C	1400.	1850.	2150.	4250.	7000.	13500.	20000.	46500.	*
1855-D	1400.	1950.	2250.	4000.	7250.	17500.	19000.	42500.	*

—— = Insufficient pricing data

CORONET $5 HALF EAGLE (CONTINUED)

	F-12	VF-20	EF-40	AU-50	AU-58	MS-60	MS-62	MS-63	PF-65
1855-O	525.	700.	2000.	4500.	12500.	22000.	—	—	*
1855-S	525.	550.	950.	2250.	6250.	16000.	—	—	*
1856	525.	530.	540.	575.	900.	2100.	3850.	10000.	—
1856-C	1400.	1900.	2100.	2850.	7250.	13500.	33500.	47500.	*
1856-D	1400.	1950.	2350.	4000.	7250.	11000.	16000.	—	*
1856-O	575.	800.	1750.	5500.	10500.	15000.	—	—	*
1856-S	525.	550.	650.	1150.	4000.	6500.	—	—	*
1857	525.	530.	540.	575.	700.	2250.	3350.	8500.	—
1857-C	1400.	1850.	2100.	3250.	5500.	9500.	18500.	30000.	*
1857-D	1400.	1900.	2200.	3250.	8000.	13500.	22500.	—	*
1857-O	525.	675.	1400.	4500.	8750.	17500.	22500.	57500.	*
1857-S	550.	575.	600.	1250.	4500.	9500.	11500.	—	*
1858	525.	550.	625.	700.	1750.	3250.	4500.	9500.	200000.
1858-C	1400.	1950.	2350.	3350.	5250.	10000.	17500.	37500.	*
1858-D	1400.	1950.	2400.	3250.	7000.	12500.	21000.	—	*
1858-S	550.	900.	2250.	5250.	—	—	—	—	*
1859	525.	550.	625.	725.	2250.	6500.	8250.	—	120000.
1859-C	1400.	1850.	2100.	3000.	8500.	13000.	21000.	37500.	*
1859-D	1400.	1900.	2250.	3100.	7000.	11500.	25000.	35000.	*
1859-S	975.	2000.	3650.	5250.	11500.	—	—	—	*
1860	525.	540.	550.	1100.	3250.	4250.	8500.	16000.	110000.
1860-C	1800.	2350.	3000.	4750.	9500.	12500.	17500.	32500.	*
1860-D	1850.	2500.	3350.	5000.	9750.	15000.	26500.	52500.	*
1860-S	675.	1150.	2250.	5500.	12500.	—	—	—	*
1861	525.	540.	550.	625.	1050.	2350.	4250.	7750.	110000.
1861-C	2000.	2750.	5000.	10000.	22500.	30000.	50000.	95000.	*
1861-D	6500.	10500.	17500.	37500.	60000.	70000.	90000.	—	*
1861-S	675.	1100.	4250.	6500.	16500.	—	—	—	*
1862	950.	1750.	4500.	10500.	16500.	—	—	—	110000.
1862-S	2000.	3500.	7000.	13500.	—	—	—	—	*
1863	2500.	6000.	10000.	16500.	—	—	—	—	105000.
1863-S	1500.	3350.	4750.	12500.	30000.	—	—	—	*
1864	950.	1500.	2500.	6750.	12500.	17500.	—	—	105000.
1864-S	9000.	12500.	17500.	—	—	—	—	—	*
1865	1350.	4750.	10500.	16500.	—	—	—	—	110000.
1865-S	1500.	3000.	4250.	7500.	12500.	16500.	—	—	*
1866-S	1500.	3000.	5500.	11500.	21500.	—	—	—	*

MOTTO ON REVERSE

	F-12	VF-20	EF-40	AU-50	AU-58	MS-60	MS-62	MS-63	PF-65
1866	500.	725.	1450.	3750.	9000.	—	—	—	65000.
1866-S	650.	1150.	3000.	9000.	—	—	—	—	*
1867	500.	550.	1500.	3250.	—	—	—	—	65000.
1867-S	875.	1350.	2500.	9250.	18500.	—	—	—	*
1868	500.	650.	950.	3500.	8000.	12500.	—	—	65000.
1868-S	500.	600.	1450.	3500.	8000.	17500.	—	—	*
1869	975.	1300.	2500.	5500.	—	—	—	—	65000.
1869-S	500.	550.	1650.	3850.	—	—	—	—	*
1870	575.	725.	1950.	3250.	—	—	—	—	70000.
1870-CC	6250.	12500.	18500.	36500.	57500.	100000.	—	—	*
1870-S	750.	1250.	3000.	5250.	—	—	—	—	*
1871	575.	875.	1850.	3000.	6000.	10000.	—	—	65000.
1871-CC	1950.	3250.	5000.	15000.	32500.	50000.	—	—	*
1871-S	500.	550.	1000.	3000.	7000.	12500.	—	—	*
1872	550.	800.	1850.	3250.	6750.	12500.	16500.	20000.	62500.
1872-CC	1750.	3750.	6500.	19000.	42500.	—	—	—	*
1872-S	625.	750.	1250.	3750.	6750.	12500.	—	—	*

—— = Insufficient pricing data   * = None issued

	F-12	VF-20	EF-40	AU-50	AU-58	MS-60	MS-62	MS-63	PF-65
1873 Closed 3	500.	525.	530.	550.	650.	1000.	2250.	5500.	72500.
1873 Open 3	500.	525.	530.	550.	675.	925.	2000.	4000.	*
1873-CC	4500.	8500.	15000.	36500.	47500.	—	—	—	*
1873-S	525.	725.	1750.	3000.	9500.	21000.	55000.	190000.	*
1874	600.	750.	1650.	3000.	6000.	11500.	—	—	67500.
1874-CC	1250.	1950.	3000.	9500.	25000.	37500.	—	—	*
1874-S	525.	675.	1850.	4500.	8000.	—	—	—	*
1875	—	—	55000.	100000.	—	—	—	—	190000.
1875-CC	1750.	2500.	4500.	11500.	29000.	50000.	75000.	130000.	*
1875-S	525.	775.	2250.	5500.	15000.	25000.	—	—	*
1876	1000.	1500.	3500.	6500.	11000.	13500.	18500.	25000.	62500.
1876-CC	1250.	2500.	5250.	13500.	27500.	37500.	—	—	*
1876-S	825.	1850.	3500.	10000.	18500.	—	—	—	*
1877	750.	1250.	3500.	6500.	10000.	—	—	—	55000.
1877-CC	1150.	2250.	4750.	11000.	32500.	—	—	—	*
1877-S	500.	550.	600.	1300.	—	—	—	—	*
1878	475.	525.	530.	550.	600.	625.	775.	2100.	57500.
1878-CC	2250.	4500.	10000.	18500.	75000.	—	—	—	*
1878-S	525.	550.	575.	625.	675.	1000.	1850.	4500.	*
1879	500.	525.	530.	550.	625.	700.	1000.	2500.	57500.
1879-CC	1150.	1850.	2500.	4500.	12000.	20000.	32500.	—	*
1879-S	500.	525.	530.	550.	600.	900.	1850.	3000.	*
1880	500.	525.	530.	550.	600.	625.	675.	1450.	50000.
1880-CC	700.	975.	1250.	2500.	6500.	13500.	—	—	*
1880-S	500.	525.	530.	550.	600.	625.	675.	1250.	*
1881	500.	525.	530.	550.	600.	625.	675.	1250.	47500.
1881/0	525.	550.	600.	725.	925.	1450.	2500.	5000.	*
1881-CC	900.	1500.	3000.	6250.	13500.	25000.	40000.	60000.	*
1881-S	500.	525.	530.	550.	600.	625.	675.	1150.	*
1882	500.	525.	530.	550.	600.	625.	675.	1150.	42500.
1882-CC	725.	875.	1200.	2350.	5500.	11500.	20000.	—	*
1882-S	500.	525.	530.	550.	600.	625.	725.	1250.	*
1883	500.	525.	530.	550.	600.	625.	700.	1350.	42500.
1883-CC	725.	850.	1250.	4250.	12500.	19500.	—	—	*
1883-S	500.	525.	550.	625.	675.	825.	1000.	3000.	*
1884	500.	525.	530.	550.	600.	625.	1250.	2000.	42500.
1884-CC	750.	925.	1450.	4500.	13000.	20000.	—	—	*
1884-S	500.	525.	530.	550.	600.	625.	700.	1750.	—
1885	500.	525.	530.	550.	600.	625.	675.	1150.	42500.
1885-S	500.	525.	530.	550.	600.	625.	675.	1150.	*
1886	500.	525.	530.	550.	600.	625.	675.	1150.	42500.
1886-S	500.	525.	530.	550.	600.	625.	675.	1150.	*
1887 Proof Only	—	—	—	18500.	27500.	*	*	*	125000.
1887-S	500.	525.	530.	550.	600.	625.	675.	1150.	*
1888	500.	525.	530.	550.	600.	650.	850.	1900.	37500.
1888-S	500.	525.	530.	550.	600.	1150.	2000.	—	*
1889	500.	525.	530.	600.	950.	1250.	1850.	3000.	37500.
1890	500.	525.	530.	550.	825.	2000.	3250.	6000.	37500.
1890-CC	775.	800.	825.	925.	1250.	2100.	3350.	7750.	*

——— = Insufficient pricing data   * = None issued

CORONET $5 HALF EAGLE (CONTINUED)

	F-12	VF-20	EF-40	AU-50	AU-58	MS-60	MS-62	MS-63	PF-65
1891	500.	525.	530.	550.	600.	625.	950.	1750.	37500.
1891-CC	775.	800.	825.	1000.	1500.	2250.	3000.	4000.	*
1892	500.	525.	530.	550.	600.	625.	675.	1000.	37500.
1892-CC	775.	800.	825.	950.	1500.	2250.	3250.	7000.	*
1892-O	600.	850.	1300.	1850.	3500.	5000.	7500.	13500.	*
1892-S	500.	525.	530.	550.	600.	625.	1000.	2750.	*
1893	500.	525.	530.	550.	600.	625.	675.	1000.	37500.
1893-CC	775.	800.	850.	950.	1750.	2500.	4350.	8250.	*
1893-O	500.	550.	575.	650.	1250.	1850.	3250.	6750.	*
1893-S	500.	525.	530.	550.	600.	625.	675.	1300.	*
1894	500.	525.	530.	550.	600.	625.	675.	1000.	37500.
1894-O	500.	550.	575.	700.	1000.	1850.	3250.	7500.	*
1894-S	500.	525.	530.	775.	1650.	3500.	5500.	9750.	*
1895	500.	525.	530.	550.	600.	625.	675.	1000.	37500.
1895-S	500.	525.	530.	600.	1500.	3000.	3500.	5500.	*
1896	500.	525.	530.	550.	600.	625.	675.	1250.	37500.
1896-S	500.	525.	530.	550.	700.	1250.	3000.	—	*
1897	500.	525.	530.	550.	600.	625.	675.	1000.	32500.
1897-S	500.	525.	530.	550.	600.	825.	1350.	4500.	*
1898	500.	525.	530.	550.	600.	625.	675.	1000.	32500.
1898-S	500.	525.	530.	550.	600.	625.	725.	1200.	*
1899	500.	525.	530.	550.	600.	625.	675.	1050.	30000.
1899-S	500.	525.	530.	550.	600.	625.	750.	1400.	*
1900	500.	525.	530.	550.	600.	625.	675.	1000.	27500.
1900-S	500.	525.	530.	550.	600.	625.	675.	1000.	*
1901	500.	525.	530.	550.	600.	625.	675.	1000.	25000.
1901-S	500.	525.	530.	550.	600.	625.	675.	1000.	*
1901/0-S	500.	525.	575.	625.	750.	975.	1200.	1500.	*
1902	500.	525.	530.	550.	600.	625.	675.	1000.	25000.
1902-S	500.	525.	530.	550.	600.	625.	675.	1050.	*
1903	500.	525.	530.	550.	600.	625.	675.	1000.	25000.
1903-S	500.	525.	530.	550.	600.	625.	700.	1250.	*
1904	500.	525.	530.	550.	600.	625.	675.	1000.	25000.
1904-S	500.	525.	530.	550.	600.	850.	1500.	3500.	*
1905	500.	525.	530.	550.	600.	625.	700.	1150.	27500.
1905-S	500.	525.	530.	550.	600.	650.	1250.	2000.	*
1906	500.	525.	530.	550.	600.	625.	675.	1000.	25000.
1906-D	500.	525.	530.	550.	600.	625.	675.	1000.	*
1906-S	500.	525.	530.	550.	600.	625.	700.	1500.	*
1907	500.	525.	530.	550.	600.	625.	675.	1000.	25000.
1907-D	500.	525.	530.	550.	600.	625.	675.	1000.	*
1908	500.	525.	530.	550.	600.	625.	675.	1000.	—

—— = Insufficient pricing data   * = None issued

Indian Head $5 half eagle

Date of authorization: Jan. 18, 1837
Dates of issue: 1908-1929
Designer: Bela Lyon Pratt
Engraver: Charles Barber
Diameter: 21.54 mm/0.85 inch
Weight: 8.36 grams/0.27 ounce
Metallic Content: 90% gold, 10% copper
Specific gravity: 17.16
Weight of pure gold: 7.52 grams/0.24 ounce
Edge: Reeded
Mint mark: Reverse lower left

	VF-20	EF-40	AU-50	AU-58	MS-60	MS-62	MS-63	MS-65	PF-65
1908	525.	550.	570.	590.	700.	1050.	2500.	20000.	40000.
1908-D	525.	550.	570.	590.	700.	1050.	2500.	30000.	*
1908-S	525.	600.	850.	1650.	2000.	3500.	7250.	25000.	*
1909	525.	550.	570.	590.	700.	1050.	2000.	12500.	50000.
1909-D	525.	550.	570.	590.	700.	950.	1850.	11500.	*
1909-O	4000.	6000.	11500.	20000.	40000.	62500.	95000.	450000.	*
1909-S	525.	550.	600.	1150.	1650.	5750.	13500.	50000.	*
1910	525.	550.	570.	590.	700.	950.	1850.	16500.	42500.
1910-D	525.	550.	570.	590.	700.	1650.	4500.	40000.	*
1910-S	525.	550.	575.	800.	1650.	4500.	10000.	—	*
1911	525.	550.	570.	590.	700.	950.	1850.	14000.	40000.
1911-D	650.	925.	2000.	4500.	7750.	22500.	47500.	300000.	*
1911-S	525.	550.	570.	825.	1250.	2750.	6000.	55000.	*
1912	525.	550.	570.	590.	700.	950.	1850.	18500.	40000.
1912-S	525.	550.	570.	1000.	2000.	7250.	16500.	—	*
1913	525.	550.	570.	590.	700.	950.	1850.	17500.	40000.
1913-S	525.	550.	570.	1000.	2000.	6250.	17500.	—	*
1914	525.	550.	570.	590.	750.	1000.	1850.	18500.	40000.
1914-D	525.	550.	570.	590.	750.	1000.	3000.	25000.	*
1914-S	525.	550.	570.	800.	1750.	6750.	16500.	—	*
1915	525.	550.	570.	590.	750.	1000.	1850.	14500.	45000.
1915-S	525.	550.	650.	1100.	2250.	7250.	18500.	—	*
1916-S	525.	550.	600.	900.	1250.	3500.	7250.	37500.	*
1929	10000.	13500.	17500.	28500.	32500.	40000.	50000.	95000.	*

—— = Insufficient pricing data   * = None issued

Capped Bust $10 eagle

Small Eagle reverse

Heraldic Eagle reverse

Date of authorization: April 2, 1792
Dates of issue: 1795-1804
Designer/Engraver: Robert Scot
Diameter: 33.00 mm/1.30 inches
Weight: 17.50 grams/0.56 ounce
Metallic Content: 91.67% gold, 8.33% copper and silver
Specific gravity: 17.45
Weight of pure gold: 16.04 grams/0.52 ounce
Edge: Reeded
Mint mark: None

SMALL EAGLE

	F-12	VF-20	EF-40	AU-50	AU-58	MS-60	MS-62	MS-63
1795 13 Leaves	30000.	35000.	40000.	60000.	100000.	140000.	175000.	250000.
1795 9 Leaves	42500.	55000.	80000.	150000.	260000.	315000.	375000.	—
1796	33500.	40000.	50000.	75000.	110000.	145000.	180000.	265000.
1797	35000.	47500.	60000.	105000.	155000.	175000.	275000.	—

—— = Insufficient pricing data

CAPPED BUST, HERALDIC EAGLE $10 EAGLE

	F-12	VF-20	EF-40	AU-50	AU-58	MS-60	MS-62	MS-63
1797	12500.	17500.	22500.	35000.	48500.	62500.	105000.	150000.
1798/7 9X4 Stars	16500.	22500.	37500.	57500.	100000.	140000.	200000.	—
1798/7 7X6 Stars	35000.	45000.	75000.	150000.	220000.	300000.	—	—
1799 Large Obverse Stars	10000.	13000.	18500.	22500.	37500.	42500.	50000.	77500.
1799 Small Obverse Stars	10000.	11500.	16500.	21500.	35000.	38500.	42500.	75000.
1800	11000.	13000.	19000.	22500.	32500.	37500.	50000.	80000.
1801	10000.	11500.	16500.	22500.	33500.	40000.	50000.	72500.
1803 Small Reverse Stars	10000.	12000.	16500.	20000.	35000.	40000.	47500.	62500.
1803 Large Reverse Stars	18000.	22500.	25000.	30000.	40000.	65000.	100000.	125000.
1803 14 Reverse Stars	22500.	26000.	28500.	32500.	37500.	40000.	50000.	75000.
1804	22500.	30000.	32500.	45000.	62500.	70000.	90000.	120000.

Coronet $10 eagle

Date of authorization:	Jan. 18, 1837
Dates of issue:	1838-1907
Designers:	Obverse: Christian Gobrecht
	Reverse: John Reich-William Kneass-Christian Gobrecht
Engraver:	Christian Gobrecht
Diameter:	27.00 mm/1.07 inches
Weight:	16.72 grams/.54 ounce
Metallic Content:	(1838-1873) 90% gold, 10% copper and silver
	(1873-1907): 90% gold, 10% copper
Specific gravity:	17.16
Weight of pure gold:	15.05 grams/0.48 ounce
Edge:	Reeded
Mint mark:	Reverse below eagle

—— = Insufficient pricing data

CORONET $10 EAGLE (CONTINUED)

	F-12	VF-20	EF-40	AU-50	AU-58	MS-60	MS-62	MS-63	PF-65
NO MOTTO									
1838	3250.	6500.	9500.	18500.	36500.	100000.	150000.	—	—
1839 Old Portrait, Large Letters									
	1100.	1650.	3000.	7250.	18500.	35000.	45000.	—	—
1839 New Portrait, Small Letters									
	1150.	1750.	3500.	8000.	22500.	—	—	—	—
1840	950.	1100.	1350.	1850.	5250.	11000.	—	—	—
1841	950.	1050.	1300.	1750.	7500.	12500.	21000.	—	—
1841-O	4250.	6500.	9250.	20000.	—	—	—	—	*
1842 Small Date	950.	975.	1000.	2000.	6000.	—	—	—	—
1842 Large Date	950.	975.	1000.	1250.	5250.	16000.	22500.	27500.	—
1842-O	975.	1050.	1250.	3350.	10000.	30000.	—	—	*
1843 Doubled Date	950.	975.	1000.	3250.	—	—	—	—	—
1843	950.	975.	1000.	1700.	6500.	—	—	—	—
1843-O	950.	975.	1200.	2500.	6000.	15000.	35000.	45000.	*
1844	950.	1450.	3000.	5500.	11000.	16500.	—	—	—
1844-O	950.	1000.	1150.	2350.	7000.	13500.	30000.	—	*
1845	950.	975.	1000.	2150.	5500.	17500.	25000.	—	—
1845-O	1000.	1250.	1500.	4250.	10000.	17500.	35000.	—	*
1846	950.	1000.	1400.	4850.	—	—	—	—	—
1846-O	950.	975.	1000.	4250.	8000.	15000.	30000.	—	*
1846/5-O	1000.	1500.	3000.	5750.	12500.	—	—	—	*
1847	950.	960.	975.	1100.	2000.	3750.	10000.	25000.	—
1847-O	950.	960.	975.	1500.	2500.	6000.	10000.	22500.	*
1848	950.	960.	1000.	1250.	2750.	5250.	12000.	28000.	—
1848-O	1000.	1250.	1650.	4750.	10000.	17500.	22500.	30000.	*
1849	950.	975.	1100.	1850.	2350.	4000.	9000.	18500.	—
1849/1848	950.	975.	1050.	2250.	7250.	9750.	—	—	—
1849-O	975.	1350.	2450.	5500.	11000.	27500.	—	—	*
1850 Large Date	950.	975.	1000.	1400.	2250.	4250.	9500.	20000.	—
1850 Small Date	950.	975.	1000.	1650.	4750.	7500.	—	—	—
1850-O	975.	1100.	1500.	3350.	8000.	—	—	—	*
1851	950.	960.	975.	1150.	2500.	6000.	10500.	32500.	—
1851-O	950.	1000.	1250.	2250.	4750.	8000.	13500.	27500.	*
1852	950.	960.	975.	1150.	2500.	5250.	8500.	—	—
1852-O	1150.	1750.	2350.	4500.	13500.	25000.	—	—	*
1853	950.	960.	975.	1150.	1850.	4500.	8500.	—	—
1853/2	950.	975.	1000.	2100.	6750.	—	—	—	—
1853-O	950.	960.	975.	1350.	4750.	—	—	—	*
1854	950.	960.	975.	1450.	5000.	7250.	1650.	—	—
1854-O Small Date	950.	960.	975.	1650.	4750.	—	—	—	*
1854-O Large Date	975.	1000.	1200.	2250.	5500.	10000.	22500.	—	*
1854-S	975.	1000.	1200.	2000.	6750.	11000.	—	—	*
1855	950.	960.	975.	1250.	2250.	4500.	8500.	20000.	—
1855-O	975.	1150.	1850.	5750.	13500.	—	—	—	*
1855-S	1100.	2150.	3250.	7500.	—	—	—	—	*
1856	950.	960.	975.	1250.	2250.	4750.	9000.	20000.	—
1856-O	975.	1100.	1750.	3750.	9000.	—	—	—	*
1856-S	950.	960.	975.	1650.	5500.	11000.	—	—	*
1857	950.	960.	1000.	2250.	4500.	11500.	—	—	*
1857-O	975.	1300.	2250.	5000.	17500.	28500.	—	—	*
1857-S	1000.	1350.	1500.	2500.	7500.	—	—	—	*
1858	3500.	5750.	8250.	17500.	—	—	—	—	*
1858-O	1000.	1250.	1650.	2500.	4750.	10000.	18000.	—	*
1858-S	1000.	1600.	3500.	6000.	22500.	—	—	—	*

—— = Insufficient pricing data

CORONET $10 EAGLE (CONTINUED)

	F-12	VF-20	EF-40	AU-50	AU-58	MS-60	MS-62	MS-63	PF-65
1859	950.	960.	975.	1500.	4500.	10000.	—	—	275000.
1859-O	2750.	5500.	12500.	25000.	—	—	—	—	*
1859-S	2000.	3500.	5500.	15000.	—	—	—	—	*
1860	950.	960.	1000.	2000.	4000.	9000.	12000.	25000.	225000.
1860-O	1000.	1150.	1800.	5000.	9000.	15000.	30000.	—	*
1860-S	2500.	3500.	6000.	15000.	32500.	—	—	—	*
1861	960.	960.	975.	1500.	4000.	6000.	9000.	25000.	225000.
1861-S	3000.	3750.	5000.	8000.	16500.	—	—	—	*
1862	1250.	1850.	2650.	5500.	10000.	15000.	25000.	—	225000.
1862-S	1500.	2750.	4250.	6500.	—	—	—	—	*
1863	5500.	10000.	18500.	27500.	35000.	50000.	62500.	—	225000.
1863-S	1100.	1850.	3750.	10000.	19500.	28500.	—	—	*
1864	1200.	2100.	4250.	8250.	12000.	19000.	—	—	200000.
1864-S	3250.	5500.	12500.	28500.	—	—	—	—	*
1865	2250.	3350.	7500.	15000.	—	—	—	—	210000.
1865-S	7000.	9000.	13500.	20000.	—	—	—	—	*
1865-S 865/Inverted 186	4750.	6750.	12500.	25000.	—	—	—	—	*
1866-S	2350.	4500.	8000.	16500.	28500.	—	—	—	*

MOTTO ON REVERSE

	F-12	VF-20	EF-40	AU-50	AU-58	MS-60	MS-62	MS-63	PF-65
1866	950.	1000.	2250.	5250.	17500.	27500.	—	—	140000.
1866-S	1000.	1750.	4000.	8500.	17000.	30000.	—	—	*
1867	950.	1750.	2750.	5000.	16000.	23000.	—	—	110000.
1867-S	1250.	2500.	6000.	10000.	22500.	—	—	—	*
1868	950.	975.	1050.	2350.	6750.	17500.	—	—	125000.
1868-S	975.	1300.	2500.	4250.	9000.	—	—	—	*
1869	1250.	1850.	4250.	7500.	16500.	32500.	—	—	120000.
1869-S	1000.	1700.	2500.	7000.	16500.	28000.	—	—	*
1870	1000.	1250.	2250.	4350.	12000.	—	—	—	120000.
1870-CC	22500.	30000.	45000.	80000.	—	—	—	—	*
1870-S	1250.	2000.	3750.	7000.	17500.	—	—	—	*
1871	1350.	2000.	3500.	6500.	17500.	25000.	—	—	120000.
1871-CC	2350.	4000.	8000.	19500.	40000.	—	—	—	*
1871-S	1000.	1750.	2500.	5500.	17500.	—	—	—	*
1872	1500.	2500.	3500.	9250.	13500.	17500.	23000.	40000.	120000.
1872-CC	2000.	3250.	12500.	30000.	—	—	—	—	*
1872-S	950.	1000.	1250.	2250.	9500.	20000.	—	—	*
1873	3000.	4500.	9500.	17500.	35000.	—	—	—	90000.
1873-CC	3000.	5750.	11500.	27500.	—	—	—	—	*
1873-S	1000.	1950.	2750.	4750.	12500.	—	—	—	*
1874	950.	975.	1100.	1350.	1650.	2000.	4250.	8500.	125000.
1874-CC	2650.	3850.	4500.	9750.	35000.	—	—	—	*
1874-S	1000.	1350.	2850.	5500.	15000.	—	—	—	*
1875	37500.	60000.	80000.	210000.	—	—	—	—	250000.
1875-CC	2500.	4750.	9000.	17500.	—	—	—	—	*
1876	2000.	3500.	7000.	15000.	—	—	—	—	120000.
1876-CC	2750.	6500.	9750.	18500.	42500.	—	—	—	*
1876-S	950.	1300.	2000.	5750.	—	—	—	—	*
1877	2850.	4250.	7000.	14500.	26500.	—	—	—	125000.
1877-CC	2000.	4000.	7000.	16500.	—	—	—	—	*
1877-S	950.	1000.	1450.	3000.	10500.	—	—	—	*
1878	940.	950.	960.	1000.	1100.	1250.	2350.	6750.	110000.
1878-CC	2500.	4000.	9750.	22500.	—	—	—	—	*
1878-S	940.	950.	1000.	2250.	5250.	15000.	—	—	*
1879	940.	950.	960.	1000.	1100.	1250.	1850.	5000.	95000.
1879/8	—	—	—	—	—	—	—	—	*

—— = Insufficient pricing data   * = None issued

	F-12	VF-20	EF-40	AU-50	AU-58	MS-60	MS-62	MS-63	PF-65
1879-CC	8000.	15000.	28500.	52500.	—	—	—	—	*
1879-O	2250.	3000.	5000.	14500.	25000.	—	—	—	*
1879-S	940.	950.	960.	975.	1050.	1350.	2500.	—	*
1880	940.	950.	960.	975.	1000.	1100.	1250.	3650.	95000.
1880-CC	1150.	1450.	1800.	2500.	6500.	15000.	—	—	*
1880-O	950.	975.	1000.	2000.	8500.	—	—	—	*
1880-S	940.	950.	960.	975.	1000.	1150.	1350.	4250.	*
1881	940.	950.	960.	975.	1000.	1100.	1250.	1850.	80000.
1881-CC	1250.	1450.	1750.	2850.	6000.	9000.	18000.	—	*
1881-O	1050.	1250.	1500.	2500.	7250.	—	—	—	*
1881-S	940.	950.	960.	975.	1000.	1100.	1250.	4000.	*
1882	940.	950.	960.	975.	1000.	1100.	1250.	1800.	65000.
1882-CC	1250.	1650.	2250.	5000.	16500.	—	—	—	*
1882-O	940.	950.	975.	1500.	5250.	—	—	—	*
1882-S	940.	950.	960.	975.	1000.	1100.	1250.	5000.	*
1883	940.	950.	960.	975.	1000.	1100.	1250.	2500.	80000.
1883-CC	1300.	1850.	2250.	3250.	7250.	15000.	—	—	*
1883-O	7500.	12500.	22500.	45000.	—	—	—	—	*
1883-S	940.	950.	960.	975.	1000.	1250.	4500.	11500.	*
1884	940.	950.	960.	975.	1050.	1150.	1750.	5250.	75000.
1884-CC	1100.	1250.	1500.	2500.	6500.	13000.	—	—	*
1884-S	940.	950.	960.	975.	1000.	1200.	1750.	7000.	*
1885	940.	950.	960.	975.	1000.	1100.	1250.	3500.	75000.
1885-S	940.	950.	960.	975.	1000.	1100.	1200.	2750.	*
1886	940.	950.	960.	975.	1000.	1100.	1200.	4500.	72500.
1886-S	940.	950.	960.	975.	1000.	1100.	1150.	1850.	*
1887	940.	950.	960.	975.	1200.	1450.	2850.	6500.	70000.
1887-S	940.	950.	960.	975.	1000.	1100.	1200.	3250.	*
1888	940.	950.	960.	975.	1000.	1100.	3250.	7000.	65000.
1888-O	940.	950.	960.	975.	1100.	1300.	1900.	6000.	*
1888-S	940.	950.	960.	975.	1100.	1250.	1350.	2500.	*
1889	950.	975.	1050.	1800.	3500.	4250.	5250.	8500.	65000.
1889-S	940.	950.	960.	975.	1000.	1100.	1350.	2000.	*
1890	940.	950.	960.	975.	1000.	1250.	2000.	6000.	62500.
1890-CC	1000.	1050.	1100.	1500.	2500.	4250.	8750.	20000.	*
1891	940.	950.	960.	975.	1000.	1100.	1200.	4000.	60000.
1891-CC	1000.	1025.	1050.	1250.	1650.	1950.	3500.	7500.	*
1892	940.	950.	960.	975.	1000.	1100.	1150.	1850.	60000.
1892-CC	1000.	1025.	1100.	1500.	2500.	4000.	7500.	11500.	*
1892-O	940.	950.	960.	1000.	1150.	1250.	4250.	7250.	*
1892-S	940.	950.	960.	975.	1000.	1100.	1300.	3500.	*
1893	940.	950.	960.	975.	1000.	1100.	1200.	2250.	60000.
1893-CC	1050.	1250.	1850.	3000.	8000.	17500.	37500.	—	*
1893-O	940.	950.	975.	1050.	1150.	1300.	3000.	6000.	*
1893-S	940.	950.	960.	975.	1000.	1100.	1300.	3500.	*
1894	940.	950.	960.	975.	1000.	1100.	1250.	1800.	62500.
1894-O	940.	950.	975.	1050.	1150.	1200.	1750.	5500.	*
1894-S	940.	950.	960.	1000.	1750.	3500.	8000.	13500.	*
1895	940.	950.	960.	960.	1000.	1100.	1250.	1850.	65000.
1895-O	940.	950.	975.	1025.	1100.	1250.	2000.	7000.	*
1895-S	940.	950.	960.	1000.	1900.	2650.	4000.	10000.	*
1896	940.	950.	960.	975.	1100.	2250.	4000.	11500.	57500.
1896-S	940.	950.	960.	975.	1100.	2250.	4000.	11500.	*
1897	940.	950.	960.	975.	1000.	1100.	1200.	1900.	55000.
1897-O	940.	950.	960.	1000.	1250.	1500.	2250.	6500.	*
1897-S	940.	950.	960.	975.	1000.	1100.	1750.	6250.	*

—— = Insufficient pricing data   * = None issued

	F-12	VF-20	EF-40	AU-50	AU-58	MS-60	MS-62	MS-63	PF-65
1898	940.	950.	960.	975.	1000.	1100.	1200.	1900.	52500.
1898-S	940.	950.	960.	975.	1000.	1100.	1350.	3750.	*
1899	940.	950.	960.	975.	1000.	1100.	1200.	1800.	62500.
1899-O	940.	950.	960.	975.	1050.	1250.	2400.	6250.	*
1899-S	940.	950.	960.	975.	1000.	1100.	1250.	3500.	*
1900	940.	950.	960.	975.	1150.	1250.	1400.	1900.	60000.
1900-S	940.	950.	960.	975.	1000.	1150.	2500.	7500.	*
1901	940.	950.	960.	975.	1000.	1100.	1250.	1900.	52500.
1901-O	940.	950.	960.	975.	1050.	1150.	1750.	4000.	*
1901-S	940.	950.	960.	975.	1000.	1100.	1150.	1900.	*
1902	940.	950.	960.	975.	1000.	1100.	1150.	3000.	50000.
1902-S	940.	950.	960.	975.	1000.	1100.	1150.	1900.	*
1903	940.	950.	960.	975.	1000.	1100.	1150.	2650.	50000.
1903-O	940.	950.	960.	975.	1050.	1150.	1500.	3350.	*
1903-S	940.	950.	960.	975.	1000.	1100.	1250.	1900.	*
1904	940.	950.	960.	975.	1000.	1100.	1150.	2250.	50000.
1904-O	940.	950.	960.	975.	1100.	1200.	1350.	3500.	*
1905	940.	950.	960.	975.	1000.	1100.	1150.	1900.	50000.
1905-S	940.	950.	960.	975.	1050.	1450.	2500.	4850.	*
1906	940.	950.	960.	975.	1000.	1100.	1150.	2250.	50000.
1906-D	940.	950.	960.	975.	1000.	1100.	1150.	1800.	*
1906-O	940.	950.	960.	975.	1050.	1350.	2500.	5000.	*
1906-S	940.	950.	960.	975.	1250.	1250.	1500.	4850.	*
1907	940.	950.	960.	975.	1000.	1100.	1150.	1800.	50000.
1907-D	940.	950.	960.	975.	1000.	1100.	1450.	2000.	*
1907-S	940.	950.	960.	975.	1050.	1250.	2000.	5250.	*

Indian Head $10 eagle

Date of authorization: Jan. 18, 1837
Dates of issue: 1907-1933
Designer: Augustus Saint-Gaudens
Engraver: Charles Barber
Diameter: 27.00 mm/1.07 inches
Weight: 16.72 grams/0.54 ounce
Metallic Content: 90% gold, 10% copper
Specific gravity: 17.16
Weight of pure gold: 15.05 grams/0.48 ounce
Edge: Starred
Mint mark: Reverse left of TEN DOLLARS

	VF-20	EF-40	AU-50	AU-58	MS-60	MS-62	MS-63	MS-65	PF-65
NO MOTTO ON REVERSE									
1907 Wire Rim, Periods	15000.	20000.	25000.	28500.	32500.	40000.	47500.	72500.	*
1907 Rolled Rim, Periods	30000.	40000.	47500.	65000.	75000.	97500.	125000.	295000.	—
1907 No Periods	925.	940.	960.	1000.	1050.	2000.	4000.	12000.	*
1908	925.	940.	960.	1000.	1100.	3000.	5000.	18500.	*
1908-D	925.	940.	960.	1000.	1350.	3250.	8000.	37500.	*
MOTTO ON REVERSE									
1908	925.	940.	960.	1000.	1050.	1450.	2750.	13500.	62500.
1908-D	925.	940.	975.	1100.	1250.	3000.	8500.	31500.	*
1908-S	1050.	1150.	1650.	2750.	3250.	7000.	13500.	30000.	*
1909	925.	940.	960.	1000.	1350.	2500.	5000.	20000.	65000.
1909-D	925.	940.	960.	1000.	1500.	4250.	7750.	38500.	*
1909-S	950.	1050.	1250.	1500.	2000.	4250.	7500.	21000.	*
1910	925.	940.	960.	1000.	1050.	1250.	1500.	13000.	67500.
1910-D	925.	940.	960.	1000.	1050.	1350.	1850.	11500.	*
1910-S	925.	950.	1100.	1500.	1750.	4500.	10000.	55000.	*
1911	925.	940.	960.	1000.	1050.	1350.	1750.	11500.	60000.
1911-D	1050.	1500.	2650.	5500.	10000.	20000.	35000.	—	*
1911-S	925.	940.	960.	1650.	2250.	6500.	12500.	22500.	*
1912	925.	940.	960.	1000.	1050.	1250.	1500.	12500.	60000.
1912-S	950.	1000.	1250.	1750.	2250.	4750.	10000.	45000.	*
1913	925.	940.	960.	1000.	1100.	1350.	1750.	12500.	55000.
1913-S	950.	1150.	2000.	5000.	7250.	16500.	37500.	110000.	*
1914	925.	940.	960.	1000.	1150.	1500.	3000.	15000.	60000.
1914-D	925.	940.	960.	1000.	1100.	1300.	3250.	23500.	*
1914-S	925.	940.	975.	1250.	1500.	4500.	8750.	37500.	*
1915	925.	940.	960.	1000.	1050.	1350.	2500.	12000.	60000.

———— = Insufficient pricing data   * = None issued

INDIAN HEAD $10 EAGLE (CONTINUED)

	VF-20	EF-40	AU-50	AU-58	MS-60	MS-62	MS-63	MS-65	PF-65
1915-S	925.	950.	1500.	3000.	4000.	11500.	21500.	62500.	*
1916-S	925.	940.	975.	1350.	1650.	3350.	8000.	27500.	*
1920-S	14500.	18500.	27500.	35000.	45000.	72500.	95000.	—	*
1926	925.	940.	960.	1000.	1050.	1200.	1550.	4500.	*
1930-S	8000.	12000.	16000.	22500.	27500.	37500.	48500.	85000.	*
1932	925.	940.	960.	1000.	1050.	1200.	1550.	4500.	*
1933	—	—	—	175000.	195000.	225000.	275000.	625000.	*

Coronet $20 double eagle

Date of authorization:	March 3, 1849
Dates of issue:	1850-1907
Designer/Engraver:	James B. Longacre
Diameter:	34.29 mm/1.35 inches
Weight:	33.44 grams/1.07 ounce
Metallic Content:	(1850-1873): 90% gold, 10% copper and silver
	(1873-1907): 90% gold, 10% copper
Specific gravity:	17.16
Weight of pure gold:	30.09 grams/0.97 ounce
Edge:	Reeded
Mint mark:	Reverse below eagle

	VF-20	EF-40	AU-50	AU-58	MS-60	MS-62	MS-63	MS-64	MS-65	PF-65
NO MOTTO ON REVERSE										
1849 Unique	*	*	*	*	*	*	*	*	—	—
1850	2250.	3250.	6500.	11000.	15000.	33500.	47500.	—	—	—
1850-O	4000.	6250.	16500.	43500.	57500.	—	—	—	—	*
1851	2150.	2250.	2750.	4250.	9250.	19500.	23500.	37500.	—	—
1851-O	3500.	5000.	8000.	17500.	30000.	60000.	—	—	—	*
1852	2250.	2500.	3000.	4250.	6000.	16500.	25000.	60000.	—	—
1852-O	2750.	4250.	6750.	21000.	35000.	—	—	—	325000.	*
1853	2250.	2350.	3000.	3850.	6500.	18500.	30000.	—	—	—

—— = Insufficient pricing data   * = None issued

236 — Values of U.S. coins

CORONET $20 DOUBLE EAGLE (CONTINUED)

	VF-20	EF-40	AU-50	AU-58	MS-60	MS-62	MS-63	MS-64	MS-65	PF-65
1853/2	2250.	2350.	6500.	20000.	42500.	—	—	—	—	—
1853-O	2500.	5000.	11500.	27500.	38500.	—	—	—	—	*
1854 Small Date	2250.	2450.	3000.	5000.	9000.	17500.	30000.	—	—	—
1854 Large Date	2750.	5500.	9500.	25000.	42500.	52500.	65000.	85000.	—	—
1854-O	175000.	275000.	425000.	575000.	—	—	—	—	—	*
1854-S	2500.	4250.	11000.	19500.	23500.	30000.	40000.	52500.	—	*
1855	2250.	2500.	3000.	5500.	11500.	20000.	62500.	—	—	*
1855-O	17500.	27500.	50000.	80000.	100000.	—	—	—	—	*
1855-S	2200.	2450.	3000.	5000.	9000.	13000.	20000.	32500.	—	*
1856	2100.	2250.	3000.	5500.	9250.	20000.	32500.	—	—	*
1856-O	250000.	325000.	475000.	625000.	—	—	—	—	—	*
1856-S	2100.	2250.	2750.	5750.	7000.	12500.	19500.	32500.	—	*
1857	2100.	2250.	2750.	3850.	5000.	14000.	30000.	—	—	*
1857-O	3500.	6000.	12500.	32500.	50000.	—	—	—	—	*
1857-S	2250.	2450.	2850.	4500.	5750.	7250.	9000.	12500.	17500.	*
1858	2100.	2450.	3250.	5000.	8500.	22500.	—	—	—	*
1858-O	3750.	6250.	17500.	42500.	50000.	90000.	—	—	—	*
1858-S	2250.	2850.	3650.	6000.	10500.	17500.	—	—	—	*
1859	2250.	4250.	8500.	18500.	37500.	60000.	—	—	—	375000.
1859-O	9500.	27500.	47500.	95000.	—	—	—	—	—	*
1859-S	2250.	2500.	3500.	5750.	10500.	26000.	40000.	—	—	*
1860	2100.	2250.	2850.	4000.	7250.	13500.	25000.	52500.	—	350000.
1860-O	12500.	25000.	50000.	85000.	130000.	—	—	—	—	*
1860-S	2250.	2500.	3850.	7250.	8750.	15000.	—	—	—	*
1861	2100.	2250.	2850.	4500.	6000.	10500.	20000.	30000.	—	350000.
1861-O	15000.	30000.	50000.	85000.	120000.	—	—	—	—	*
1861-S	2250.	2500.	3500.	6500.	14000.	25000.	40000.	—	—	*
1861 Paquet Reverse	—	—	—	—	2000000.	—	—	—	—	—
1861-S Paquet Reverse	50000.	75000.	100000.	210000.	275000.	—	—	—	—	*
1862	4250.	10000.	16500.	30000.	37500.	45000.	55000.	—	—	350000.
1862-S	2350.	3000.	4250.	8500.	16500.	35000.	55000.	—	—	*
1863	2650.	4500.	7000.	20000.	30000.	47500.	65000.	—	—	350000.
1863-S	2250.	3250.	3900.	6000.	8500.	21000.	—	—	—	*
1864	2250.	2750.	5000.	11500.	23500.	35000.	—	—	—	350000.
1864-S	2250.	2650.	3500.	7250.	12500.	25000.	42500.	65000.	—	*
1865	2250.	2500.	3000.	5000.	8000.	16500.	25000.	35000.	52500.	350000.
1865-S	2250.	2500.	3250.	5250.	7250.	11500.	20000.	25000.	—	*
1866-S	10500.	17500.	42500.	—	—	—	—	—	—	—
MOTTO ON REVERSE										
1866	1950.	2650.	3500.	7000.	11500.	27500.	37500.	—	—	275000.
1866-S	1900.	2350.	4500.	15000.	28500.	55000.	—	—	—	*
1867	1800.	1900.	2350.	4750.	6250.	14000.	20000.	—	—	275000.
1867-S	2100.	2850.	3500.	8000.	17500.	35000.	—	—	—	*
1868	1900.	2350.	6000.	14000.	20000.	32500.	—	—	—	275000.
1868-S	1800.	2250.	2750.	6000.	17500.	30000.	45000.	—	—	*
1869	1800.	1900.	2250.	5750.	8500.	22500.	42500.	—	—	275000.
1869-S	1850.	2100.	3000.	5000.	11500.	26500.	47500.	—	—	*
1870	1800.	1900.	4000.	7500.	15000.	35000.	62500.	—	—	290000.
1870-CC	200000.	275000.	425000.	—	—	—	—	—	—	*
1870-S	1800.	1900.	2250.	4000.	10000.	33500.	47500.	—	—	*
1871	1800.	2000.	3750.	7000.	11500.	30000.	50000.	72500.	—	275000.
1871-CC	15000.	25000.	42500.	70000.	95000.	—	—	—	—	*
1871-S	1800.	1900.	2500.	4000.	6250.	15000.	25000.	50000.	—	*

—— = Insufficient pricing data

	VF-20	EF-40	AU-50	AU-58	MS-60	MS-62	MS-63	MS-64	MS-65	PF-65
1872	1800.	1900.	2250.	3500.	7500.	21000.	37500.	82500.	—	275000.
1872-CC	4000.	6250.	10500.	32500.	46500.	—	—	—	—	*
1872-S	1800.	1900.	2200.	3250.	6250.	17500.	25000.	—	—	*
1873 Closed 3	1800.	1900.	2100.	2650.	4500.	11500.	—	—	—	275000.
1873 Open 3	1800.	1900.	2100.	2250.	2650.	4000.	11000.	45000.	—	—
1873-CC	3750.	6250.	15000.	33500.	50000.	67500.	—	—	—	*
1873-S Closed 3	1800.	1900.	2100.	2250.	2500.	7000.	22500.	—	—	*
1873-S Open 3	1800.	1900.	2350.	5000.	10000.	22500.	—	—	—	*
1874	1800.	1900.	2100.	2250.	3000.	17500.	25000.	—	—	275000.
1874-CC	2750.	3500.	5000.	11000.	22500.	30000.	—	—	—	*
1874-S	1800.	1900.	2100.	2500.	3850.	11500.	25000.	—	—	*
1875	1800.	1900.	2100.	2250.	2650.	4500.	12500.	42500.	—	300000.
1875-CC	2850.	3000.	4000.	5000.	7750.	17500.	35000.	65000.	—	*
1875-S	1800.	1900.	2100.	2250.	2750.	7500.	20000.	42500.	—	*
1876	1800.	1900.	2250.	2450.	2750.	4500.	12500.	42500.	—	250000.
1876-CC	2350.	3250.	4350.	6500.	10500.	17500.	30000.	—	—	*
1876-S	1800.	1900.	2100.	2250.	2650.	5000.	16500.	47500.	—	—

TWENTY DOLLARS REVERSE

	VF-20	EF-40	AU-50	AU-58	MS-60	MS-62	MS-63	MS-64	MS-65	PF-65
1877	1790.	1800.	1850.	2250.	2350.	4250.	14000.	22500.	—	175000.
1877-CC	2350.	3350.	5250.	15000.	25000.	50000.	—	—	—	*
1877-S	1790.	1800.	1850.	2250.	2350.	4000.	20000.	—	—	*
1878	1790.	1800.	1850.	2250.	2350.	3250.	17500.	33500.	—	175000.
1878-CC	3500.	6000.	12500.	40000.	46500.	52500.	—	—	—	*
1878-S	1790.	1800.	1850.	1950.	2350.	6000.	27500.	45000.	—	*
1879	1790.	1800.	1850.	1950.	2350.	6500.	21500.	—	—	165000.
1879-CC	4500.	6500.	15000.	38500.	46500.	60000.	—	—	—	*
1879-O	28500.	42500.	55000.	95000.	135000.	—	—	—	—	*
1879-S	1790.	1800.	1850.	2150.	4500.	17500.	42500.	—	—	*
1880	1790.	1800.	2250.	2850.	5500.	13500.	25000.	—	—	165000.
1880-S	1790.	1800.	1850.	2000.	3250.	7500.	25000.	32500.	—	*
1881	17500.	28500.	47500.	67500.	82500.	—	—	—	—	175000.
1881-S	1790.	1800.	1850.	2000.	2250.	5000.	23500.	—	—	*
1882	20000.	47500.	100000.	125000.	160000.	200000.	—	—	—	200000.
1882-CC	2350.	2650.	3750.	7500.	15000.	3000.	65000.	—	—	*
1882-S	1790.	1800.	1850.	2000.	2250.	4000.	20000.	—	—	*
1883 Proof Only	—	—	—	—	*	*	*	*	*	275000.
1883-CC	2350.	2850.	4250.	7750.	11000.	25000.	33500.	—	—	*
1883-S	1790.	1800.	1825.	1875.	2000.	3000.	9750.	21000.	—	*
1884 Proof Only	—	—	—	—	*	*	*	*	*	260000.
1884-CC	2350.	2600.	3250.	5750.	8000.	20000.	27500.	—	—	*
1884-S	1790.	1800.	1825.	1875.	2000.	2500.	7000.	18500.	45000.	*
1885	17500.	25000.	45000.	72500.	87500.	110000.	—	—	—	175000.
1885-CC	3750.	6500.	11000.	25000.	32500.	45000.	—	—	—	*
1885-S	1790.	1800.	1825.	1875.	2000.	2500.	6000.	16500.	—	*
1886	30000.	50000.	90000.	145000.	—	—	—	—	—	150000.
1887 Proof Only	—	—	40000.	—	*	*	*	*	*	200000.
1887-S	1790.	1800.	1825.	1875.	2000.	5000.	19000.	37500.	—	*
1888	1790.	1800.	1825.	1875.	2000.	3500.	14500.	18500.	—	140000.
1888-S	1790.	1800.	1825.	1875.	2000.	2500.	5000.	15000.	52500.	*
1889	1790.	1800.	1825.	1875.	2000.	3250.	16500.	—	—	140000.
1889-CC	2750.	3350.	4750.	7750.	10000.	21500.	40000.	—	—	*
1889-S	1790.	1800.	1825.	1875.	2000.	3250.	8000.	23500.	—	*
1890	1790.	1800.	1825.	1875.	2000.	3500.	13500.	26000.	—	132500.
1890-CC	2650.	3250.	4650.	6250.	7750.	22500.	37500.	—	—	*

———— = Insufficient pricing data   * = None issued

CORONET $20 DOUBLE EAGLE (CONTINUED)

	VF-20	EF-40	AU-50	AU-58	MS-60	MS-62	MS-63	MS-64	MS-65	PF-65
1890-S	1790.	1800.	1825.	1875.	2000.	2650.	8000.	16500.	—	*
1891	8000.	17500.	32500.	57500.	70000.	100000.	125000.	—	—	140000.
1891-CC	6500.	10000.	17500.	32500.	42500.	62500.	—	—	—	*
1891-S	1790.	1800.	1820.	1850.	1875.	2350.	3250.	7000.	—	*
1892	2250.	4250.	8000.	14000.	19500.	30000.	38500.	47500.	57500.	135000.
1892-CC	2400.	2850.	3850.	7750.	11500.	27500.	42500.	—	—	*
1892-S	1790.	1800.	1820.	1850.	1875.	2350.	4250.	9250.	—	*
1893	1790.	1800.	1820.	1850.	1875.	2250.	3250.	6500.	—	150000.
1893-CC	2500.	3000.	4750.	7750.	11000.	18500.	37500.	—	—	*
1893-S	1790.	1800.	1820.	1850.	1875.	2350.	4500.	12500.	—	*
1894	1790.	1800.	1820.	1900.	2150.	2250.	3250.	5500.	22500.	130000.
1894-S	1790.	1800.	1820.	1850.	1875.	2250.	3350.	7000.	30000.	*
1895	1790.	1800.	1820.	1850.	1875.	2250.	2600.	3850.	26500.	130000.
1895-S	1790.	1800.	1820.	1850.	1900.	2250.	3500.	5500.	21000.	*
1896	1790.	1800.	1820.	1850.	1875.	2100.	2600.	4500.	21000.	130000.
1896-S	1790.	1800.	1820.	1850.	1875.	2250.	3750.	6500.	25000.	*
1897	1790.	1800.	1820.	1850.	1875.	2100.	2600.	4000.	24500.	125000.
1897-S	1790.	1800.	1820.	1850.	1875.	2250.	2650.	4750.	25000.	*
1898	1790.	1800.	1820.	1850.	1875.	2250.	5500.	13500.	—	125000.
1898-S	1790.	1800.	1820.	1850.	1875.	2000.	2350.	3250.	12500.	*
1899	1790.	1800.	1820.	1850.	1875.	1900.	2350.	3000.	12500.	110000.
1899-S	1790.	1800.	1820.	1850.	1875.	1900.	2250.	4000.	21000.	*
1900	1790.	1800.	1820.	1850.	1875.	1900.	2250.	3000.	6000.	105000.
1900-S	1790.	1800.	1820.	1850.	1875.	1900.	3000.	6500.	27500.	*
1901	1790.	1800.	1820.	1850.	1875.	1900.	2250.	3000.	5500.	100000.
1901-S	1790.	1800.	1820.	1850.	1875.	1900.	5000.	8500.	25000.	*
1902	1790.	1800.	1825.	1950.	2350.	5000.	14000.	26000.	—	100000.
1902-S	1790.	1800.	1820.	1900.	1950.	2650.	4500.	13500.	31000.	*
1903	1790.	1800.	1820.	1850.	1875.	1900.	2250.	3000.	5000.	100000.
1903-S	1790.	1800.	1820.	1850.	1875.	1900.	3250.	4250.	16500.	*
1904	1790.	1800.	1820.	1850.	1875.	1900.	2250.	3000.	5000.	100000.
1904-S	1790.	1800.	1820.	1850.	1875.	1900.	2250.	3000.	5500.	*
1905	1790.	1800.	1825.	2000.	2500.	5750.	17500.	32500.	—	100000.
1905-S	1790.	1800.	1820.	1850.	1875.	1900.	4850.	6750.	24000.	*
1906	1790.	1800.	1825.	1950.	2500.	3750.	8500.	16000.	29000.	100000.
1906-D	1790.	1800.	1820.	1850.	1875.	2000.	4250.	5750.	23500.	*
1906-S	1790.	1800.	1820.	1850.	1900.	2250.	3250.	5000.	25000.	*
1907	1790.	1800.	1820.	1850.	1900.	2250.	2600.	3750.	11500.	100000.
1907-D	1790.	1800.	1820.	1850.	1900.	2250.	3350.	6000.	16000.	*
1907-S	1790.	1800.	1820.	1850.	1900.	2250.	3350.	5000.	26500.	*

—— = Insufficient pricing data

Saint-Gaudens $20 double eagle

Date of authorization: March 3, 1849
Dates of issue: 1907-1933
Designer: Augustus Saint-Gaudens
Engraver: Charles Barber
Diameter: 34.29 mm/1.35 inches
Weight: 33.47 grams/1.07 ounce
Metallic Content: 90% gold, 10% copper
Specific gravity: 17.16
Weight of pure gold: 30.09 grams/0.97 ounce
Edge: Lettered (E PLURIBUS UNUM, with stars dividing words)
Mint mark: Obverse above date

	VF-20	EF-40	AU-50	AU-58	MS-60	MS-62	MS-63	MS-64	MS-65	PF-65
NO MOTTO ON REVERSE										
1907 Extremely High Relief, Roman Numerals, Plain Edge, Proof Only, Unique										
	*	*	*	*	*	*	*	*	*	*
1907 Extremely High Relief, Roman Numerals, Lettered Edge, Proof Only										
	*	*	*	*	*	*	*	*	*	—
1907 High Relief, Roman Numerals, Wire Rim										
	10250.	10500.	13000.	16000.	19500.	25000.	32500.	42500.	55000.	80000.
1907 High Relief, Roman Numerals, Flat Rim										
	10750.	11000.	13500.	17500.	22500.	28500.	35000.	46500.	60000.	100000.
1907	1800.	1825.	1850.	1900.	1925.	2250.	2450.	2750.	4750.	*
1908	1800.	1825.	1850.	1900.	1925.	2150.	2250.	2650.	3000.	*
1908-D	1800.	1825.	1850.	1900.	1925.	2250.	2500.	2750.	10000.	*
MOTTO ON REVERSE										
1908	1800.	1825.	1850.	1900.	1925.	2000.	2500.	5000.	22500.	80000.
1908 Satin Proof	*	*	*	*	*	*	*	*	*	—
1908-D	1800.	1825.	1850.	1900.	1925.	2000.	2250.	2750.	7500.	*
1908-S	3000.	3850.	6250.	8750.	13000.	20000.	27500.	37500.	55000.	*
1909/8	1800.	1850.	2000.	2400.	2650.	3750.	5500.	20000.	50000.	*
1909	1800.	1825.	1850.	1900.	1925.	2500.	3000.	8500.	37500.	85000.
1909-D	1800.	1825.	1850.	2450.	3500.	5250.	8500.	13500.	60000.	*
1909-S	1800.	1825.	1850.	1900.	1925.	2000.	2250.	3000.	6250.	*

——— = Insufficient pricing data   * = None issued

	VF-20	EF-40	AU-50	AU-58	MS-60	MS-62	MS-63	MS-64	MS-65	PF-65
1910	1800.	1825.	1850.	1900.	1925.	2000.	2250.	2750.	9250.	85000.
1910-D	1800.	1825.	1850.	1900.	1925.	2000.	2250.	2750.	4250.	*
1910-S	1800.	1825.	1850.	1900.	1925.	2100.	2500.	3000.	11500.	*
1911	1800.	1825.	1850.	1900.	1925.	2150.	3000.	6250.	23500.	82500.
1911-D	1800.	1825.	1850.	1900.	1925.	2000.	2250.	2650.	3500.	*
1911-S	1800.	1825.	1850.	1900.	1925.	2000.	2250.	3000.	7000.	*
1912	1800.	1825.	1850.	1900.	1925.	2150.	3250.	8000.	32500.	85000.
1913	1800.	1825.	1850.	1900.	1925.	2150.	2850.	9500.	60000.	85000.
1913-D	1800.	1825.	1850.	1900.	1925.	2000.	2250.	3000.	6000.	*
1913-S	1800.	1825.	1850.	2250.	2500.	3750.	5000.	7500.	35000.	*
1914	1800.	1825.	1850.	1900.	1925.	2350.	3500.	6000.	30000.	85000.
1914-D	1800.	1825.	1850.	1900.	1925.	2000.	2250.	2650.	3500.	*
1914-S	1800.	1825.	1850.	1900.	1925.	2000.	2250.	2650.	3500.	*
1915	1800.	1825.	1850.	1900.	1950.	2150.	3000.	6250.	30000.	85000.
1915-S	1800.	1825.	1850.	1900.	1950.	2100.	2250.	2500.	3500.	*
1916-S	1800.	1825.	1850.	1900.	1950.	2100.	2250.	2500.	3500.	*
1920	1800.	1825.	1850.	1900.	2000.	2100.	2750.	5250.	80000.	*
1920-S	16500.	22500.	30000.	42500.	52500.	75000.	115000.	165000.	275000.	*
1921	40000.	47500.	60000.	90000.	125000.	175000.	225000.	400000.	—	*
1922	1800.	1825.	1850.	1900.	1925.	2100.	2250.	3000.	6500.	*
1922-S	1800.	1825.	1850.	1975.	2750.	4250.	5500.	11500.	42500.	*
1923	1800.	1825.	1850.	1900.	1925.	2100.	2250.	3000.	7000.	*
1923-D	1800.	1825.	1850.	1900.	1925.	2100.	2250.	2600.	3350.	*
1924	1800.	1825.	1850.	1900.	1925.	2100.	2250.	2600.	3250.	*
1924-D	2250.	2350.	2600.	3250.	4750.	6250.	11500.	17500.	100000.	*
1924-S	2250.	2350.	2600.	3250.	4350.	7500.	12500.	20000.	115000.	*
1925	1800.	1825.	1850.	1900.	1925.	2100.	2250.	2600.	3250.	*
1925-D	2250.	2350.	3000.	3500.	5000.	9000.	13000.	27500.	95000.	*
1925-S	2500.	3350.	4650.	8500.	12500.	16500.	22500.	47500.	170000.	*
1926	1800.	1825.	1850.	1900.	1925.	2100.	2250.	2600.	3250.	*
1926-D	11500.	12500.	14500.	16500.	17500.	20000.	26500.	60000.	200000.	*
1926-S	2100.	2150.	2400.	2750.	3500.	5500.	6250.	11500.	35000.	*
1927	1800.	1825.	1850.	1900.	1925.	2100.	2250.	2600.	3250.	*
1927-D	—	—	—	—	—	900000.	1500000.	1800000.	2100000.	*
1927-S	8000.	10000.	15000.	22500.	25000.	40000.	60000.	85000.	175000.	*
1928	1800.	1825.	1850.	1900.	1925.	2100.	2250.	2600.	3250.	*
1929	8000.	12500.	17500.	20000.	22500.	35000.	45000.	60000.	100000.	*
1930-S	32500.	45000.	52500.	65000.	75000.	90000.	117500.	165000.	200000.	*
1931	13000.	16000.	22500.	30000.	42500.	60000.	77500.	90000.	110000.	*
1931-D	10000.	14500.	25000.	32500.	40000.	60000.	80000.	92500.	137500.	*
1932	14000.	17000.	20000.	25000.	30000.	40000.	75000.	90000.	115000.	*
1933	—	—	—	—	—	—	—	—	—	*

—— = Insufficient pricing data

Saint-Gaudens Ultra-High Relief
gold $20 coin

Date of authorization: March 3, 1849 (Treasury approval in 2008)
Date of issue: 2009
Designers: Obverse: Augustus Saint-Gaudens
Reverse: Augustus Saint-Gaudens
Engraver: Saint-Gaudens (model of plaster cast
was scanned into a computer)
Diameter: 27 mm/1.07 inches
Weight: 1 ounce
Metallic Content: .9999 fine gold
Specific gravity: 19.32
Weight of pure gold: 1 ounce
Edge: E✷P✷L✷U✷R✷I✷B✷U✷S✷U✷N✷U✷M✷
Mint mark: None

	MS-65	MS-69	MS-70
2009	2750.	3100.	3500.

First Spouse gold $10 coin

2007

Date of authorization:	December 22, 2005
Dates of issue:	2007-present
Designers:	Obverse: Differs for each issue
	Reverse: Differs for each issue
Engraver:	Differs for each issue
Diameter:	27 mm/1.07 inches
Weight:	half ounce
Metallic Content:	.999 fine gold
Specific gravity:	19.32
Weight of pure gold:	half ounce
Edge:	Reeded
Mint mark:	Obverse, below date, W

2008

	MS-69	MS-70	PF-69DC	PF-70DC
$10 GOLD				
2007-W Martha Washington	925.	950.	950.	1000.
2007-W Abigail Adams	925.	950.	950.	1000.
2007-W Draped Bust Liberty	925.	950.	950.	1000.
2007-W Dolley Madison	925.	950.	950.	1000.
2008-W Elizabeth Monroe	1000.	1100.	1050.	1350.
2008-W Louisa Adams	1200.	1300.	1100.	1350.
2008-W Capped Bust Liberty	1500.	1600.	1450.	1700.
2008-W Seated Liberty	1600.	1700.	1650.	1800.

—— = Insufficient pricing data   * = None issued

	MS-69	MS-70	PF-69DC	PF-70DC
2009-W Anna Harrison	1300.	1500.	1200.	1400.
2009-W Letitia Tyler	1350.	1850.	1400.	1600.
2009-W Julia Tyler	1600.	2000.	1700.	2200.
2009-W Sarah Polk	1500.	1650.	1250.	1500.
2009-W Margaret Taylor	1000.	1300.	1100.	1350.

—— = Insufficient pricing data   * = None issued

2010

	MS-69	MS-70	PF-69DC	PF-70DC
2010-W Abigail Fillmore	1000.	1300.	1050.	1250.
2010-W Jane Pierce	1000.	1150.	1150.	1300.
2010-W Coronet Liberty	1000.	1100.	1100.	1200.
2010-W Mary Lincoln	1000.	1400.	1100.	1200.

—— = Insufficient pricing data   * = None issued

2011

	MS-69	MS-70	PF-69DC	PF-70DC
2011-W Eliza Johnson	1000.	1200.	1100.	1350.
2011-W Julia Grant	1000.	1200.	1100.	1250.
2011-W Lucy Hayes	1000.	1100.	1100.	1300.
2011-W Lucretia Garfield	1100.	1200.	1100.	1300.

—— = Insufficient pricing data   * = None issued

Commemorative coins 1892-1954

	VF-20	EF-40	AU-50	AU-58	MS-60	MS-63	MS-64	MS-65	MS-66
WORLD'S COLUMBIAN EXPO									
1893 Isabella quarter dollar	—	450.	500.	550.	600.	700.	800.	2750.	5500.
1892 silver half dollar	16.	17.	21.	27.	32.	90.	130.	500.	1100.
1893 silver half dollar	16.	17.	20.	25.	30.	85.	140.	425.	1000.
LAFAYETTE MONUMENT									
1900 silver dollar	—	500.	700.	—	1000.	2000.	3000.	10000.	18000.
LOUISIANA PURCHASE									
1903 Jefferson gold dollar	—	600.	650.	—	700.	1100.	1500.	2200.	3000.
1903 McKinley gold dollar	—	625.	675.	—	725.	1100.	1700.	2000.	2500.
LEWIS & CLARK EXPEDITION									
1904 gold dollar	—	950.	1000.	—	1200.	1800.	3500.	9000.	13000.
1905 gold dollar	—	1100.	1200.	—	1500.	2500.	4300.	14000.	25000.
PANAMA-PACIFIC EXPO									
1915-S silver half dollar	200.	225.	425.	525.	550.	825.	1200.	2000.	4200.
1915-S gold dollar	—	600.	625.	—	700.	750.	900.	1400.	2800.
1915-S gold $2.50	—	1400.	1550.	—	2000.	3800.	5000.	6000.	7500.
1915-S gold $50 Round	—	50000.	60000.	—	70000.	85000.	100000.	150000.	200000.
1915-S gold $50 Octagonal	—	50000.	60000.	—	65000.	80000.	95000.	140000.	250000.
MCKINLEY MEMORIAL									
1916 gold dollar	—	550.	575.	—	625.	700.	900.	1500.	2000.
1917 gold dollar	—	650.	700.	—	750.	1100.	1200.	2500.	4500.
ILLINOIS CENTENNIAL									
1918 silver half dollar	110.	125.	135.	150.	160.	175.	200.	600.	800.
MAINE CENTENNIAL									
1920 silver half dollar	100.	110.	125.	140.	150.	200.	260.	450.	700.
PILGRIM TERCENTENARY									
1920 silver half dollar	65.	75.	85.	95.	100.	125.	175.	350.	950.
1921 silver half dollar	100.	120.	170.	190.	225.	250.	275.	500.	900.
MISSOURI CENTENNIAL									
1921 silver half dollar, No 2*4	275.	350.	425.	480.	650.	900.	1200.	3500.	9200.
1921 silver half dollar, 2*4	300.	400.	650.	700.	750.	1000.	1300.	3200.	9000.
ALABAMA CENTENNIAL									
1921 silver half dollar, 2x2	150.	200.	325.	375.	400.	550.	700.	1500.	3400.
1921 silver half dollar, No 2x2	110.	150.	200.	225.	250.	425.	550.	1300.	3000.
GRANT MEMORIAL									
1922 silver half dollar, No Star	80.	100.	110.	120.	125.	150.	300.	700.	1200.
1922 silver half dollar, Star	500.	700.	900.	1100.	1300.	1800.	3300.	7000.	15000.
1922 gold dollar, Star	—	1500.	1600.	—	1650.	2100.	2700.	3200.	3500.
1922 gold dollar, No Star	—	1550.	1650.	—	1750.	2000.	2200.	2400.	3200.
MONROE DOCTRINE CENTENNIAL									
1923-S silver half dollar	35.	45.	60.	70.	75.	140.	250.	1800.	5500.
HUGUENOT-WALLOON TERCENTENARY									
1924 silver half dollar	90.	105.	120.	130.	140.	150.	200.	400.	900.
LEXINGTON-CONCORD SESQUICENTENNIAL									
1925 silver half dollar	70.	80.	90.	100.	110.	125.	140.	575.	1400.
STONE MOUNTAIN MEMORIAL									
1925 silver half dollar	40.	50.	60.	70.	75.	85.	175.	300.	400.

—— = Insufficient pricing data   * = None issued

	VF-20	EF-40	AU-50	AU-58	MS-60	MS-63	MS-64	MS-65	MS-66
CALIFORNIA DIAMOND JUBILEE									
1925-S silver half dollar	150.	170.	200.	210.	240.	300.	450.	825.	1200.
FORT VANCOUVER CENTENNIAL									
1925 silver half dollar	260.	285.	315.	340.	375.	400.	500.	1100.	1350.
AMERICAN INDEPENDENCE SESQUICENTENNIAL									
1926 silver half dollar	50.	65.	90.	100.	110.	130.	375.	3000.	32000.
1926 gold $2.50	—	550.	600.	—	650.	800.	1400.	3000.	15000.
OREGON TRAIL MEMORIAL									
1926 silver half dollar	110.	130.	140.	150.	175.	190.	200.	310.	450.
1926-S silver half dollar	110.	130.	140.	150.	175.	190.	200.	310.	450.
1928 silver half dollar	200.	210.	230.	240.	250.	290.	310.	400.	500.
1933-D silver half dollar	320.	325.	360.	370.	380.	400.	500.	550.	650.
1934-D silver half dollar	180.	185.	200.	210.	225.	245.	250.	400.	600.
1936 silver half dollar	170.	175.	190.	200.	220.	235.	240.	350.	450.
1936-S silver half dollar	175.	185.	200.	210.	220.	240.	260.	375.	500.
1937-D silver half dollar	175.	185.	200.	210.	240.	250.	260.	375.	500.
1938 silver half dollar	130.	150.	160.	170.	200.	215.	220.	325.	500.
1938-D silver half dollar	130.	150.	160.	170.	200.	215.	220.	325.	500.
1938-S silver half dollar	130.	150.	160.	170.	200.	215.	220.	325.	500.
1939 silver half dollar	375.	380.	450.	470.	500.	550.	600.	700.	900.
1939-D silver half dollar	375.	380.	450.	470.	500.	550.	600.	700.	900.
1939-S silver half dollar	375.	380.	450.	470.	500.	550.	600.	700.	900.
VERMONT-BENNINGTON SESQUICENTENNIAL									
1927 silver half dollar	200.	225.	250.	265.	275.	300.	350.	900.	1200.
HAWAII DISCOVERY SESQUICENTENNIAL									
1928 silver half dollar	1400.	1500.	1700.	1900.	2500.	3200.	3600.	6000.	10500.
MARYLAND TERCENTENARY									
1934 silver half dollar	120.	135.	150.	165.	170.	180.	200.	350.	600.
TEXAS INDEPENDENCE CENTENNIAL									
1934 silver half dollar	110.	125.	140.	150.	160.	175.	180.	325.	375.
1935 silver half dollar	120.	150.	160.	170.	180.	200.	250.	350.	450.
1935-D silver half dollar	120.	150.	160.	170.	180.	200.	250.	350.	450.
1935-S silver half dollar	120.	150.	160.	170.	180.	200.	250.	350.	450.
1936 silver half dollar	120.	150.	160.	170.	180.	200.	250.	350.	450.
1936-D silver half dollar	120.	150.	160.	170.	180.	200.	250.	350.	475.
1936-S silver half dollar	120.	150.	160.	170.	180.	200.	250.	350.	475.
1937 silver half dollar	120.	150.	160.	170.	185.	210.	260.	360.	450.
1937-D silver half dollar	120.	150.	160.	170.	185.	210.	260.	360.	450.
1937-S silver half dollar	120.	150.	160.	170.	185.	210.	260.	360.	450.
1938 silver half dollar	180.	190.	250.	265.	300.	330.	350.	500.	700.
1938-D silver half dollar	180.	190.	250.	265.	300.	330.	350.	500.	700.
1938-S silver half dollar	180.	190.	250.	265.	300.	330.	350.	500.	700.
DANIEL BOONE BICENTENNIAL									
1934 silver half dollar	110.	125.	135.	145.	150.	160.	175.	275.	350.
1935 silver half dollar, Small 1934	120.	135.	150.	175.	175.	190.	200.	300.	600.
1935-D silver half dollar, Small 1934	225.	250.	350.	375.	400.	450.	475.	600.	1200.
1935-S silver half dollar, Small 1934	225.	250.	350.	375.	400.	450.	475.	600.	1300.
1935 silver half dollar	110.	125.	135.	145.	150.	160.	175.	275.	400.
1935-D silver half dollar	120.	135.	145.	155.	160.	170.	185.	290.	450.
1935-S silver half dollar	120.	135.	145.	155.	160.	170.	185.	290.	450.

	VF-20	EF-40	AU-50	AU-58	MS-60	MS-63	MS-64	MS-65	MS-66
1936 silver half dollar	110.	125.	135.	145.	150.	160.	175.	275.	350.
1936-D silver half dollar	120.	135.	145.	155.	160.	170.	185.	290.	375.
1936-S silver half dollar	120.	135.	145.	155.	160.	170.	185.	290.	375.
1937 silver half dollar	110.	125.	135.	145.	150.	160.	175.	325.	350.
1937-D silver half dollar	175.	200.	300.	325.	350.	400.	475.	550.	650.
1937-S silver half dollar	175.	200.	300.	325.	350.	400.	475.	600.	750.
1938 silver half dollar	225.	250.	350.	375.	400.	450.	475.	600.	900.
1938-D silver half dollar	225.	250.	350.	375.	400.	450.	475.	600.	900.
1938-S silver half dollar	225.	250.	350.	375.	400.	450.	475.	650.	1000.

CONNECTICUT TERCENTENARY

	VF-20	EF-40	AU-50	AU-58	MS-60	MS-63	MS-64	MS-65	MS-66
1935 silver half dollar	200.	220.	240.	250.	260.	275.	300.	500.	850.

ARKANSAS CENTENNIAL

	VF-20	EF-40	AU-50	AU-58	MS-60	MS-63	MS-64	MS-65	MS-66
1935 silver half dollar	80.	100.	110.	120.	125.	140.	150.	200.	625.
1935-D silver half dollar	85.	110.	125.	135.	150.	175.	225.	300.	650.
1935-S silver half dollar	85.	110.	125.	135.	150.	175.	225.	300.	650.
1936 silver half dollar	80.	100.	110.	120.	125.	160.	175.	275.	800.
1936-D silver half dollar	80.	100.	110.	120.	125.	160.	175.	275.	850.
1936-S silver half dollar	80.	100.	110.	120.	125.	160.	175.	275.	850.
1937 silver half dollar	85.	110.	125.	135.	150.	175.	200.	325.	900.
1937-D silver half dollar	85.	110.	125.	135.	150.	175.	200.	325.	900.
1937-S silver half dollar	85.	110.	125.	135.	150.	175.	200.	400.	1200.
1938 silver half dollar	120.	150.	200.	225.	250.	275.	300.	700.	1500.
1938-D silver half dollar	120.	150.	200.	225.	250.	275.	300.	700.	1500.
1938-S silver half dollar	120.	150.	200.	225.	250.	275.	300.	800.	1800.
1939 silver half dollar	200.	250.	400.	435.	450.	500.	550.	1100.	3000.
1939-D silver half dollar	200.	250.	400.	435.	450.	500.	550.	1000.	2500.
1939-S silver half dollar	200.	250.	400.	435.	450.	500.	550.	1000.	2500.

ARKANSAS-ROBINSON

	VF-20	EF-40	AU-50	AU-58	MS-60	MS-63	MS-64	MS-65	MS-66
1936 silver half dollar	125.	140.	160.	165.	175.	190.	225.	350.	700.

HUDSON, NY, SESQUICENTENNIAL

	VF-20	EF-40	AU-50	AU-58	MS-60	MS-63	MS-64	MS-65	MS-66
1935 silver half dollar	600.	725.	775.	825.	900.	1150.	1450.	2000.	3000.

CALIFORNIA-PACIFIC EXPO (SAN DIEGO)

	VF-20	EF-40	AU-50	AU-58	MS-60	MS-63	MS-64	MS-65	MS-66
1935-S silver half dollar	75.	80.	90.	100.	115.	125.	130.	160.	375.
1936-D silver half dollar	80.	85.	95.	105.	140.	145.	150.	225.	300.

OLD SPANISH TRAIL

	VF-20	EF-40	AU-50	AU-58	MS-60	MS-63	MS-64	MS-65	MS-66
1935 silver half dollar	1000.	1100.	1200.	1300.	1350.	1550.	1700.	2000.	2200.

PROVIDENCE, RI, TERCENTENARY

	VF-20	EF-40	AU-50	AU-58	MS-60	MS-63	MS-64	MS-65	MS-66
1936 silver half dollar	80.	85.	95.	100.	115.	125.	130.	250.	500.
1936-D silver half dollar	95.	100.	110.	120.	135.	150.	160.	300.	550.
1936-S silver half dollar	95.	100.	110.	120.	135.	150.	160.	300.	550.

CLEVELAND CENTENNIAL AND GREAT LAKES EXPO

	VF-20	EF-40	AU-50	AU-58	MS-60	MS-63	MS-64	MS-65	MS-66
1936 silver half dollar	90.	100.	125.	135.	140.	150.	160.	175.	400.

WISCONSIN TERRITORIAL CENTENNIAL

	VF-20	EF-40	AU-50	AU-58	MS-60	MS-63	MS-64	MS-65	MS-66
1936 silver half dollar	175.	200.	225.	245.	250.	260.	270.	350.	450.

CINCINNATI MUSIC CENTER

	VF-20	EF-40	AU-50	AU-58	MS-60	MS-63	MS-64	MS-65	MS-66
1936 silver half dollar	250.	265.	275.	285.	290.	325.	475.	700.	1800.
1936-D silver half dollar	250.	265.	275.	285.	290.	325.	475.	700.	1800.
1936-S silver half dollar	250.	265.	275.	285.	290.	325.	475.	700.	1800.

LONG ISLAND TERCENTENARY

	VF-20	EF-40	AU-50	AU-58	MS-60	MS-63	MS-64	MS-65	MS-66
1936 silver half dollar	70.	85.	95.	105.	110.	120.	125.	350.	800.

—— = Insufficient pricing data   * = None issued

	VF-20	EF-40	AU-50	AU-58	MS-60	MS-63	MS-64	MS-65	MS-66
YORK COUNTY, MAINE, TERCENTENARY									
1936 silver half dollar	150.	175.	185.	195.	200.	225.	235.	275.	350.
BRIDGEPORT, CT, CENTENNIAL									
1936 silver half dollar	120.	125.	135.	145.	155.	180.	185.	300.	420.
LYNCHBURG, VA, SESQUICENTENNIAL									
1936 silver half dollar	200.	235.	250.	265.	275.	300.	325.	365.	550.
ALBANY, NY, CHARTER 250TH ANNIVERSARY									
1936 silver half dollar	240.	275.	290.	310.	315.	325.	330.	475.	625.
ELGIN, IL, PIONEER MEMORIAL									
1936 silver half dollar	175.	200.	225.	235.	240.	250.	260.	350.	550.
SAN FRANCISCO - OAKLAND BAY BRIDGE									
1936-S silver half dollar	120.	145.	155.	165.	175.	185.	200.	350.	500.
COLUMBIA, SC, SESQUICENTENNIAL									
1936 silver half dollar 150th	225.	250.	260.	270.	275.	290.	300.	325.	375.
1936-D silver half dollar 150th	225.	250.	260.	270.	275.	290.	300.	325.	400.
1936-S silver half dollar 150th	225.	250.	260.	270.	275.	290.	300.	325.	400.
DELAWARE TERCENTENARY									
1936 silver half dollar	210.	225.	240.	250.	260.	280.	290.	450.	750.
BATTLE OF GETTYSBURG 75TH ANNIVERSARY									
1936 silver half dollar	340.	380.	425.	435.	450.	470.	500.	900.	1200.
NORFOLK, VA, BICENTENNIAL & TERCENTENARY									
1936 silver half dollar	350.	360.	380.	390.	400.	450.	475.	500.	600.
ROANOKE COLONIZATION 350TH ANNIVERSARY									
1937 silver half dollar	150.	175.	200.	225.	230.	250.	275.	325.	400.
BATTLE OF ANTIETAM 75TH ANNIVERSARY									
1937 silver half dollar	550.	600.	660.	700.	725.	775.	800.	920.	1100.
NEW ROCHELLE, NY, 250TH ANNIVERSARY									
1938 silver half dollar	320.	340.	350.	360.	375.	400.	410.	550.	750.
IOWA STATEHOOD CENTENNIAL									
1946 silver half dollar	90.	110.	115.	120.	125.	130.	135.	150.	225.
BOOKER T. WASHINGTON MEMORIAL									
1946 silver half dollar	17.	17.	17.	18.	20.	23.	25.	55.	165.
1946-D silver half dollar	17.	20.	25.	28.	30.	35.	45.	85.	225.
1946-S silver half dollar	17.	17.	18.	20.	22.	25.	30.	75.	185.
1947 silver half dollar	20.	25.	30.	40.	45.	65.	75.	100.	800.
1947-D silver half dollar	25.	28.	35.	45.	50.	70.	85.	110.	900.
1947-S silver half dollar	20.	25.	30.	40.	45.	65.	75.	100.	800.
1948 silver half dollar	24.	30.	45.	55.	65.	90.	100.	110.	450.
1948-D silver half dollar	24.	30.	45.	55.	65.	90.	100.	110.	480.
1948-S silver half dollar	24.	30.	45.	55.	65.	90.	100.	110.	450.
1949 silver half dollar	30.	40.	80.	90.	100.	110.	120.	130.	250.
1949-D silver half dollar	30.	40.	80.	90.	100.	110.	120.	130.	250.
1949-S silver half dollar	30.	40.	80.	90.	100.	110.	120.	130.	250.
1950 silver half dollar	30.	40.	80.	90.	100.	110.	120.	130.	275.
1950-D silver half dollar	30.	40.	80.	90.	100.	110.	120.	130.	275.
1950-S silver half dollar	17.	20.	25.	28.	30.	35.	45.	85.	225.
1951 silver half dollar	17.	18.	20.	23.	25.	32.	35.	75.	200.
1951-D silver half dollar	20.	25.	45.	55.	65.	90.	100.	110.	500.
1951-S silver half dollar	20.	25.	45.	55.	65.	90.	100.	110.	500.

—— = Insufficient pricing data * = None issued

	VF-20	EF-40	AU-50	AU-58	MS-60	MS-63	MS-64	MS-65	MS-66
BOOKER T. WASHINGTON - GEORGE WASHINGTON CARVER									
1951 silver half dollar	17.	18.	25.	40.	50.	65.	75.	200.	1000.
1951-D silver half dollar	17.	20.	35.	50.	60.	75.	85.	225.	1200.
1951-S silver half dollar	17.	20.	35.	50.	60.	75.	85.	225.	1200.
1952 silver half dollar	17.	17.	16.	18.	20.	30.	50.	60.	450.
1952-D silver half dollar	17.	20.	35.	50.	60.	75.	85.	210.	600.
1952-S silver half dollar	17.	20.	35.	50.	60.	75.	85.	210.	600.
1953 silver half dollar	17.	20.	35.	50.	60.	75.	85.	210.	600.
1953-D silver half dollar	17.	20.	35.	50.	60.	75.	85.	210.	600.
1953-S silver half dollar	17.	17.	20.	27.	30.	40.	60.	100.	500.
1954 silver half dollar	17.	20.	30.	50.	60.	70.	85.	150.	600.
1954-D silver half dollar	17.	20.	30.	50.	60.	70.	85.	150.	600.
1954-S silver half dollar	17.	17.	20.	23.	25.	35.	55.	80.	500.

Commemorative coins 1982-2012

	MS-65	MS-69	PF-65	PF-69DC
WASHINGTON'S BIRTH 250TH ANNIVERSARY				
1982-D silver half dollar	14.	200.	*	*
1982-S silver half dollar	*	*	14.	30.
GAMES OF THE XXIII OLYMPIAD, LOS ANGELES				
1983-P silver dollar	37.	50.	*	*
1983-D silver dollar	37.	50.	*	*
1983-S silver dollar	37.	50.	37.	50.
1984-P silver dollar	37.	50.	*	*
1984-D silver dollar	37.	50.	*	*
1984-S silver dollar	37.	50.	37.	50.
1984-P gold $10 eagle	*	*	825.	900.
1984-D gold $10 eagle	*	*	825.	900.
1984-S gold $10 eagle	*	*	825.	900.
1984-W gold $10 eagle	850.	925.	825.	900.
STATUE OF LIBERTY - ELLIS ISLAND CENTENNIAL				
1986-D clad half dollar	5.00	20.	*	*
1986-S clad half dollar	*	*	5.00	16.
1986-P silver dollar	37.	50.	*	*
1986-S silver dollar	*	*	37.	50.
1986-W gold $5 half eagle	400.	425.	415.	440.
CONSTITUTION BICENTENNIAL				
1987-P silver dollar	37.	50.	*	*
1987-S silver dollar	*	*	37.	50.
1987-W gold $5 half eagle	400.	425.	415.	440.
GAMES OF THE XXIV OLYMPIAD, CALGARY, SEOUL				
1988-D silver dollar	37.	50.	*	*
1988-S silver dollar	*	*	37.	50.
1988-W gold $5 half eagle	400.	425.	415.	440.
BICENTENNIAL OF CONGRESS				
1989-D clad half dollar	8.00	19.	*	*
1989-S clad half dollar	*	*	8.00	20.
1989-D silver dollar	37.	50.	*	*
1989-S silver dollar	*	*	37.	50.
1989-W gold $5 half eagle	400.	425.	415.	440.

—— = Insufficient pricing data   * = None issued

COMMEMORATIVE COINS 1982-2012 (CONTINUED)

	MS-65	MS-69	PF-65	PF-69DC
EISENHOWER BIRTH CENTENNIAL				
1990-W silver dollar	37.	50.	*	*
1990-P silver dollar	*	*	37.	50.
MOUNT RUSHMORE 50TH ANNIVERSARY				
1991-D clad half dollar	18.	28.	*	*
1991-S clad half dollar	*	*	16.	25.
1991-P silver dollar	37.	50.	*	*
1991-S silver dollar	*	*	37.	50.
1991-W gold $5 half eagle	400.	425.	415.	440.
KOREAN WAR 38TH ANNIVERSARY				
1991-D silver dollar	37.	50.	*	*
1991-P silver dollar	*	*	37.	50.
UNITED SERVICE ORGANIZATIONS 50TH ANNIVERSARY				
1991-D silver dollar	37.	50.	*	*
1991-S silver dollar	*	*	37.	50.
GAMES OF THE XXV OLYMPIAD, ALBERTVILLE, BARCELONA				
1992-P clad half dollar	9.00	20.	*	*
1992-S clad half dollar	*	*	10.	20.
1992-D silver dollar	37.	50.	*	*
1992-S silver dollar	*	*	37.	50.
1992-W gold $5 half eagle	400.	425.	415.	440.
WHITE HOUSE BICENTENNIAL				
1992-D silver dollar	37.	50.	*	*
1992-W silver dollar	*	*	37.	50.
COLUMBUS DISCOVERY QUINCENTENNIAL				
1992-D clad half dollar	12.	22.	*	*
1992-S clad half dollar	*	*	11.	22.
1992-P silver dollar	*	*	37.	50.
1992-D silver dollar	37.	50.	*	*
1992-W gold $5 half eagle	400.	425.	415.	440.
BILL OF RIGHTS - JAMES MADISON				
1993-W silver half dollar	18.	30.	*	*
1993-S silver half dollar	*	*	16.	30.
1993-D silver dollar	37.	50.	*	*
1993-S silver dollar	*	*	37.	50.
1993-W gold $5 half eagle	400.	425.	415.	440.
WORLD WAR II 50TH ANNIVERSARY, DUAL DATES 1991-1995				
(1993)-P WWII clad half dollar	18.	30.	18.	30.
(1993)-D silver dollar	37.	50.	*	*
(1993)-W silver dollar	*	*	37.	50.
(1993)-W WWII gold $5 half eagle	400.	425.	415.	440.
SOCCER WORLD CUP				
1994-D clad half dollar	9.00	20.	*	*
1994-P clad half dollar	*	*	9.00	20.
1994-D silver dollar	37.	50.	*	*
1994-S silver dollar	*	*	37.	50.
1994-W gold $5 half eagle	400.	425.	415.	440.
THOMAS JEFFERSON 250TH ANNIVERSARY 1743-1993				
(1994)-P silver dollar	37.	50.	*	*
(1994)-S silver dollar	*	*	37.	50.

—— = Insufficient pricing data   * = None issued

COMMEMORATIVE COINS 1982-2012 (CONTINUED)

	MS-65	MS-69	PF-65	PF-69DC
WOMEN IN MILITARY SERVICE MEMORIAL				
1994-W silver dollar	37.	50.	*	*
1994-P silver dollar	*	*	37.	50.
VIETNAM VETERANS' MEMORIAL				
1994-W silver dollar	70.	90.	*	*
1994-P silver dollar	*	*	65.	75.
PRISONER OF WAR MUSEUM				
1994-W silver dollar	80.	100.	*	*
1994-P silver dollar	*	*	40.	55.
UNITED STATES CAPITOL BICENTENNIAL				
1994-D silver dollar	37.	50.	*	*
1994-S silver dollar	*	*	37.	50.
CIVIL WAR BATTLEFIELDS				
1995-S clad half dollar	38.	48.	35.	45.
1995-P silver dollar	65.	75.	*	*
1995-S silver dollar	*	*	65.	75.
1995-W gold $5 half eagle	900.	1000.	415.	440.
SPECIAL OLYMPICS WORLD GAMES				
1995-W silver dollar	37.	50.	*	*
1995-P silver dollar	*	*	37.	50.
GAMES OF THE XXVI OLYMPIAD, ATLANTA				
1995-S Basketball clad half dollar	20.	30.	20.	30.
1995-S Baseball clad half dollar	20.	30.	20.	30.
1996-S Swimming clad half dollar	135.	150.	35.	45.
1996-S Soccer clad half dollar	125.	160.	90.	105.
1995-D Gymnastics silver dollar	55.	70.	*	*
1995-P Gymnastics silver dollar	*	*	45.	60.
1995-D Cycling silver dollar	130.	155.	*	*
1995-P Cycling silver dollar	*	*	45.	60.
1995-D Track & Field silver dollar	90.	115.	*	*
1995-P Track & Field silver dollar	*	*	45.	60.
1995-D Paralympic, blind runner silver dollar	70.	85.	*	*
1995-P Paralympic, blind runner silver dollar	*	*	50.	65.
1996-D Tennis silver dollar	200.	275.	*	*
1996-P Tennis silver dollar	*	*	75.	100.
1996-D Rowing silver dollar	215.	300.	*	*
1996-P Rowing silver dollar	*	*	60.	75.
1996-D High Jump silver dollar	245.	340.	*	*
1996-P High Jump silver dollar	*	*	45.	70.
1996-D Paralympic, wheelchair athlete silver dollar	230.	325.	*	*
1996-P Paralympic, wheelchair athlete silver dollar	*	*	70.	90.
1995-W Torch Runner gold $5 half eagle	900.	1000.	415.	440.
1995-W Atlanta Stadium gold $5 half eagle	2300.	2450.	415.	440.
1996-W Olympic Flame brazier gold $5 half eagle	2500.	2750.	415.	440.
1996-W Flagbearer gold $5 half eagle	2400.	2550.	415.	440.
NATIONAL COMMUNITY SERVICE				
1996-S silver dollar	190.	200.	60.	75.
SMITHSONIAN INSTITUTION 150TH ANNIVERSARY				
1996-D silver dollar	120.	145.	*	*
1996-P silver dollar	*	*	50.	60.
1996-W gold $5 half eagle	825.	900.	415.	440.

——— = Insufficient pricing data   * = None issued

COMMEMORATIVE COINS 1982-2012 (CONTINUED)

	MS-65	MS-69	PF-65	PF-69DC
U.S. BOTANIC GARDEN				
1997-P silver dollar	40.	50.	40.	50.
FRANKLIN DELANO ROOSEVELT				
1997-W gold $5 half eagle	1200.	1350.	415.	440.
NATIONAL LAW ENFORCEMENT OFFICERS MEMORIAL				
1997-P silver dollar	140.	155.	85.	95.
JACKIE ROBINSON				
1997-S silver dollar	85.	100.	100.	115.
1997-W gold $5 half eagle	3250.	3750.	550.	600.
BLACK REVOLUTIONARY WAR PATRIOTS				
1998-S silver dollar	140.	165.	90.	105.
ROBERT F. KENNEDY				
1998-S silver dollar	37.	55.	45.	60.
GEORGE WASHINGTON				
1999-W gold $5 half eagle	400.	425.	415.	440.
YELLOWSTONE NATIONAL PARK				
1999-P silver dollar	48.	58.	40.	50.
DOLLEY MADISON				
1999-P silver dollar	40.	50.	37.	50.
LIBRARY OF CONGRESS BICENTENNIAL				
2000-P silver dollar	37.	50.	37.	50.
2000-W bimetallic $10 eagle	4750.	5000.	1200.	1350.
LEIF ERICSON MILLENNIUM				
2000-P silver dollar	80.	95.	60.	75.
AMERICAN BUFFALO				
2001-D silver dollar	160.	190.	*	*
2001-P silver dollar	*	*	170.	195.
CAPITOL VISITOR CENTER				
2001-P half dollar	15.	25.	16.	26.
2001-P silver dollar	37.	50.	37.	50.
2001-W gold $5 half eagle	2900.	3250.	415.	440.
U.S. MILITARY ACADEMY BICENTENNIAL				
2002-W silver dollar	37.	50.	37.	50.
SALT LAKE CITY OLYMPIC GAMES				
2002-P silver dollar	37.	50.	37.	50.
2002-W gold $5 half eagle	400.	425.	415.	440.
FIRST FLIGHT CENTENNIAL				
2003-P clad half dollar	16.	26.	18.	28.
2003-P silver dollar	37.	50.	37.	50.
2003-W gold $10 eagle	1000.	1100.	900.	1000.
LEWIS & CLARK BICENTENNIAL				
2004-P silver dollar	37.	50.	37.	50.
THOMAS ALVA EDISON				
2004-P silver dollar	37.	50.	37.	50.
CHIEF JUSTICE JOHN MARSHALL				
2005-P silver dollar	37.	50.	37.	50.

—— = Insufficient pricing data   * = None issued

	MS-65	MS-69	PF-65	PF-69DC
MARINE CORPS 230TH ANNIVERSARY				
2005-P silver dollar	40.	50.	45.	55.
BENJAMIN FRANKLIN TERCENTENARY				
2006-P Scientist silver dollar	37.	50.	42.	55.
2006-P Founding Father silver dollar	37.	50.	40.	50.
SAN FRANCISCO OLD MINT				
2006-S silver dollar	39.	50.	37.	50.
2006-S gold $5 half eagle	400.	425.	415.	440.
JAMESTOWN (VA.) QUADRICENTENNIAL				
2007-P silver dollar	37.	50.	37.	50.
2007-W gold $5 half eagle	400.	425.	415.	440.
LITTLE ROCK CENTRAL HIGH SCHOOL DESEGREGATION 50TH ANNIVERSARY				
2007-P silver dollar	37.	50.	37.	50.
BALD EAGLE				
2008-S clad half dollar	12.	22.	14.	24.
2008-P silver dollar	37.	50.	37.	50.
2008-W gold $5 half eagle	400.	425.	415.	440.
ABRAHAM LINCOLN BICENTENNIAL				
2009-P silver dollar	55.	70.	63.	80.
LOUIS BRAILLE BICENTENNIAL				
2009-P silver dollar	37.	50.	37.	50.
AMERICAN VETERANS DISABLED FOR LIFE				
2010-W silver dollar	35.	50.	38.	50.
BOY SCOUTS OF AMERICA CENTENNIAL				
2010-P silver dollar	35.	50.	38.	50.
UNITED STATES ARMY				
2011-D clad half dollar	55.	70.	*	*
2011-S clad half dollar	*	*	50.	65.
2011-S silver dollar	85.	90.	*	*
2011-P silver dollar	*	*	65.	70.
2011-P gold $5 half eagle	525.	725.	*	*
2011-W gold $5 half eagle	*	*	535.	735.
MEDAL OF HONOR				
2011-S silver dollar	85.	90.	*	*
2011-P silver dollar	*	*	65.	70.
2011-P gold $5 half eagle	525.	725.	*	*
2011-W gold $5 half eagle	*	*	535.	735.
NATIONAL INFANTRY MUSEUM AND SOLDIER CENTER				
2012-W silver dollar	50.	50.	55.	55.
STAR-SPANGLED BANNER				
2012-P silver dollar	50.	50.	55.	55.
2012-W gold $5 half eagle	490.	490.	500.	500..

—— = Insufficient pricing data   * = None issued

Proof sets

	Low	High
1936	6500.	8000.
1937	3700.	4500.
1938	1700.	2500.
1939	1600.	2400.
1940	1350.	1700.
1941	1350.	1700.
1942 5-piece	1200.	1500.
1942 6-piece	1300.	1800.
1950	550.	675.
1951	600.	725.
1952	250.	300.
1953	210.	250.
1954	100.	125.
1955 Flat	110.	140.
1955 Box	95.	125.
1956	45.	50.
1957	30.	35.
1958	33.	38.
1959	28.	32.
1960	28.	32.
1960 Small Date cent	34.	40.
1961	27.	30.
1962	27.	30.
1963	27.	30.
1964	27.	30.
1968-S	8.00	10.
1968-S No S Roosevelt dime	15000.	20000.
1969-S	7.00	9.00
1970-S	9.00	12.
1970-S Level 7 Small Date cent	80.	105.
1970-S No S Roosevelt dime	800.	1000.
1971-S	6.00	8.00
1971-S No S Jefferson 5-cent	1250.	1600.
1972-S	6.00	8.00
1973-S	8.00	11.
1974-S	9.00	12.
1975-S	8.00	11.
1975-S No S Roosevelt dime	350000.	350000.
1976-S	7.00	9.00
1976-S Bicentennial 3-piece	20.	25.
1977-S	8.00	10.
1978-S	7.00	9.00
1979-S Filled S	6.00	8.00
1979-S Clear S	70.	80.
1980-S	4.00	6.00
1981-S Filled S	6.00	8.00
1981-S Clear S	200.	325.
1982-S	4.00	6.00
1983-S	4.00	6.00
1983-S Prestige	40.	45.
1984-S	4.00	6.00
1984-S Prestige	36.	43.
1985-S	4.00	6.00
1986-S	4.00	6.00
1986-S Prestige	35.	40.
1987-S	4.00	6.00
1987-S Prestige	35.	40.

	Low	High
1988-S	6.00	8.00
1988-S Prestige	35.	39.
1989-S	4.00	6.00
1989-S Prestige	36.	42.
1990-S	4.00	6.00
1990-S No S Lincoln cent	4800.	5500.
1990-S Prestige	35.	40.
1991-S	5.00	7.00
1991-S Prestige	42.	46.
1992-S	4.00	6.00
1992-S Prestige	44.	49.
1992-S Silver	20.	25.
1992-S Silver Premier	27.	31.
1993-S	5.00	7.00
1993-S Prestige	50.	60.
1993-S Silver	30.	38.
1993-S Silver Premier	34.	38.
1994-S	5.00	7.00
1994-S Prestige	42.	47.
1994-S Silver	24.	30.
1994-S Silver Premier	27.	31.
1995-S	10.	13.
1995-S Prestige	75.	90.
1995-S Silver	45.	51.
1995-S Silver Premier	51.	56.
1996-S	7.00	9.00
1996-S Prestige	250.	290.
1996-S Silver	26.	30.
1996-S Silver Premier	30.	33.
1997-S	10.	13.
1997-S Prestige	65.	80.
1997-S Silver	32.	38.
1997-S Silver Premier	37.	44.
1998-S	8.00	10.
1998-S Silver	27.	31.
1998-S Silver Premier	28.	34.
1999-S 9 coin set	9.00	12.
1999-S Quarters 5 coin set	6.00	8.00
1999-S Silver	110.	125.
2000-S 10 coin set	6.00	8.00
2000-S Silver	42.	50.
2000-S Quarters	4.00	6.00
2001-S	12.	15.
2001-S Silver	45.	52.
2001-S Quarters	8.00	11.
2002-S	7.00	9.00
2002-S Silver	43.	50.
2002-S Quarters	5.00	7.00
2003-S	7.00	9.00
2003-S Silver	43.	50.
2003-S Quarters	4.00	6.00
2004-S	9.00	12.
2004-S Silver	43.	50.
2004-S Quarters	4.00	6.00
2004-S Silver Quarters	30.	38.
2005-S	6.00	8.00
2005-S Silver	43.	50.
2005-S Quarters	4.00	6.00

—— = Insufficient pricing data   * = None issued

	Low	High		Low	High
2005-S Silver Quarters	30.	38.	2009-S Silver Quarters	33.	40.
2006-S	9.00	12.	2009-S Lincoln Cent 4-coin set	16.	20.
2006-S Silver	43.	50.	2009-S Presidential Dollars	7.00	9.00
2006-S Quarters	6.00	8.00	2010-S	43.	50.
2006-S Silver Quarters	30.	38.	2010-S Quarters	13.	16.
2007-S	14.	18.	2010-S Silver Quarters	30.	38.
2007-S Silver	48.	57.	2010-S Presidential Dollars	13.	16.
2007-S Quarters	5.00	7.00	2010-S Silver	48.	55.
2007-S Silver Quarters	30.	38.	2011-S	35.	40.
2007-S Presidential Dollars	6.00	8.00	2011-S Silver	68.	68.
2008-S	70.	85.	2011-S Presidential Dollars	20.	20.
2008-S Silver	55.	70.	2011-S Quarters	15.	15.
2008-S Quarters	30.	35.	2011-S Silver Quarters	42.	42.
2008-S Silver Quarters	35.	45.	2012-S	32.	32.
2008-S Presidential Dollars	12.	15.	2012-S Silver	68.	68.
2009-S	21.	24.	2012-S Quarters	15.	15.
2009-S Silver	50.	60.	2012-S Silver Quarters	42.	42.
2009-S Quarters	10.	13.	2012-S Presidential Dollars	19.	19.

Uncirculated Mint sets

	Low	High		Low	High
1947 Double set	1200.	1450.	1980	6.00	8.00
1948 Double set	700.	850.	1981	9.00	12.
1949 Double set	850.	1100.	1984	4.00	6.00
1950 No Sets Issued	*	*	1985	4.00	6.00
1951 Double set	800.	1000.	1986	8.00	11.
1952 Double set	750.	900.	1987	5.00	7.00
1953 Double set	550.	700.	1988	5.00	7.00
1954 Double set	225.	275.	1989	4.00	6.00
1955 Double set	150.	200.	1990	4.00	6.00
1956 Double set	140.	180.	1991	5.00	7.00
1957 Double set	240.	300.	1992	4.00	6.00
1958 Double set	140.	180.	1993	6.00	8.00
1959 Single set	60.	70.	1994	4.00	6.00
1960	50.	55.	1995	6.00	8.00
1961	55.	60.	1996	12.	15.
1962	50.	55.	1997	7.00	9.00
1963	50.	55.	1998	4.00	6.00
1964	50.	55.	1999	7.00	10.
1965 Special Mint Set	10.	13.	2000	7.00	10.
1966 Special Mint Set	9.00	12.	2001	10.	13.
1967 Special Mint Set	10.	13.	2002	10.	13.
1968	7.00	9.00	2003	7.00	10.
1969	8.00	10.	2004	13.	16.
1970	12.	15.	2005	8.00	11.
1971	4.00	6.00	2006	12.	15.
1972	4.00	6.00	2007	16.	20.
1973	8.00	11.	2008	55.	65.
1974	7.00	9.00	2009	23.	27.
1975	6.00	8.00	2010	24.	28.
1976-S 3-piece 40% silver	22.	26.	2010 Uncirculated quarters	15.	25.
1976	6.00	8.00	2011	32.	32.
1977	7.00	9.00	2011 Uncirculated quarters	9.95	9.95
1978	6.00	8.00	2012	28.	28.
1979	6.00	8.00	2012 Uncirculated quarters	13.	13.

—— = Insufficient pricing data   * = None issued

American Eagle silver bullion

Date of authorization:	Dec. 17, 1985	
Dates of issue:	1986-present	
Designers:	Obverse: Adolph A. Weinman	
	Reverse: John Mercanti	
Engravers:	Obverse: Edgar Steever	
	Reverse: John Mercanti	
Diameter:	40.10 mm/1.58 inches	
Weight:	31.10 grams/1.00 ounce	
Metallic Content:	100% silver (.999 fine)	
Specific gravity:	10.5	
Weight of pure silver:	31.10 grams/1.00 ounce	
Edge:	Reeded	
Mint mark:	Reverse left of eagle's tail	
	(none on bullion versions)	

	MS-69	MS-70	PF-69DC	PF-70DC
1986 (S)	40.	509.	*	*
1986-S	*	*	80.	500.
1987 (S)	40.	1830.	*	*
1987-S	*	*	80.	1400.
1988 (S)	40.	2032.	*	*
1988-S	*	*	80.	500.
1989 (S or W)	40.	1729.	*	*
1989-S	*	*	80.	400.
1990 (S or W)	40.	610.	*	*
1990-S	*	*	80.	350.
1991 (S or W)	40.	1729.	*	*
1991-S	*	*	80.	600.
1992 (S or W)	40.	1220.	*	*
1992-S	*	*	80.	400.
1993 (S or W)	40.	2338.	*	*
1993-P	*	*	90.	5000.
1994 (S or W)	40.	1016.	*	*
1994-P	*	*	125.	2500.
1995 (S or W)	40.	509.	*	*
1995-P	*	*	85.	600.
1995-W	*	*	3500.	13000.

	MS-69	MS-70	PF-69DC	PF-70DC
1996 (S or W)	90.	5081.	*	*
1996-P	*	*	80.	650.
1997 (S or W)	40.	509.	*	*
1997-P	*	*	80.	625.
1998 (S or W)	40.	711.	*	*
1998-P	*	*	80.	300.
1999 (S or W)	40.	4778.	*	*
1999-P	*	*	80.	450.
2000 (S or W)	40.	1220.	*	*
2000-P	*	*	80.	500.
2001 (W)	40.	559.	*	*
2001-W	*	*	80.	150.
2002 (W)	40.	203.	*	*
2002-W	*	*	80.	150.
2003 (W)	40.	142.	*	*
2003-W	*	*	80.	100.
2004 (W)	40.	142.	*	*
2004-W	*	*	80.	100.
2005 (W)	40.	142.	*	*
2005-W	*	*	80.	100.
2006 (W)	40.	142.	*	*

	MS-69	MS-70	PF-69DC	PF-70DC
2006-W Burnished Uncirculated	111.	610.	*	*
2006-W Proof	*	*	80.	100.
2006-P Reverse Proof *			275.	500.
2007 (W)	40.	75.	*	*
2007-W Burnished Uncirculated	51.	111.	*	*
2007-W Proof	*	*	80.	100.
2008 (W)	40.	75.	*	*
2008-W Burnished Uncirculated Rev. of 2007	450.	550.	*	*
2008-W Burnished Uncirculated	71.	127.	*	*
2008-W Proof	*	*	80.	100.
2009 (W)	40.	75.	*	*

	MS-69	MS-70	PF-69DC	PF-70DC
2010 (W)	40.	75.	*	*
2010-W Proof	*	*	80.	100.
2011 (S or W)	40.	75.	*	*
2011-S Burnished Uncirculated	305.	356.	*	*
2011-W Burnished Uncirculated	56.	—	*	*
2011-W Proof	*	*	80.	100.
2011-P Reverse Proof *			300.	450.
2012 (S or W)	40.	75.	*	*
2012-W Burnished Uncirculated	—	—	*	*
2012-W Proof	*	*	80.	100.
2012-S Proof *			—	—
2012-S Reverse Proof *			—	—

American Eagle platinum bullion

Date of authorization:	Sept. 30, 1996
Dates of issue:	1997-present
Designers/Engravers:	Obverse: John Mercanti
	Reverse: Thomas D. Rogers Sr.
	(Unc. and 1997 Proof only)

Proof reverses from 1998 onward are changed each year.

Diameter:	$100: 32.70 mm/1.29 inches
	$50: 27.00 mm/1.07 inches
	$25: 22.00 mm/0.87 inch
	$10: 16.50 mm/0.65 inch
Weight:	$100: 31.12 grams/1.0005 ounce
	$50: 15.56 grams/0.5003 ounce
	$25: 7.78 grams/0.2501 ounce
	$10: 3.112 grams/0.1001 ounce
Metallic Content:	100% platinum (.9995 fine)
Specific gravity:	21.4
Weight of pure platinum:	$100: 1.00 ounce; $50: 0.50 ounce
	$25: 0.25 ounce; $10: 0.10 ounce
Edge:	Reeded
Mint mark:	Reverse, location varies
	(none on bullion versions)

AMERICAN EAGLE PLATINUM BULLION (CONTINUED)

PLATINUM $10 — TENTH OUNCE

	MS-69	MS-70	PF-69DC	PF-70DC
1997 (W)	181.	527.	*	*
1997-W	*	*	250.	350.
1998 (W)	181.	783.	*	*
1998-W	*	*	250.	1300.
1999 (W)	181.	339.	*	*
1999-W	*	*	250.	450.
2000 (W)	181.	227.	*	*
2000-W	*	*	250.	350.
2001 (W)	181.	227.	*	*
2001-W	*	*	250.	400.
2002 (W)	181.	215.	*	*
2002-W	*	*	250.	350.
2003 (W)	181.	215.	*	*
2003-W	*	*	250.	450.
2004 (W)	181.	215.	*	*
2004-W	*	*	550.	1200.
2005 (W)	181.	218.	*	*
2005-W	*	*	300.	600.
2006 (W)	181.	215.	*	*
2006-W Burnished Uncirculated	201.	429.	*	*
2006-W Proof	*	*	250.	350.
2007 (W)	181.	215.	*	*
2007-W Burnished Uncirculated	201.	—	*	*
2007-W Proof	*	*	250.	350.
2008 (W)	181.	215.	*	*
2008-W Burnished Uncirculated	201.	337.	*	*
2008-W Proof	*	*	550.	600.

PLATINUM $25 — QUARTER OUNCE

	MS-69	MS-70	PF-69DC	PF-70DC
1997 (W)	408.	—	*	*
1997-W	*	*	600.	1300.
1998 (W)	408.	699.	*	*
1998-W	*	*	600.	700.
1999 (W)	408.	1661.	*	*
1999-W	*	*	600.	700.
2000 (W)	408.	479.	*	*
2000-W	*	*	600.	700.
2001 (W)	408.	1353.	*	*
2001-W	*	*	600.	1000.
2002 (W)	408.	444.	*	*
2002-W	*	*	600.	700.
2003 (W)	408.	444.	*	*
2003-W	*	*	600.	700.
2004 (W)	408.	444.	*	*
2004-W	*	*	1100.	2500.
2005 (W)	408.	444.	*	*
2005-W	*	*	625.	1000.
2006 (W)	408.	459.	*	*
2006-W Burnished Uncirculated	476.	727.	*	*
2006-W Proof	*	*	600.	700.
2007 (W)	408.	459.	*	*
2007-W Burnished Uncirculated	476.	727.	*	*
2007-W Proof	*	*	600.	700.
2008 (W)	408.	459.	*	*
2008-W Burnished Uncirculated	476.	727.	*	*
2008-W Proof	*	*	950.	1100.

PLATINUM $50 — HALF OUNCE

	MS-69	MS-70	PF-69DC	PF-70DC
1997 (W)	816.	909.	*	*
1997-W	*	*	1000.	1200.
1998 (W)	816.	816.	*	*
1998-W	*	*	1000.	1200.
1999 (W)	816.	—	*	*
1999-W	*	*	1000.	1200.
2000 (W)	816.	—	*	*
2000-W	*	*	1000.	1200.
2001 (W)	816.	—	*	*
2001-W	*	*	1000.	1200.
2002 (W)	816.	1031.	*	*
2002-W	*	*	1000.	1200.
2003 (W)	816.	—	*	*
2003-W	*	*	1000.	1300.
2004 (W)	816.	—	*	*
2004-W	*	*	2700.	—
2005 (W)	816.	—	*	*
2005-W	*	*	1250.	1400.
2006 (W)	816.	955.	*	*
2006-W Burnished Uncirculated	911.	1124.	*	*
2006-W Proof	*	*	1000.	1200.
2007 (W)	816.	—	*	*
2007-W Burnished Uncirculated	911.	1124.	*	*
2007-W Proof	*	*	1000.	1200.
2007-W Reverse Proof	*	*	1200.	1650.
2008 (W)	816.	—	*	*
2008-W Burnished Uncirculated	1075.	1167.	*	*
2008-W Proof	*	*	1000.	1200.

PLATINUM $100 — ONE OUNCE

	MS-69	MS-70	PF-69DC	PF-70DC
1997 (W)	1590.	—	*	*
1997-W	*	*	2150.	2200.
1998 (W)	1590.	—	*	*
1998-W	*	*	2150.	2200.
1999 (W)	1590.	—	*	*
1999-W	*	*	2150.	2200.
2000 (W)	1590.	—	*	*
2000-W	*	*	2150.	2200.
2001 (W)	1590.	—	*	*
2001-W	*	*	2150.	2200.
2002 (W)	1590.	5145.	*	*
2002-W	*	*	2150.	2200.
2003 (W)	1590.	2446.	*	*
2003-W	*	*	2150.	2200.
2004 (W)	1590.	1697.	*	*

—— = Insufficient pricing data   * = None issued

	MS-69	MS-70	PF-69DC	PF-70DC
2004-W	*	*	3500.	4000.
2005 (W)	1590.	1697.	*	*
2005-W	*	*	2200.	3000.
2006 (W)	1590.	1697.	*	*
2006-W Burnished Uncirculated				
	1718.	1832.	*	*
2006-W Proof	*	*	2150.	2300.
2007 (W)	1590.	1650.	*	*

	MS-69	MS-70	PF-69DC	PF-70DC
2007-W Burnished Uncirculated				
	1718.	1832.	*	*
2007-W Proof	*	*	2150.	2200.
2008 (W)	1590.	1650.	*	*
2008-W Burnished Uncirculated				
	1718.	1990.	*	*
2008-W Proof	*	*	2700.	3300.
2009-W Proof	*	*	2600.	2900.
2010-W Proof	*	*	2200.	2600.
2011-W Proof	*	*	2200.	2600.

Proof American Eagle platinum reverses

1998   1999   2000   2001

2002   2003   2004   2005

2006   2007   2008   2009

2010   2011   2012

—— = Insufficient pricing data   * = None issued